ギリシャ神話集

ヒュギーヌス
松田 治・青山照男 訳

講談社学術文庫

訳者まえがき

この本の原作の表題は従来ラテン語で「ファーブラエ」(Fabulae) といわれてきている。物語の集まり、「物語集」というところである。わたしたち訳者は、本書の題材がほとんどすべてギリシャ神話なので、この訳本の表題を『ギリシャ神話集』とすることにした。本書の著者とされるヒュギーヌスがこの Fabulae というタイトルをつけたのかどうか不明である。おそらく中世に至って彼のテキストにかかわった学者が、かように便宜的に名づけたものかもしれない。カンザス大学のグラント女史は、一五三五年に史上初めて『ギリシャ神話集』のテキストを公刊したヤコブス・ミキュルスがこの表題をつけた可能性があるといっている。著者ヒュギーヌスについては「解説」をみていただきたい。本当は最初に著者をどこの誰それと紹介すべきであろうが、あまりにも謎が多いのであえて後ろに回した次第である。

さて、本書は、ギリシャ神話とはいっても、わが国の書肆《しょし》、図書館、あるいは個人の書棚を飾る数多くのギリシャ神話の本とは大きく異なっている。手にとって二、三頁ひもといていただけばすぐ分かることだが、物語といっても、一つひとつの話がきわめて短いのである。これが本書の最大の特徴である。ほとんどの場合、一人の人物を中心にして、その人物の行ったことを簡潔に述べることを至上目的としているかのごとくであり、余分な装飾、付け加え、などはほとんどない。これは、たとえば古代ローマ時代の詩人オウィディウスの『変身譚《メタモルフォーセース》』などと読み比べていただくならば、きわめて分かりやすい。この話の短さ、場合によっては無味乾燥に陥ってしまいかねないぶっきらぼうな記述方法は、じつは著者の目的に沿うものである。すなわちヒュギーヌスは、ギリシャの文物に詳しくないローマの一般大衆に、手っ取り早くギリシャ神話を伝えるために、この簡潔な語り方をえらんだものらしい。また、これはグラント女史の考察であるが、何らかの形でギリシャ神話を利用したい作家たちのための参考書として企図された可能性もある（近代でもゲーテやシラーがそういうふうに利用したそうである）。一種の事典であり、手引書である。この種の書物にとっては、簡潔さこそがまず一番に要求される要素である。

およそ半世紀前に高津春繁は自分の訳した『ギリシア神話』の著者アポロドーロスについて、「我々の著者の単なる古代文学より伝承せられた神話の無批判なる編纂者」（岩波文庫、五頁）ということばを残しているが、これはわたしたちがヒュギーヌスについて感じていることでもある。しかしこれは先に述べたヒュギーヌスのそもそもの目的を考量するならば、納得できることである。初級者（古代ローマ大衆）を相手にするハウツーものに厳粛な学問は不要であり、むしろ邪魔になるというべきであろう。従って、この著者は自分の知っている物語、あるいは別の本で読んだ物語、また場合によっては伝聞で知りえた物語をひたすら忠実に、無批判に分かりやすく述べることに集中しているのである。学者的なもののいいを排除して、ひたすら物語を羅列すること、これも本書の特徴の一つである。

本訳書の序文は神統記である。そのあと1話から277話までが物語ということになるが、しかしこの本体部分は二種類の記述方法に分けることができる。一つはいわゆる純粋な物語であり、もう一つは人名表およびカタログである。物語のことはさておき、後者の人名表やカタログは一つや二つという僅かなものではない。人名リストの場合、「〜した人（男、女）」という形式でギリシャ神話の枠内で考えられる限りの人物がリストアップされている。翻訳するにもじつに面白くない部分であり、読者にはこういう部分はあっさり目を通していただき、先に進まれるようお勧めしたい（序文も含めて）。先に記したようにこの原作は事典としての性格が濃厚である。その場合、たとえばアルゴー船に乗り組んでコルキスを目指した英雄たちの名前を正確に、すべて挙げるのが著者の義務であると考えられたものらしい。あるいはトロイア戦争に参加した英雄たちの名前、および彼らがギリシャ各地からアウリスに集まり、そこからトロイアへとおもむいたさいに率いた軍船の数、といったものもきわめて重要な話題だったのである。トロイア戦争に参加した船の数は本家本元の『イーリアス』をはじめ、アポロドーロスの『ギリシア神話』でも率いる武将の名前とともに挙げられている。このあたりは神話記述の伝統を踏まえただけ、という側面もある。序文の神統記も神々の名前を無数に列挙している。当然ヘーシオドスの『神統記』と比較されるが、偉大な先達を見習った部分が多いことはいうまでもない。とはいえ、やはりヒュギーヌスはローマ時代の作家であり、そこには、古色蒼然たるヘーシオドスにはみられない新鮮な色合いがうかがわれる。それは「ストア派が得意とした」（グラント女史）抽象概念の擬人化を取り入れた結果らしい。そこではたとえば、「大気と大地から苦痛、欺瞞《ぎまん》、怒り、悲痛、嘘、誓約、復讐、無節操、争論、忘却、恐怖、傲慢、姦通、闘争（以下略）が生まれた」と語られており、苦痛という神や欺瞞という神の存在が真面目な筆致で示されている。なお、フランスのヒュギーヌス学者ボリオは人名表（リスト）の学習は、物語と同様に、当時の教育の不可欠な要素になっていたと述べている。

神々がホメーロス、ヘーシオドスの時代から古典ギリシャ時代にかけての文学作品におけるように、親しく人間に接するというような記述はこの作品ではあまりみられない。ゼウスその他の信仰がいつごろから薄れたのかよく分からないが、ヒュギーヌスの時代とホメーロスの時代とを比較すれば、その濃度差は明白である。これもこの作品の特徴と考えてよい。この作品を通読していると、たとえば『イーリアス』でみられる女神テティスとアキレウスの心あたたまる母子の交流や、オデュッセウスと女神アテーネーのやりとりなどがノスタルジーをもって思い出されるのである。もちろんゼウスやヘーレーが人間世界に降りて人間と交わる場面も語られはするが、そこには信仰という要素は希薄である。ゼウスやポセイダーオーンといったオリュンポスの偉大な神々は、ことばは悪いがいわば種馬としての役割を果たすことがしきりであり、そこには神としての崇高さなどは求むべくもない。むろんこういうたぐいの記述はべつだんヒュギーヌス固有のものではない。アポロドーロスなどにもよく出てくる。信仰とは無関係なこのような交情の場面を流麗な筆さばきでつづる技術では、古代作家の中でオウィディウスの右に出る者はないようである。

神々の働きかけは、人間の変身という場面で強く示される。変身譚はおよそ八十例数えられるが、そこで人間は星、鳥、動物（熊とか狼とか）、無生物（石など）に変えられる。むろんこれとてヒュギーヌスのみの得意技でないことはいうまでもないが（オウィディウスというすぐれた先輩がいる）、このような話を書くことで彼は語源や物事の原因を示し、同時に自分の学殖を披瀝《ひれき》するという目的も遂げたと考えられる。

さて、ギリシャ神話の裾野はとても広いが、なかでもギリシャ神話といえばこれ、というお決まりのアイテムがいくつかある。ギリシャ神話を標榜しながらそれを話さないとお話にならない、というたぐいの定番である。本書にもそれは漏れなく取り込まれているので、以下に示す。

一　神々の系譜（序文）
二　アルゴー船の遠征（12〜25話）
三　ヘーラクレースの冒険（29〜36、99、100、260話）
四　テーセウス（37〜38、40〜43、47、187話）
五　トロイア戦争（54、59、78〜81、89〜98、101〜123、261話）
六　オイディプース（66〜72話）
七　アトレウス一族の悲劇（82〜88、258話）

ごらんのように、ギリシャ神話と銘打つどの書物をひもといても必ず語られる話題が、かなりのスペースを占めている。これらの話題はこの原作がつづられた時代に、人々がギリシャ神話に求めていたものが何であったかを、如実に示している。瞥見《べっけん》しただけで、それは今日わたしたちがギリシャ神話に求めるものとほとんど変わりないことは明らかだ。なかでもとりわけ頻繁に語られているのは、トロイア戦争の物語である。トロイア戦争にまつわる話を聞いたり語ったりすることは、当時としては学問であると同時に大いなる娯楽でもあったかと思われる。やはりアキレウスやオデュッセウスの活躍する物語は永遠の命を誇るものである。

ここでついでにいえば、ヒュギーヌスが右に並べた大神話圏を扱う場合、伝統的権威を尊重している。アルゴー船の物語はアポローニオス・ロディオスが模範であり、トロイア戦争については無論ホメーロスのテキストに準拠している。その他の、ヘーラクレースやオイディプースの話にしても、細部の違いこそあれ、大筋ではルーティンを守っている。とはいえ、物語の扱い方でヒュギーヌス独自のものがある。それは、ボリオによれば、叙事詩を細かい物語に細分化し、悲劇作品の筋立てを要約した形の物語に仕立てていることである。かくして、多くの物語の背後にわたしたちはエウリーピデースやソポクレース、あるいはアイスキュロスの姿を垣間見るのである。そして、今日では断片でしか知られていない悲劇作品(ギリシャ、ローマ両方の)をうかがわせる物語も多いのである。

以上のほかに、ペルセウスの活躍とか、クレータの神話、カリュドーンの猪退治の話、テーバイ神話圏に属する物語なども語られているし、神々としては、アポローンやディオニューソス(バッコス)らがしばしば話題になっている。

まえがきが長くなってしまったが、最後にヒュギーヌスのテキストでしか読めない神話がいくつかある。一つにまとまったものは二つしかない。220話の「クーラ」がその一つ。これはヒュギーヌスしか伝えていないと同時に、この作品中で唯一のローマ神話でもある。もう一つは女狩人アルゲーの話（205話）。

部分的にヒュギーヌスしか知らないと考えられる神話要素としては、ペイリトオスの妹ピサディエーという名前（79話）、ゼウスとペルセポネーとのあいだに生まれたディオニューソスが、巨神族《ティーターネス》によって八つ裂きにされたこと（167話）、わが子ペンテウスを八つ裂きにしたあと、イリュリアに逃げたアガウェーを迎え入れた当地の王、リュコテルセースという名前（184話）、ギリシャ神話ではないが、バビュローンのセミーラミスが、馬を失って火に身を投じた話（243話）、ヘーラクレースの息子ヒュロスが、曾祖父の兄弟を殺した話（244話）、プロクリスが父親と交わってアグラウロスなる娘を得たこと（253話）、などである。

この本の原作はさまざまな形でギリシャ神話研究やその他の目的で利用されてきたが、こうしてようやく日本語でこれを読めるようにすることができたことを、訳者一同心から喜んでいる。ギリシャ、ローマ古典の研究に役立つだけでなく、近代語でつづられる文学の研究などにも大いに役立つ可能性があるものと思う。むろんわたしたちが最も喜びとするのは、学者でも研究家でもないギリシャ神話を愛する方々がこの本を手にして、やおらひもとき、心を弾ませて読みすすめてくださることである。

翻訳にあたっては、松田が前半を、青山が後半を担当した。文体の統一といったことはしなかったが、固有名詞の表記は統一をこころがけた。それでは、ギリシャ神話をお楽しみください。

訳　者

目次

訳者まえがき……3
凡例……20
オリュンポスの神々……21
序文（神々の系譜）……25
1　テミストー……30
2　イーノー……31
3　プリクソス……32
4　エウリーピデースのイーノー……34
5　アタマース……35
6　カドモス……36
7　アンティオペー……36
8　エウリーピデースと同じものをエンニウスが書いた……37
9　ニオベー……39
10　クローリス……40
11　ニオベーの子供たち……41
12　ペリアース……41
13　ヘーレー……42
14　招集されたアルゴー船隊員……43
15　レームノス島の女たち……57
16　キュジコス……58
17　アミュコス……59
18　リュコス……59
19　ピーネウス……60
20　ステュンパーロス湖の鳥たち……61
21　プリクソスの息子たち……61
22　アイエーテース……63

23 アプシュルトス……64
24 イアーソーンとペリアースの娘たち……66
25 メーデイア……67
26 亡命するメーデイア……68
27 メードス……68
28 オートスとエピアルテース……70
29 アルクメーネー……71
30 エウリュステウスに命じられた
ヘーラクレースの十二の功業……72
31 ヘーラクレースの付随的功業……75
32 メガレー……78
33 ケンタウロス族……79
34 ネッソス……80
35 イオレー……81
36 デーイアネイラ……81
37 アイトレー……83
38 テーセウスの功業……84
39 ダイダロス……85
40 パーシパエー……86
41 ミーノース……87
42 テーセウスとミーノータウロス……88
43 アリアドネー……88
44 コーカロス……89
45 ピロメーラ……90
46 エレクテウス……91
47 ヒッポリュトス……92
48 アテーナイの王たち……93
49 アスクレーピオス……94
50 アドメートス……94
51 アルケースティス……95
52 アイギーナ……96
53 アステリエー……97

54 テティス……98
55 ティテュオス……99
56 ブーシーリス……99
57 ステネボイア……100
58 スミュルナ……101
59 ピュルリス……102
60 シーシュポスとサルモーネウス……103
61 サルモーネウス……103
62 イクシーオーン……104
63 ダナエー……104
64 アンドロメダ……106
65 アルキュオネー……107
66 ラーイオス……107
67 オイディプース……108
68 ポリュネイケース……110
69 アドラストス……113
70 テーバイに進撃した七王……115
71 七人のエピゴノイ、すなわち息子たち……117
72 アンティゴネー……118
73 アンピアラーオス、エリピューレー およびアルクマイオーン……119
74 ヒュプシピュレー……120
75 テイレシアース……121
76 テーバイの王たち……122
77 レーダ……123
78 テュンダレオース……123
79 ヘレネー……124
80 カストール……125
81 ヘレネーの求婚者たち……127
82 タンタロス……128
83 ペロプス……129

84 オイノマオス……129
85 クリューシッポス……131
86 ペロプス一族……131
87 アイギストス……132
88 アトレウス……133
89 ラーオメドーン……136
90 プリアモスの
息子たち、娘たち五十四人……137
91 アレクサンドロス・パリス……138
92 パリスの美女判定……139
93 カサンドレー……141
94 アンキーセース……142
95 オデュッセウス……142
96 アキレウス……143
97 トロイアに出征した戦士、船の数……144
98 イーピゲネイア……149
99 アウゲー……150
100 テウトラース……151
101 テーレポス……152
102 ピロクテーテース……154
103 プローテシラーオス……155
104 ラーオダメイア……156
105 パラメーデース……157
106 ヘクトールの身の代……158
107 武具の判定……160
108 トロイアの木馬……161
109 イーリオネー……163
110 ポリュクセネー……164
111 ヘカベー……165
112 挑戦し、決闘した英雄たち……166
113 誰がどの著名戦士を殪《たお》したか……168
114 アカイア勢が殺害した人数……170

115 トロイアの戦士が殺害した敵の数……170
116 ナウプリオス……171
117 クリュタイムネーストレー……172
118 プローテウス……173
119 オレステース……174
120 タウリケーのイーピゲネイア……175
121 クリューセース……177
122 アレーテース……178
123 ネオプトレモス……179
124 アカイア人の王たち……180
125 オデュッセイア（オデュッセウスの放浪）……181
126 オデュッセウスの認知……187
127 テーレゴノス……190
128 予言者たち……191

129 オイネウス……192
130 イーカリオスとエーリゴネー……193
131 ニューソス……194
132 リュクールゴス……195
133 アムモーン……196
134 エトルーリア人……196
135 ラーオコオーン……197
136 ポリュエイドス……198
137 メロペー……200
138 菩提樹に変身したピリュラ……201
139 クーレーテス……202
140 ピュートーン……203
141 セイレーンたち……205
142 パンドーラ……206
143 ポローネウス……207
144 プロメーテウス……208

145 ニオベーあるいはイーオー……208
146 ペルセポネー……210
147 トリプトレモス……211
148 ヘーパイストス……212
149 エパポス……213
150 巨神族《ティーターネス》との戦争……214
151 テューポーンとエキドナの子供たち……215
152 テューポーン……216
152A パエトーン……216
153 デウカリオーンとピュルラ……217
154 ヘーシオドスのパエトーン……218
155 ゼウスの息子たち……219
156 ヘーリオスの子供たち……220
157 ポセイダーオーンの息子たち……221
158 ヘーパイストスの息子たち……222
159 アレースの子供たち……222
160 ヘルメースの息子たち……223
161 アポローンの息子たち……223
162 ヘーラクレースの息子たち……224
163 アマゾーン族……225
164 アテーナイ……225
165 マルシュアース……226
166 エリクトニオス……227
167 ディオニューソス……229
168 ダナオス……230
169 アミューモーネー……231
169A アミューモーネー……231
170 ダナオスの娘たちと
彼女らが殺した者たち……232
171 アルタイエー……235
172 オイネウス……236

173 カリュドーンの猪退治にいった者たち……237
173A オイネウスに援助を送った国々……238
174 メレアグロス……239
175 アグリオス……240
176 リュカーオーン……241
177 カリストー……242
178 エウローペー……243
179 セメレー……245
180 アクタイオーン……246
181 アルテミス……246
182 オーケアノスの娘たち……248
183 太陽神の馬と四季の女神たちの名前……249
184 ペンテウスとアガウェー……250
185 アタランテー……250
186 メラニッペー……252
187 アロペー……254
188 テオパネー……256
189 プロクリス……257
190 テオノエー……259
191 ミダース王……260
192 ヒュアース……262
193 ハルパリュコス……264
194 アリーオーン……265
195 オーリーオーン……267
196 パーン……267
197 アプロディーテー……268
198 ニーソス……269
199 もう一人のスキュルラ……270
200 キオネー……271
201 アウトリュコス……272
202 コローニス……273

203 ダプネー……273
204 ニュクティメネー……274
205 アルゲー……274
206 ハルパリュケー……275
207―218 欠落……275
219 アルケラーオス……275
220 クーラ……277
221 七賢人……278
222 七人の抒情詩人……279
223 七不思議……279
224 神になった人間たち……280
225 神々の神殿を最初に建てた者たち……282
226―237 欠落……283
238 自分の娘を殺した者たち……283
239 息子を殺した母たち……285
240 夫を殺した女たち……286
241 妻を殺した者たち……287
242 自殺した者たち……288
243 自殺した女たち……290
244 親族を殺した男たち……294
245 舅や婿を殺した者たち……296
246 わが子の肉を祝宴で食べた男たち……296
247 犬に食い殺された男たち……297
248 猪に突かれて死んだ男たち……297
249 破滅の松明《たいまつ》……298
250 御者を死なせた四頭立て二輪戦車……299
251 運命女神《モイラ》たちの許しを得て
冥界から戻った者たち……300
252 野獣の乳で育てられた者たち……302
253 背徳の交わりをした者たち……303
254 この上なく肉親に忠実な者たち……304
255 極悪非道の女たち……307

256 この上なく貞淑な女たち……308
257 刎頸《ふんけい》の交わりを結んだ者たち……308
258 アトレウスとテュエステース……312
259 リュンコス……312
260 エリュクス……313
261 知らずにアルテミスの牝鹿を殺した
アガメムノーン……314
262—268 欠落……315
269 この上なく高名な者たち……316
270 この上なく美しかった男たち……316
271 この上なく美しい若者たち……317
272 アレイオスパゴスで裁判にかけられた
親族殺害者たちに対する判決……318
273 最初の競技大会設立者たち、
十五番目のアイネイアースまで 319
274 誰が何を発見・発明したか……323
275 誰がどの都市を建設したか……327
276 きわめて大きな島々……330
277 物事の最初の発明者……331
解説……334
訳者あとがき……348
関連地図……354
索引……376

■凡　例

一　原作はラテン語であるが、ギリシャ神話なので、固有名詞はすべてギリシャ語の形を用いた。片仮名で表記するとき、ギリシャ語の母音の長短を尊重した。ただ、都市名、地名の表記では現在、より親しまれている形をとった語もある。トゥロイエー→トロイア、スパルテー→スパルタ、アイトネー→エトナなど。

二　［欠文］の表示は原典で語・句・文が欠落していることを示す。〈　〉は原典校訂者が補った語句である。

三　本文中の〔　〕にいれた文字は訳者による補足または簡単な注である。長めの注は本文のあとの欄外に記した。（　）内の文言は原文で用いられているもの。

四　注に記した参考・引用文献については「訳者あとがき」を参照のこと。なお、同じく注に記したマーシャル、ボリオ、グラントについては「解説」を参照のこと。

五　索引は「序文」と単純な名簿項目を除外した。

六　152、152Ａという形式の番号付けが数箇所ある。数字だけの表記はヒュギーヌスの真正のテキストを示し、Ａ、Ｂを付したものは、ヒュギーヌス以外の手になるもの、いわば別伝であることを示す。わたしたちはマーシャルに従ってＡ、Ｂも掲載した。

■オリュンポスの神々（括弧の中はラテン語名）

ゼウス（ユッピテル）　オリュンポス山に住まう神々の主神。

ヘーレー（ユーノー）　ゼウスの后、女神たちの女王。

ポセイダーオーン（ネプトゥーヌス）　ゼウスの兄弟、海の神々の王者。

ハーデース（プルートー）　ゼウスの兄弟、冥府の王者。

デーメーテール（ケレース）　ゼウスの姉妹、大地母神。ペルセポネーの母。

アポローン（アポッロー）　ゼウスとレートーの息子、アルテミスの兄。弓矢をよくし、医療や音楽を得意とする。

ディオニューソス（リーベル）　ゼウスとセメレーの息子、酒神。バッコスとも呼ばれる。

アレース（マルス）　ゼウスとヘーレーの息子、戦神。

ヘーパイストス（ウルカーヌス）　ゼウスとヘーレーの息子、またはヘーレーが単独で生んだ息子とも。火、鍛冶の神でアプロディーテーの夫。

アプロディーテー（ウェヌス）　その誕生については数説あるが、一般にゼウスの娘。愛、美の女神でヘーパイストスの妻。わが国ではビーナスという名前で親しまれている。

アルテミス（ディアーナ）　ゼウスとレートーの娘、アポローンの妹。狩猟を好む処女神。

アテーネー（ミネルウァ）　ゼウスとメーティスの娘。武装した姿でゼウスの頭蓋から誕生した。さまざまな技術をつかさどる。パルラス・アテーネーともいう。

ヘルメース（メルクリウス）　ゼウスとマイアの子。神々、特にゼウスの使いをはたす神。

ギリシャ神話集

序　文

霧から混沌が生まれた。混沌と霧から夜、昼、冥闇《めいあん》、大気が生まれた。夜と冥闇から宿命、老年、死〔モルス〕、死〔レートゥム〕、自制、眠りの神、眠りの女神、〈エロース〉、リューシメレース、エピプローン、ヘーデュメレース、ポルピュリオーン、エパポス、不和、悲惨、傲岸《ごうがん》、ネメシス、エウプロシュネー、友愛、憐憫《れんびん》、ステュクスが生まれた。さらに、三人の運命女神《モイラ》たち、すなわち、クロートー、ラケシス、アトロポス、そしてヘスペリスたち、すなわちアエグレー、ヘスペリエー、アエリカが生まれた。

大気と昼から大地、空、海が生まれた。

大気と大地から苦痛、欺瞞《ぎまん》、怒り、悲痛、嘘、誓約、復讐、無節操、争論、忘却、恐怖、傲慢、姦通、闘争、オーケアノス、テミス、タルタロス、ポントスが生まれた。そして巨神《ティータ》族《ーネス》、すなわち、ブリアレオース、ギューゲース、ステロペース、アートラース、ヒュペリーオーン、ポーロスが、クロノス、オプス、モネータ〔警告するユーノー〕、ディオーネーが生まれた。三人の復讐女神《エリーニュス》たち、すなわち、アレクトー、メガイラ、ティーシポネーが生まれた。

大地とタルタロスから巨人族《ギガンテス》が生まれた。エンケラドス、コイオス、[1]［欠文］レンテスモピオス、アストライオス、ペローロス、パルラス、エンピュトス、ロイコス、［欠文］エニオス、アグリオス、〔欠文〕アレモネ、エピアルテース、エウリュトス、〔欠文〕エフラコリュドーン、テオミーセース、テオダマース、オートス、テューポーン、ポリュボーテース、メネピアロス、アプセウス、コロポモス、イーアペトス[1]。

ポントスと海から魚類が生まれた。

〈オーケアノスとテーテュースから〉オーケアノス族が生まれた。ヘステュアイア、メリテー、イアンテー、アドメーテー、スティルボー、パーシパエー、ポリュクソー、エウリュノメー、エウアゴレイス、ロドペー、〔欠文〕リュリス、クリュティア、〔欠文〕テスキノエノー、クリテムネステー、メーティス、メニッペー、アルゲイア。

同じ種から多くの河川が生まれた。ストリューモーン、ネイロス〔ナイル〕、エウプラーテース、タナイス、インドス、ケーピーソス、イスメーノス、アクセノス、アケローオス、シモエイス、イーナコス、アルペイオス、テルモードーン、スカマンドロス、ティグリス、マイアンドロス、オロンテース。

ポントスと大地からタウマース、ケートー、ネーレウス、ポルキュスが生まれた。

ネーレウスとドーリスから五十人の娘〔ネーレイデス〕が生まれた。グラウケー、タリア、キューモドケー、ネーサイエー、スペイオー、トエー、キューモトエー、アクタイエー、リムノーレイア、メリテー、イアイラ、アンピトエー、アガウェー、ドートー、プロートー、ペルーサ、デュナメネー、デクサメネー、アンピノメー、カルリアナッサ、ドーリス、パノペー、ガラテイア、ネーメルテース、アプセウデース、クリュメネー、イーアネイラ、パノパイア、イアナッサ、マイラ、オーレイテュイア、アマテイア、ドリューモー、クサントー、リゲイア、ピュロドケー、キューディッペー、リュコーリアス、クレイオー、ベロエー、エピュレー、オーピス、デーイオペイア、アレトゥーサ、クリュメネー、クレーネーイス、エウリュディケー、レウコトエー[2]。

ポルキュスとケートーからポルキュス族が生まれた。ペンプレードー、エニュオー、ペルシス（これに替わってデイノーンを挙げる場合もある）。ゴルゴーンとケートーからステノー、エウリュアレー、メドゥーサが生まれた。

ポーロスとポイベーからレートー、アステリエー、アピラペー、ペルセース、パルラスが生まれた。

イーアペトスとクリュメネーからアートラース、エピメーテウス、プロメーテウスが生まれた。

ヒュペリーオーンとアイトレーから、ヘーリオス〔太陽〕、セレーネー〔月〕、エーオース〔暁〕が生まれた。

クロノスとレアからヘスティア、デーメーテール、ヘーレー、ゼウス、ハーデース、ポセイダーオーンが生まれた。

クロノスとピリュラからケイローン、ドロプスが生まれた。

アストライオスとエーオースからゼピュロス〔北西風〕、ボレアース〔北風〕、ノトス〔南風〕、ファウォーニウス[3]〔西風〕が生まれた。

アートラースとプレーイオネーからマイア、カリュプソー、アルキュオネー、メロペー、エーレクトレー、ケライノーが生まれた。

巨人族パルラス〈と〉ステュクス〔冥府の川〕からスキュルラ、暴力、羨望《せんぼう》、権力、勝利、泉、湖が生まれた。

ポセイダーオーンとアンピトリーテーからトリートーンが生まれた。

ディオーネーとゼウスからアプロディーテーが生まれた。

ゼウスとヘーレーからアレースが生まれた。

ゼウスの頭からアテーネーが生まれた。

ヘーレーが夫と交わらずにヘーパイストスを生んだ。

ゼウスとエウリュノメーから典雅美神《カリス》たちが生まれた。

再びゼウスとヘーレーから青春、自由が生まれた。

ゼウスとテミスから四季《ホーラ》の女神たちが生まれた。

ゼウスとデーメーテールからペルセポネーが生まれた。

ゼウスとモネータ(4)から学芸《ムーサ》女神たちが生まれた。

ゼウスとセレーネーからパンディーアが生まれた。

アプロディーテーとアレースからハルモニアと恐怖が生まれた。

アケローオスとメルポメネーからセイレーンたち、テルクシエピア、モルペー、ペイシノエーが生まれた。

ゼウスとクリュメネーからムネーモシュネーが生まれた。

ゼウスとマイアからヘルメースが生まれた。

ゼウスとレートーからアポローンとアルテミスが生まれた。

大地から神的な龍ピュートーンが生まれた。

タウマースと〈エーレクトレーから〉イーリス、鳥女《ハルピュイア》たち、ケライノー、オーキュペテー、ポダルケーが生まれた。

ヘーリオスとペルセーからキルケー、パーシパエー、アイエーテース、ペルセースが生まれた。

アイエーテースとクリュティア(5)からメーデイアが生まれた。

ヘーリオスとクリュメネーからパエトーンとパエトーン族が生まれた、メロペー、ヘーリエー、アステリエー、ディオークシッペー。

テューポーンとエキドナから、ゴルゴーン、コルキスの牡羊の黄金の皮を守っていた龍ケルベロス(6)、上半身は女、下半身は犬の姿をし、ヘーラクレースに殺されたスキュルラ、キマイラ、ボイオーティアにいたスピンクス、九つの頭をもち、ヘーラクレースに殺された蛇ヒュドラ、およびヘスペリスたちの龍が生まれた。

ポセイダーオーンとメドゥーサからクリューサーオール、天馬ペーガソスが生まれた。クリューサーオールとカルリロエーから三つの体をもつゲーリュオーンが生まれた。

注(1) コイオスとイーアペトスは巨人族ではなく、ウーラノスとガイアから生まれた巨神族《ティーターネス》の仲間で

ある。

（2）　四十八人。ボリオ本では四十九人。いずれにもテティスの名前はない。
（3）　これはラテン語の名前で、ゼピュロスとほぼ同義。
（4）　これはローマ神話の女神。ギリシャ神話ではムネーモシュネー。
（5）　アイエーテースの妻としてはふつう、イデューイア、ヘカテー、ネアイラなどの名前が伝えられる。
（6）　ふつうは冥府の番犬の名前。

1　テミストー

アイオロスの息子アタマース(1)には、ネペレーに生ませた息子プリクソス、娘ヘッレー(2)、ヒュプセウスの娘テミストーに生ませた二人の息子スピンキオス、オルコメノス、カドモスの娘イーノーに生ませた二人の息子レアルコス、メリケルテースがいた。

テミストーは、イーノーに妻の座を奪われたので、彼女の息子たちを殺そうと考えた。そこで王宮にひそかに身を隠し、好機を得て、仇《あだ》なす女の息子らを殺すつもりで、うかつにも自分の息子たちを殺してしまった。乳母《うば》にだまされたのである。乳母は、子供たちに偽の衣服をかけておいたのだ。テミストーは事実を認識して自殺した(3)。

注（1）　ボイオーティアまたはテーバイの王。大洪水を生き延びたデウカリオーンとピュルラの子孫。
（2）　この兄妹はのちに黄金の毛の羊に乗って空を飛び去る物語の主人公となる（3話）。

（3）ボリオによれば、この話はエウリーピデースの散逸作品『イーノー』の筋書きである。

2　イーノー

カドモス〔テーバイ建設者〕とハルモニアの娘イーノーは、ネペレーの子供たち、プリクソスとヘッレーを殺害しようと考え、すべての主婦たちと談合し、種まきに使う麦を炒《い》るように策謀した。麦が芽を出さず、かくして、穀物の不作と飢饉が訪れ、全国民が、一部は飢えで、一部は病気で死ぬようにするためである。そのためアタマースはデルポイ(1)に衛兵を派遣した。この衛兵にイーノーはあらかじめ、次のように偽りの返答をもたらすよういい含めておいた。もしプリクソスをゼウスに犠牲としてささげれば、疫病はやむだろう、と(2)。

アタマースはこれを実行してはいけないと指示したので、プリクソスはみずから自発的に、自分一人で国家を困窮から解放しようと約束した。かくして頭にリボンをかけられて祭壇にみちびかれ、父親がゼウスに祈ろうとしたとき、くだんの衛兵が若者への憐憫《れんびん》に駆られて、アタマースにイーノーの陰謀を明かした(3)。王は大罪を認識し、自分の妻イーノーと彼女の息子メリケルテースを、殺すようにとプリクソスに手渡した。プリクソスが二人を処刑場へ連れていくあいだに、父なるディオニューソスが自分の乳母イーノーに雲をかぶせ、これを奪った(4)。

のちにアタマースは、〔女神〕ヘーレーのために正気を失い、わが息子レアルコスを殺した。だがイーノーは息子メリケルテースとともに海に身を投げた。彼女をディオニューソスはレウコテア[5]とよぶことにしたが、ローマではマーテル・マートゥータとよばれている。さらにメリケルテースはパライモーンとよばれた[6]が、ローマではポルトゥーヌスとよばれている。彼のために五年ごとに催される競技大会は、イストミア祭[7]とよばれている。

注(1) ポーキス地方の町。アポローンの神殿およびその神託で名高い。
(2) 同じ話をアポロドーロスも伝えている（一・九・一）。
(3) 通説では、プリクソスは妹ヘッレーとともに、母親ネペレーに救われる。すなわちネペレーが黄金の毛をもつ羊を処刑場におくりつけ、二人の子供はこれにまたがって空を飛ぶのである（アポロドーロス、前掲箇所）。次の3話ではこれが語られる。
(4) かつてイーノーは、ヘーレーに狙われたディオニューソスをゼウスから預けられ、養育した。
(5) イーノーが死後女神となり、レウコテアと名乗ったことは『オデュッセイア』（五・三三三〜三三五）でも語られている。
(6) アタマースがわが子レアルコスを殺し、イーノーがメリケルテースを抱えて海に身を投じ、その後母親がレウコテアとよばれ、息子はパライモーンとよばれたことなどは、オウィディウスがつぶさに語っている（『変身物語』四・五一六〜五四〇）。
(7) 273話でエラトクレースなる人物がこの祭りを創設したと述べられている。

3　プリクソス

プリクソスとヘッレーが、ディオニューソスの仕掛けによって正気を失い、森をさまよっていたとき、二人の母親ネペレーが、ポセイダーオーンとテオパネーの息子である金毛の羊(1)を引いてそこへきた、と伝えられている。母親は子供たちにその羊に乗り、コルキス〔黒海東岸の地方、魔術者メーデイアの故郷〕の王で太陽神《ヘーリオス》の息子であるアイエーテースのもとに渡り、その地で羊をアレースに犠牲としてささげるよう命じた。次のようになされたと伝えられている。

そこで二人が羊に乗り、羊は彼らを海上に運び上げたが、ヘッレーは羊から落ち、それゆえその海はヘッレスポントス〔ヘッレーの海〕とよばれた。だが羊はプリクソスをコルキスへはこんだ。その地で母親の命令に従って羊を犠牲にささげ、その黄金の毛をアレースの神殿に奉納した。龍が守るこの羊毛を、アイソーンとアルキメデーとの息子イアーソーンが求めたといわれている〔アルゴー船の物語〕。

だがアイエーテースはプリクソスを解放し、迎え入れ、娘カルキオペーを妻として与えた。のちに彼女はプリクソスの子供たちを生んだ。しかし、アイエーテースは、この子供たちが自分を王国から追放するのではないかと恐れた。というのは、アイエーテースには、不思議な事件のあと、外国からくるアイオロスの子孫〔プリクソスはアイオロスの孫〕の手によってもたらされる死に用心するように、との神託があったからだ。かくしてアイエーテースはプリクソスを殺害した。

しかしプリクソスの息子たち、すなわちアルゴス、プロンティス、メラス、キュリンドロス(2)は、祖父アタマースのもとへ渡航するべく、筏《いかだ》に乗った。イアーソーンが羊毛を求める途上、難破した彼らをディーエー島[3]から救出し、母親カルキオペーのもとへはこんだ。この善行によりイアーソーンは彼女の姉妹メーデイアを与えられた。

注（1）ポセイダーオーンとテオパネーは、求婚者らを欺くため、二人とも羊に化けて交わったので、テオパネーが生んだ子は牡羊だった（188話）。オウィディウスはテオパネーをビサルテースの娘とよんでいる（『変身物語』六・一一七）。

（2）アポロドーロスはキュティーソーロスとよんでいる（一・九・一）。

（3）ディーエー島はクレータ島の首府クノッソスの沖合に浮かぶ島。黒海近辺にはこの名称の島は見当たらない。黒海での事件を述べているこの文脈にはマッチしない。

4　エウリーピデースのイーノー

テッサリアの王アタマースは、二人の息子を〈生んでいた〉妻イーノーが死んだと考え、あるニュンペー〔ニンフ。山川草木や土地などの精〕の娘テミストーを妻に迎えた。彼女とのあいだに双子の息子を得た。のちに彼はイーノーがパルナッソス山[1]におり、バッコス〔酒神ディオニューソス〕の秘儀に参加するべくそこにいったことを知った。彼女を連れ戻すために使者を派遣した。

アタマースは連れ戻したイーノーを隠した。テミストーは彼女がみつけ出されたことを知ったが、しかし誰がイーノーなのか知らなかった。テミストーはイーノーの息子らを亡き者にしたいと考えはじめた。テミストーは、イーノーその人を女捕虜だと信じ込み、女捕虜に事情を知らせた。そしてテミストーはその女捕虜に、自分の息子たちは白い服で、イーノーの息子らは黒い服でくるむようにと命じた。イーノー〔女捕虜〕は自分の子供たちを白い服で、テミストーの子供たちを黒い服でくるんだ。こうして欺かれたテミストーは自分の息子らを殺した。事を知ったとき、テミストーは自殺した。ところがアタマースは狩猟中、狂を発して、自分の長子レアルコス〔イーノーに生ませた子供〕を殺害した。しかしイーノーは弟息子メリケルテースとともに海に飛び込み、女神〔レウコテア〕になった。(2)

注(1)　アイトーリア、ポーキス両地方にまたがる山。デルポイに近く、アポローンにゆかりが深い。
(2)　表題は「エウリーピデースの」となっているが、果たしてこの梗概が彼の悲劇（断片のみ残存）を要約したものかどうか不明らしい。グラントはヒュギーヌスが悲劇詩人よりむしろ叙事詩を利用したと述べている。

5　アタマース

かつてセメレーはゼウスと同衾《どうきん》したが、そのためヘーレーが彼女の一族全体を憎悪した。かくしてアイオロスの息子アタマースは精神のバランスを失い、狩猟の最中にわが子を矢で射殺した。(1)

注(1)　アタマースは、セメレーの姉妹であるイーノーの夫で、ゼウスがイーノーに預けたディオニューソスを養育することに同意したため、ヘーレーに憎まれた。

6 カドモス

アゲーノールとアルギオペーの息子カドモスは、カスタリアの泉[1]の見張り番である龍を殺したため、アレースの怒りによって自分の一族を殺され、自分の妻でアプロディーテーとアレースの娘であるハルモニア〔148話参照〕とともに、イリュリア〔マケドニアの西部地方〕の地で龍に変身した。

注(1) カスタリアの泉はテーバイではなくデルポイにあったので、ヒュギーヌスはテーバイの龍とデルポイのピュートーンを混同したらしい。カドモスはテーバイの建設者。

7 アンティオペー

ニュクテウスの娘アンティオペーは、計略にかかってエパポス[1]に犯された。かくして彼女は夫リュコス[2]に追い払われた。一人身になった彼女をゼウスが抱擁した。だがリュコスはディルケーと結婚した。ディルケーは、自分の夫がひそかにアンティオペーと寝たという疑惑を抱いた。かくしてディルケーは、奴隷たちにアンティオペーを縛り上げて牢獄に閉じ込めるよう命じた。

その後アンティオペーに出産がさし迫った。ゼウスの意志により彼女は牢を出てキタイローン山[3]に逃れた。そして出産が急迫し、生む場所を捜したが、苦痛に迫られてついに彼女は十字路で子供たちを出産せざるを得なくなった。その子供たちを羊飼いたちが自分の子供として養育し、一人をゼートスとよんだ。「道をさがす（ゼーテイン・トポン）」ことにちなんだものである。もう一人をアンピーオーンとよんだが、これは「十字路で（エン・ディオドー）、または道のかたわらで（アンピ・ホドン）、彼を生んだ」、すなわち、十字路で彼を生んだからである。

二人はのちに母親を認識し、ディルケーを野牛に繋いで〔引き裂き〕その命を奪った。キタイローン山で彼女の体から一つの泉が湧き出し、ディルケーの泉と称された。彼女はバッコス〔ディオニューソス〕の信徒だったので、バッコスの恩恵にあずかったのである。

注(1)　ふつうはエパポスではなくエポーペウス。アポロドーロスは、アンティオペーがゼウスに犯されて身重となり、シキュオーンのエポーペウスのもとへ逃れ、彼と結婚したという（三・五・五）。
(2)　リュコスはふつうはアンティオペーの夫ではなく、おじ。次の物語ではおじになっている。
(3)　アッティカとボイオーティア両地方にまたがる山。

8　エウリーピデースと同じものをエンニウスが書いた

ニュクテウス王の娘アンティオペーはボイオーティア〔ギリシャ本土のアッティカに隣接する地域〕にいた。彼女のすばらしい美貌に惹かれてゼウスが彼女を妊娠させた。彼女を父は非行ゆえに罰したいと思い、脅した。アンティオペーは逃亡した。彼女がやってきたのと同じ場所に、たまたまシキュオーン〔ペロポンネーソス半島のコリントスに近い町〕のエパポスがいた。彼はこの女を自分の家に連れていき、結婚した。ニュクテウスはこの事態に耐えられず、死のまぎわ、自分の兄弟リュコスに、王国を譲ると同時に、アンティオペーが罰せられないままでいることのないように、と懇願した。

ニュクテウスの死後リュコスはシキュオーンへきた。エパポスを殺害し、縛られたアンティオペーをキタイローン山へ連れていった。アンティオペーは双子を生んで遺棄し、この子供たちを羊飼いが育て、ゼートスとアンピーオーンと名づけた。アンティオペーはリュコスの妻ディルケーの手に委ねられて、拷問を受けた。アンティオペーは好機をとらえて逃走に一命を託した。そして自分の子供たちのもとへやってきた。しかし二人のうちゼートスは彼女を逃亡奴隷とみなして、彼女を受け入れなかった。

同じ場所へディルケーが、バッコス〔ディオニューソス〕の秘儀を行うために、やってきた。ここでアンティオペーがみつけ出され、ディルケーは彼女を引きずり出して処刑しようとしていた。だが育ての親である羊飼いに、アンティオペーが自分たちの母親であることを知らされた二人の青年が、すみやかに母親を追いかけて奪い取った。二人は髪の毛を牡牛に結びつけてディルケーを殺害した。彼らはリュコスを殺したかったが、ヘルメースがこれを許さなかった。同時にヘルメースは、リュコスに王国をアンピーオーンに譲るよう命じた。(1)

注(1) 表題には「エンニウスが書いた」とあるが、エンニウス(前三〜前二世紀ローマの詩人)にこの

作品があった事実はここ以外では知られておらず、パークウイウス（前三〜前二世紀ローマの詩人）のものだった可能性が指摘されている（ボリオ、グラント）。

9　ニオベー

ニュクテウスの娘アンティオペーとゼウスとの息子たちである、アンピーオーンとゼートスは、アポローンの命令で、セメレーの墓も含めて、(1)テーバイ〔ボイオーティア地方の首府〕を壁でかこみ、(2)ラブダコス王の息子ラーイオス〔オイディプースの父〕を追放し、彼ら自身がこの地を支配しはじめた。アンピーオーンは、タンタロスとディオーネーの娘ニオベーを妻に迎え、七人の息子および同数の娘を彼女との間にもうけた。(3)この子供たちをニオベーはレートーに誇示し、アポローンとアルテミス〔二人ともレートーの子供〕に対して、アルテミスは男のように衣服をたくしあげて着用し、アポローンは服が垂れ下がり髪は長すぎるといい、息子の数では自分がレートーにまさっていると、ひどく傲慢に話した。

そのためアポローンは、彼女の息子らが森で狩猟しているときに矢で射殺し、アルテミスは王宮で娘らを、クローリスを除いて、(4)矢で射殺した。だが子供たちを奪われた母親は泣きながらシピュロス山(5)で石に変えられたと伝えられ、今でも彼女の涙が流れているといわれている。(6)さらにアンピーオーンはアポローンの神殿を攻略しようとして、アポローンに矢で殺された。

注(1) ボリオのテキストにもグラントの訳文にもなく、マーシャルのテキストにのみみられる句。
(2) アンピーオーンがテーバイを石でかこんだことは69話でもみられる。
(3) アポロドーロス（三・五・六）は男女七人ずつの名前を挙げ、同時に他の作家たち、すなわちヘーシオドス（十男十女）、ヘーロドトス（二男三女）、ホメーロス（六男六女）の各説を紹介している。
(4) 『イリアス』ではすべての子供が射殺されたといわれている（二四・六〇二～六〇九）。
(5) 小アジアのリューディア地方にある山で、彼女の父タンタロスが支配していた。
(6) クイントゥス、一・二九四～三〇六。アポロドーロス、三・五・六。

10 クローリス

クローリスは、ニオベーとアンピーオーンの七人の娘のうち、一人だけ生き残った。彼女をヒッポコオーンの息子ネーレウス(1)が妻にし、彼女から十二人の男の子をもうけた。ヘーラクレースがピュロス〔ペロポンネーソス半島南西部の町〕を攻めたとき、ヘーラクレースはネーレウスとその十人の息子を殺し、十一人目のペリクリュメノスは、祖先であるポセイダーオーンの好意によって、鷲《わし》に変身して死をまぬがれた(2)。十二人目のネストール(3)が助かったのは、彼がイーリオン〔トロイア〕にいたからで、これはアポローンの好意をかたじけなくして三世紀も存命したと伝えられる。というのは、アポローンがクローリスの兄弟たちから奪い取った生存年数を、そのままネストールに与えたからである。

注(1)　ネーレウスはピュロスの王。アポロドーロスはポセイダーオーンの息子としている（一・九・八）。ヒュギーヌスは31話でも彼をヒッポコオーンの子としている。
(2)　ペリクリュメノスはふつうはヘーラクレースに殺されたと伝えられる。
(3)　ネストールはトロイア戦争に出征し活躍したギリシャ方の老将軍。

11　ニオベーの子供たち

レルタ、タンタロス、イスメーノス、エウピノス、パイディモス、シピュロス、キアデー、クローリス、アステュクラーティア、シボエー、シクトティオス、エウドクサ、アルケーノル、オーギュギア、以上がアンピーオーンの妻ニオベーの息子たちと娘たちである。(1)

注(1)　マーシャルによれば、一五三五年の刊行本でミキュルスは次のように述べている。「ここは改竄されているだけでなく、名前が差し替えられている。……さらに、最古の写本でもいくつかの文字が掻き消され、その代わりに、無学な写字生によって（ab indocto）、他の文字が記されたらしい。」

12　ペリアース

クーレーテウスとテューローの息子ペリアース〔イオールコスの王〕に対し、ポセイダーオーンに犠牲をささげること、そしてもしモノクレーピスなる者、すなわち片足にしか靴を履いていない者がきたなら、彼ペリアースの死が近づくことになる、との神託が下された。[1]彼が例年のようにポセイダーオーンに犠牲をささげていると、ペリアースの兄弟アイソーンの息子イアーソーンが、犠牲をささげたくて、エウエーノス川[2]を渡る最中に片方の靴を見失った。早く犠牲式にいけるようにと焦っていたので、彼はこの靴を無視した。

これをみていたペリアースは、神託を思い出し、駆け寄ってきた相手に、プリクソスがアレースにささげた黄金の羊毛〔3話〕を、仇敵であるコルキス〔黒海東岸の地方〕の王アイエーテースから奪ってくるよう命じた。そこでイアーソーンはギリシャの将軍たちを募り、コルキスへ出発した。[3]

注(1) この神託はアポロドーロスも述べている(一・九・一六)。
(2) アイトーリア地方の川。これはアナウロス川ともいわれる(アポローニオス、一・九。アポロドーロス、一・九・一六)。
(3) アルゴー船に乗り込んで遠征に出発したこと。

13 ヘーレー

ヘーレーは、エウエーノス川〔12話、注2〕のほとりで老女に化け、自分をエウエーノス川の向こう岸へはこぶ者がいるかどうか、男たちの心を試すべく、立っていた。誰もはこんでくれなかったが、アイソーンとアルキメデーの息子イアーソーンが女神をはこんでやった。さらに女神は、ペリアースが自分に犠牲をささげることを止めていたので、彼に立腹し、イアーソーンが片方のサンダルを泥の中に残すよう仕組んだ。

14　招集されたアルゴー船隊員

イアーソーンは、アイソーンと、クリュメノスの娘アルキメデーとの息子で、テッサリア〔ギリシャ本土北東部地方〕の人々の指揮者。(1)

オルペウスはオイアグロスと、学芸女神《ムーサ》カルリオペーとの息子であり、オリュンポス山のエニーペウス川のほとりにある町フレーウィアからきたトラーケー〔トラキア〕人で、予言者、竪琴《キタラ》奏者。

アステリオーンは、父がピュレモス、母はペレースの娘アンティゴネーで、ペレーネーという町〔アカイア地方にある〕から。別の説では、彼はヒュペラーシオスの息子で、テッサリアにあるピュレーイオン山のふもとに横たわる町ペイレシアの出身。そこでは別々に流れる二つの川、アピダノスとエニーペウスが合流する。

ポリュペーモスはエラトスと、アンティッポスの娘ヒッパイアとの息子で、テッサリアの町ラーリッサ出身で、足がのろい。

イーピクロスはピュラコスと、ミニュアースの娘クリュメネーとの息子で、テッサリア出身、イアーソーンの母方のおじ。

アドメートスはペレースの息子で、母はミニュアースの娘ペリクリュメネー、テッサリア出身、カルコードニオン山からやってきた。この山から町と川の名前が由来した。アドメートスの家畜をアポローンが飼育したと伝えられる〔49～51話〕。

エウリュトスとエキーオーンは、ヘルメースと、メネトスの娘アンティアネイラとの息子たちで、現在エペソスと呼ばれている町アロペー[2]から。若干の作家たちは二人をテッサリア人と考えている。

アイタリデースは、ヘルメースと、ミュルミドーンの娘エウポレメイアとの息子である。これはラーリッサの人である。

〈コローノスはカイネウスの息子で〉、テッサリアにある町ギュルトーネーから。このカイネウスというのはエラトスの息子で、マグネーシア〔テッサリアの町〕の人であり、ケンタウロス族に対して、自分が剣槍では決して傷つけられず、木の幹を楔《くさび》のようにして〔その体に〕打ち込んではじめて傷つけられることを証明した[3]。カイネウスが〔もともとは〕女だったという人々もいる。ポセイダーオーンが求愛すると、彼女は、結婚する代わり、青年の姿に転換された自分がいかなる打撃によっても殺されないように、との願いをかなえてほしいとポセイダーオーンにせがんだ。神はこれをかなえてやった[4]。こんなことは一度もなされなかったし、また、誰であれ人間が剣槍では殺害され得ないとか、女から男へ転換される、といったことは生じ得ないのだ。

モプソスはアンピュクスとクローリスの息子で、アポローンから占いの技術を学んでおり、⑤オイカリア〔アイトーリアの町〕から。彼をティータロス〔テッサリアの町〕の人と考える者もいる。

エウリュダマースは、イーロスとデーモーナッサの息子であるが、クティメノスの息子ともいわれる。彼はクシュニアース湖〔テッサリアにある〕のほとりの町ドロペーイスに住んでいた。

テーセウスはアイゲウスと、ピッテウスの娘アイトレーとの息子で、トロイゼーン〔アルゴリス地方の町〕から。アテーナイ〔アッティカ地方の首府〕からきたという説もある。

ペイリトオス〔テーセウスの友人〕はイクシーオーンの息子で、ケンタウロス族の兄弟でもあり、テッサリアの人。

アクトールの倅《せがれ》メノイティオスは、オプンティア〔ロクリス・オプンティア地方の町〕の人。

テレオーンの息子エリボーテースはエレオーン〔ボイオーティア地方の町〕から。

エウリュティオーンは、イーロスとデーモーナッサの息子。

イクシティオーンはケーリントスの町〔エウボイア島にある〕から。

オイーレウスは、ホドイドコスと、ペルセオーンの娘アグリアノメーとの息子で、ナーリュケイアの町〔ロクリス・エピクネーミディア地方にある〕から。

クリュティオスとイーピトスは、エウリュトスと、ピュローンの娘アンティオペーとの息子たちで、ともにオイカリアの王であった。二人はエウボイアからきたという人もいる。エウリュトスはアポローンから弓矢の技術を授けられると、この贈り物をしてくれた相手と技を張り合ったと伝えられる。[6] 彼の息子クリュティオスはアイエーテースに殺された。

ペーレウスとテラモーンは、アイアコスと、ケイローンの娘エンデーイスとの息子たちで、アイギーナ島から。二人は弟ポーコスを殺害したため、自分の住居を捨て、さまざまな家を探し求め、ペーレウスはプティーアへ、テラモーンはサラミース島へ至った。[7] 後者をロドスのアポローニオス〔『アルゴナウティカ』の作者〕はアッティカ〔ギリシャの中心地方、アテーナイを擁する〕の島とよんでいる。[8]

ブーテースはテレオーンと、エーリダノス川[9]の娘ゼウクシッペーとの息子で、アテーナイから。

アルコーンの倅パレーロスは、アテーナイから。

ティーピュスはポルバースとヒュルミーネーの息子で、ボイオーティアの人。彼はアルゴー船の舵《かじ》取りだった。

アルゴスはポリュボスとアルゲイアの息子だが、ダナオスの息子という説もある。彼はアルゴス〔アルゴリス地方の首府〕の人で、牡牛の黒い毛皮をまとっていた。彼はアルゴー船の建造者だった。[10]

プリーアースはディオニューソスと、ミーノースの娘アリアドネーとの息子で、ペロポンネーソス半島にある町プリーウース〔アルゴリス地方〕から。テーバイの人、という説もある。

ヘーラクレースはゼウスと、エーレクトリュオーンの娘アルクメーネーとの息子〔29話〕で、テーバイ人。

ヒュラースはオイカリアからきた少年で、父はテオダマース、母はオーリーオーンの娘でニュンペーであるメノディケー。ヘーラクレースの侍童《じどう》で、アルゴスからきたという人もいる。

ナウプリオスはポセイダーオーンと、ダナオスの娘アミューモーネーとの息子で、アルゴス人。

イドモーンはアポローンと、ニュンペーのキュレーネーの息子で、アルゴス人だが、アバースの息子ともいわれる。彼は占い術に通暁し、鳥占いの前兆で自分の死が知らされているのを承知していたけれど、それでも宿命を背負った軍隊についていった。(11)

カストールとポリュデウケースは、ゼウスと、テスティオスの娘レーダとの息子たちで、ラケダイモーン人だが、スパルタ人という説もある。(12) どちらもまだ髭《ひげ》は生やしていなかった。また、二人の姿がよくみえるようにするため、同時に彼らの頭上に星々が現れた、ということも物の本に書かれている。

リュンケウスとイーダースは、アパレウスと、オイバロスの娘アレーネーとの息子たちで、ペロポンネーソス半島のメッセーネー〔メッセーニア地方の町〕から。二人のうちリュンケウスは、地下にひそんでいるものを何でもみたといわれ、どんな闇でも臆することがなかった。リュンケウスは夜間は何もみえなかったという人々もいる。彼は、金鉱をみつけることを学んでいたので、地下にあるものをいつも識別できたのだ、といわれている。彼が地下に潜り、すぐに黄金を示していたので、彼は地下にあるものをいつでもみることができるとの噂が広まった。[13] またイーダースは激烈で獰猛《どうもう》な人だった。

ペリクリュメノスは、ネーレウスと、アンピーオーンおよびニオベーを両親とするクローリスとの息子である。これはピュロス〔メッセーニア地方の町〕の人だった。

アンピダマースとケーペウスは、アレオスとクレオブーレーの息子たちで、アルカディア〔ペロポンネーソス半島の中央部地方〕から。

アンカイオスはリュクールゴスの息子だが、孫であるともいわれ、テゲア〔アルカディア地方の町〕の人。

アウゲイアースは、ヘーリオスと、アンピダマースの娘ナウシダメーとの息子。これはエーリス人〔エーリスはペロポンネーソス半島北西部の町〕。

アステリオーンとアンピーオーンは、ヒュペラーシオスの息子たちで、ペレーネー〔アカイア地方の町〕から。ヒッパソスの息子たちともいわれる。

エウペーモスはポセイダーオーンと、ティテュオスの娘エウローペーとの息子でタイナロン〔ラコーニケー地方の町〕の人。[14] 彼は足を濡らさず水上を走ったと伝えられる。[15]

もう一人のアンカイオス〔もう一人はテゲアの人〕は、ポセイダーオーンと、テスティオスの娘アルタイエーとの息子で、インブラソス島から。この島はかつてパルテニアとよばれたが、今はさらにサモスとよばれている。

エルギーノスはポセイダーオーンの息子で、ミーレートス〔クレータ島の町〕から。彼はペリクリュメノスの倅で、オルコメノス〔ボイオーティア地方の町〕の人とする説もある。メレアグロスはオイネウスと、テスティオスの娘アルタイエーとの息子で、カリュドーン〔アイトーリア地方の町〕の人だが、アレースの息子だという人もいる。ラーオコオーンは、オイネウスの兄弟ポルターオーンの息子で、カリュドーン人。

もう一人のイーピクロス〔四三頁参照〕は、テスティオスの息子で、母親はレウキッペー、同じ母から生まれたアルタイエーの兄弟で、ラケダイモーン〔スパルタと同義〕の人。彼は負けを知らぬ走者であり、槍投げの名手でもあった。

イーピトスはナウボロスの息子で、ポーキス〔ボイオーティアの西に隣接する地方〕の人。ヒッパソスの息子で、ペロポンネーソスの出だったという人もいる。

ゼーテースとカライスは、風の神ボレアースと、エレクテウスの娘オーレイテュイアとの息子たち。二人は翼のついた頭と足、青い髪をもっていたといわれ、開けた空を利用した。彼らは三人の鳥女《ハルピュイア》たち、すなわち、タウマースとオゾメネーの娘であるアエロプース、ケライノー、オーキュペテーを、イアーソーンとその一行がコルキスへ進発しようとしていたころ、アゲーノールの息子であるピーネウス〔の身辺〕から追い払ってやった。鳥女たちはエーゲ海〔アイガイオス海〕[16]にあるストロパデス島に住んでいたが、これはプロータイ島〔浮き島〕とよばれている。彼女らは、頭は鶏で、翼をもち、人間の腕、巨大な爪、鶏の足、白い胸と人間の尻をもっていた。他方、ゼーテースとカライスはヘーラクレースによって槍で殺され、二人の墓に載せられた石は父の息吹で揺れ動いている。[17] 彼らはトラーケーからきたといわれる。

カイネウスの息子たちであるポーコスとプリーアソスは、マグネーシア〔テッサリアの町〕から。

ディオニューソスと、ミーノースの娘アリアドネーとの息子エウリュメドーンは、プリーウース〔アルゴリス地方の町〕から。

レルノスの息子パライモニオスはカリュドーンの人。

ヒッパソスの倅アクトールは、ペロポンネーソス半島から。

ヘーリオスとレウコトエーの倅テルサノーンは、アンドロス島から。

ヒッパルキモスは、ペロプスと、オイノマオスの娘ヒッポダメイアとの息子で、ペロポンネーソス半島〔の西北部エーリス地方〕の町ピーサから。

アポローンとコローニスの息子アスクレーピオス〔医神〕は、トリッケー〔テッサリアの町〕から、〔欠文〕テスティオスの娘〔欠文〕、アルゴス人。

ネーレウスはヒッポコオーンの倅で、ピュロスの人。

イーピクロスの息子イオラーオスは、アルゴス人。

ミーノース〈と〉、ヘーリオスの娘パーシパエーとの息子デウカリオーンは、クレータ島から。

ポイアースの倅ピロクテーテースは、メリボイア〔テッサリアの町〕から。

もう一人のカイネウスはコローノスの息子で、ゴルテューン〔クレータ島の町〕から。アカストスは、ペリアースと、ビアースの娘アナクシビエーとの息子で、イオールコス〔テッサリアの町〕から。彼は外套を二枚重ねて着用した。[18] 彼は自発的にアルゴー船隊員たちに近づき、みずからの意志でイアーソーンのつれになった。[19]

彼らは全員、ミニュアイ〔ミニュアースの子ら〕とよばれたが、それは、彼らの大部分をミニュアース[20]の娘たちが生んだからか、または、イアーソーンの母親が、ミニュアースの〈娘〉であるクリュメネーの娘だったからである。しかしその全員がコルキスに到達したわけではないし、また全員が祖国へ帰還を果たしたのでもない。その事情は以下のごとくである。

ヒュラースはミューシア[21]で、キオスの町とアスカニオス川[22]の近くでニュンペーらにさらわれた。ヘーラクレースとポリュペーモスは彼を探しているうちに、船が風にはこび去られたため、置き去りにされた。さらにポリュペーモスはヘーラクレースからはぐれ、ミューシアで国を建設したあと、カリュベス人の国で世を去った。[23]

さらにティーピュスは、プロポンティス〔今のマルマラ海〕のマリアンデューニア〔ビーテューニアで黒海に面した地域〕で、リュコス王の王宮で病没した。彼に代わってポセイダーオーンの息子アンカイオスがコルキスまで船を操縦した。

さらにアポローンの息子イドモーンは、ここのリュコスの王宮にいて、まぐさ刈りにいくため外出した折、猪に襲われて死んだ。イドモーンの復讐者はアパレウスの倅イーダースで、これがこの猪を仕留めた㉔。

テレオーンの息子ブーテースは、オルペウスの歌と竪琴《キタラ》を楽しんでいたが、セイレーンたちの魅力に負けて、彼女らのほうへ泳いでいこうとして海に飛び込んだ。アプロディーテーが彼を波からはこびだし、リリュバイオン〔シキリア島西端の岬町〕に移して生き長らえさせた㉕。以上はコルキスへ到達できなかった面々である。

しかしまた復路においても、テレオーンの息子エウリュバテース、ケリオーンの息子カントスが死んだ。二人は、ナサモーンの兄弟で、トリートーン湖〔リビュエーにある〕のニュンペーとアンピテミスとの息子である、羊飼いケパリオーンによって、リビュエーで殺害された。彼らが棒でケパリオーンの家畜を荒らしたからだ㉖。

さらにアンピュクスの息子モプソスは、蛇に嚙まれてアフリカで死んだ㉗。彼は、父アンピュクスが殺されたあと、仲間としてアルゴー船の隊員たちに近づいたのだった。

同様にディーエー島から、プリクソスとメーデイアの姉妹カルキオペーとの息子たちが、寄ってきた。アルゴス、メラス、プロンティス、キュリンドロスであるが、彼らはプロニオス、デーモレオーン、アウトリュコス、プロギオスともよばれている。ヘーラクレースがアマゾーンの帯を求めて、彼らを仲間として連れていったが、彼らはマリアンデューニアのリュコス王の息子ダスキュロスによって、恐怖に打ちのめされ、ヘーラクレースは彼らを置き去りにした㉘。

しかし隊員一同はコルキスへ進発するとき、ヘーラクレースを隊長にしたがった。ヘーラクレースはこれを拒否し、むしろ、イアーソーンの働きで全員出発するのだから、イアーソーンこそ隊長になるべきだ〔といった〕。ゆえにイアーソーンが隊長として取りしきり、[29]ダナオスの息子アルゴスが職人仕事を担当し、〈ティーピュスが舵を取り〉、彼の死後はポセイダーオーンの息子アンカイオスが操縦した。舳先《へさき》ではアパレウスの倅リュンケウスが差配し、彼にはなんでもよくみえた。船長役は、ボレアースの息子であるゼーテースとカライスが務め、二人は頭と足に翼をもっていた。

舳先と櫂座《かいざ》にはペーレウスとテラモーンが座っていた。櫂座〔の中央〕にはヘーラクレースとイーダースが座った。他の面々は順序を守った。オイアグロスの倅オルペウスが船漕ぎ歌を歌った。のちに、ヘーラクレースが〈アルゴー船の船員たちに〉置き去りにされたとき、彼の席にアイアコスの息子ペーレウスが座った。

これが、アテーネーが星座の中へもたらしたアルゴー船である。というのもこの船は女神の意図で造られたからであるが。この船が海に引き下ろされるとすぐに、舵から帆までその姿が星座に現れた。この船の姿形と美しさをキケローが『星辰論《パエノメナ》』において[30]次の詩で示している。

だがアルゴー船はシーリウス星の尾のほうへゆっくり滑るだろう、
湾曲した船尾のきらめきを前方へ押し出しつつ。
他の船がよくやるように、衝角《しょうかく》で大海原を分けつつ、海上で前方に舳先を向ける、というやりかたではない。
安全な港に接近したとき、水夫らが
巨大な重量をかけて船を回転させ、
船尾を選ばれた浜辺に向けて導くが、
そのように、昔のアルゴー船は、天空で、後方へ回転する。
やがて、飛んでいる船尾から出る舵が、
きらめくシーリウス星の後脚に触れる。

この船は船尾に四つ、右の舵に五つ、左の舵に四つの星をもち、これらの星は互いによく似ており、全体で十三個である。

注（1）　アルゴー船に乗り組んだ隊員の数は作者によってまちまちである。ヒュギーヌスは六十四人（マーシャルのテキストで）の名前を記している（不明確なのが一つ）。ボリオによればアポロドーロス四十五人、ウアレリウス・フラックス五十二人、ディオドーロス・シケロス五十四人、アポローニオス五十五人、リュコプロンの古注家百人、など。
なおこの項の取材源がアポローニオスの『アルゴナウティカ』であることはいうまでもない。

（2）　アロペーという町はテッサリア、ロクリスの両地方にあった。エペソスが小アジアの町なのかどうか不明。

（3）　アポローニオス、一・五九〜六四。アポロドーロス「摘要」一・二二。オウィディウスは、カイネウスが山積みされた樹木の下敷きになったと伝えている（『変身物語』一二・四五九〜五三五）。

(4)　カイネウスの性転換についてはアポロドーロス、前掲箇所。
(5)　アポローニオス、一・六五～六六。アポロドーロスはモプソスをアポローンの子といっている(「摘要」六・三)。
(6)　『オデュッセイア』八・二二四～二二八。
(7)　アポロドーロス、三・一二・七～一三・一。アポローニオス、一・九〇～九四。
(8)　サラミース島を「アッティカの島」というのは、この島がアテーナイ（アッティカの首府）とは指呼の間にあるから（アポローニオス、一・九三）。
(9)　エーリダノス川は神話上の名称。現在のポー川、またはローヌ川などに擬せられる。
(10)　アポローニオス、一・一九、三二四～三二五。
(11)　アポローニオスはアポローンがイドモーンに鳥占いの技を教えたという（一・一三九～一四五）。イドモーンの死はあとで述べられる。
(12)　ラケダイモーンはスパルタの別称だからこの使い分けは無意味。
(13)　ピンダロス「ネメア篇」一〇・六一～六二。アポローニオス、一・一五一～一五五。アポロドーロス、三・一〇・三。
(14)　ピンダロス「ピューティア篇」四・四四～四六。なおタイナロン岬には冥府への入り口があった。
(15)　エウペーモスはつま先を濡らすだけで海の波の上を走れるといわれた。アポローニオス、一・一七九～一八四。
(16)　アポロドーロス、一・九・二一。アポローニオス、一・二一一～二二〇、二・二四二～二八五(プロータイ、二八四)。オウィディウス『変身物語』六・七一一以下。
(17)　アポローニオス、一・一二九八～一三〇八。アポロドーロス、三・一五・二。

(18) 四四頁にみられるエラトス↓カイネウス↓コローノスという系譜はよく知られているが、ここにいう「もう一人のカイネウス」は不明。
(19) アポローニオス、一・三二四〜三二五。
(20) ミニュアースはボイオーティアの町オルコメノスの王。パウサニアースは財貨を収納する宝庫を最初に造った人としている（九・三六・四）。
(21) ミューシアは原文では Moesia だが、これはトラーケーの地名で内容に一致しないので Mysia と読む。以下同じ。ミューシアは小アジアの一地方。しかし、この地名はアポローニオスが伝えている（一・一一七九）ものだが、この文脈ではむしろビーテューニアとしたほうが、キオスやアスカニオス川などと合うようだ。
(22) アスカニオス川はキオスの町とアスカニオス湖とを結ぶ。
(23) アポローニオス、一・一三二一〜一三二三、四・一四七一〜一四七五。
(24) アポローニオス、二・八一五〜八三四。アポロドーロス、一・九・二三。
(25) アポローニオス、四・九一一〜九一九。アポロドーロス、一・九・二五。
(26) アポローニオスはカントスがリビュエーで殺されたと述べているが、エウリュバテースとケパリオーンの名前はない（四・一四八五〜一四九七）。
(27) アポローニオス、四・一五〇二〜一五二七。
(28) アポローニオスはダスキュロスを父、リュコスを子としている（二・七七一〜七七七）。アポロドーロスはヘーラクレースの第九功業を述べるさいに、英雄がダスキュロスの子リュコスを助けたといい、これも親子の順を逆にしている（二・五・九）。
(29) アポローニオス、一・三三一〜三四九。
(30) これはギリシャ人アラートスの詩をキケローがラテン語に翻訳したものとされる。

15　レームノス島の女たち

　レームノス島の女たち(1)は何年間かアプロディーテーに犠牲をささげることを怠った。女神の怒りにより、彼女らの夫たちはトラーケー〔トラキアとも〕の女性らと結婚し、以前の妻を遠ざけた。(2)だがレームノスの女性らは、ヒュプシピュレーを除き、同じアプロディーテーに煽動されて陰謀を企て、島にいた男という男を一人残さず殺した。

　ヒュプシピュレーは自分の父トアースをひそかに船に乗せた。嵐によって彼はタウリケー島(3)にはこばれた。その間、航海していたアルゴー船隊員らはレームノスに接近した。彼らを目撃した城門の番人イーピオネーは、女王ヒュプシピュレーに知らせた。老練なポリュクソーが、家庭でもてなして彼らをつなぎ留めるよう女王に助言した。ヒュプシピュレーはイアーソーンとのあいだにエウネオース、デーイピュロス(4)という息子を生んだ。

　彼らがここで引き止められて月日を重ねていると、ヘーラクレースに叱責されたので、彼らは退去した。しかしレームノスの女たちは、ヒュプシピュレーが自分の父を救ったことを知るや、彼女を亡き者にしようとした。彼女は逃亡(5)に一身を託した。彼女の身柄を引き受けた海賊どもが、彼女をテーバイへはこび、リュコス王に奴隷として売り飛ばした。だが、アルゴー船の隊員によって身ごもった女たちは全員、自分の息子に彼らの名前を付けた。(6)

注(1)　アポロドーロス、一・九・一七。アポローニオス、一・六〇八以下。オウィディウスはイアーソ

ーンをメーデイアに横取りされたヒュプシピュレーの恨みを纏綿《てんめん》とつづっている（『ヘーロイデース』六）。

（2）怒った女神は女性の体から悪臭が発するようにした（アポロドーロス、同所）。

（3）タウリケー・ケルソネーソス、現在のクリミア半島。しかしトアースの落ち延びた地は、シキノス（オイノイエー）島（アポローニオス、同所）とも伝えられる。

（4）デーイピュロスをアポロドーロスはネブロポノスとよんでいる（同所）。

（5）ふつう、テーバイはネメア、リュコスはリュクールゴスとされる（74話および注1参照）。

（6）ヒュプシピュレーがイアーソーンからもうけた子供らの名前はこの表現とは食い違う。

16　キュジコス

エウソーロスの息子キュジコスは、プロポンティス〔今のマルマラ海〕の島の王で、アルゴー船隊員を寛大にもてなした。彼らは彼のもとを辞去し、終日航海したが、夜、嵐が起き、それとも知らず同じ島へはこばれた。キュジコスは彼らを敵のペラスゴイ〔ギリシャ人のこと〕であると判断し、夜間、海岸で彼らに戦《いくさ》を仕掛けた。そしてイアーソーンに殺された。翌日イアーソーンは浜辺に近寄り、自分が王を殺したことを知って、彼を埋葬し、その息子たちに王権を渡した。(1)

注（1）この要約の出自はアポローニオスの『アルゴナウティカ』。イアーソーンとキュジコスの出会いは一・九六〇以下で語られるが、ここでキュジコス王の后はまだ身ごもったことがないと述べられ

ている。

17　アミュコス

ポセイダーオーンとメリエーの息子アミュコスは、ベブリュキア〔小アジアのビーテューニアの神話上の民族〕の王だった。アミュコスは、彼の王国を訪れる者に、鉛詰めの籠手《こて》で自分と闘うことを強要し、敗れた相手を殺していた。彼がアルゴー船隊員を挑発したとき、ポリュデウケースが彼と闘い、これを殺した(1)。

注(1)　アポロドーロス、一・九・二〇。アポローニオス、二・一～九七。

18　リュコス

プロポンティスの島の王リュコスは、アルゴー船隊員がアミュコスを殺したので、彼らの名誉をたたえて歓待した。というのも彼は、しばしばアミュコスに〔領土を〕侵害されていたからだ。アルゴー船隊員がリュコス王のもとに滞在し、まぐさ刈りにいくため外出したとき、アポローンの息子イドモーンは猪に襲われて死亡した。彼を埋葬するのにさらに滞在を延ばしているうち、ポルバースの息子ティーピュスが死んだ。そこでアルゴー船隊員たちは、アルゴー船の操縦をポセイダーオーンの倅アンカイオスにゆだねた(1)。

注(1)　アポローニオス、二・七五二以下。アポロドーロス、一・九・二三。

19　ピーネウス

アゲーノールの息子ピーネウスはトラーケー人で、クレオパトラから二人の息子をもうけていた。この息子たちは、継母の讒言《ざんげん》により、父親の手で盲目《めしい》にされた[1]。さらに、このピーネウスにアポローンが予言能力を授けたと伝えられている。神々の考えをピーネウスが公表したので、彼はゼウスによって盲目にされた。そしてゼウスは彼に、ゼウスの犬といわれる鳥女《ハルピュイア》たちを張りつけ、彼女らは彼の口から食べ物を奪い取った。ここへアルゴー船隊員らが訪れ、彼に航路を教えるよう頼むと、彼はもし彼らがこの業罰から自分を解放してくれるなら教えてやろうといった[2]。

そこで、風の神ボレアースとオーレイテュイアの息子であり、頭と足に羽根をもっていたというゼーテースとカライスが、鳥女たちをストロパデス島へ追い払い、ピーネウスを業罰から解放してやった。ピーネウスは彼らに、鳩を飛ばしてシュンプレーガデス岩礁を越える方法を教えた。この二つの岩礁は走り寄り、戻るのだが、そのとき〈もしも鳩がそのあいだを通り抜ければ彼らもそこを通り、全力を挙げて櫂《かい》をこぐ。しかし、もし鳩が死ねば、〉彼らは退却しなくてはならない。アルゴー船隊員らはピーネウスの好意により、シュンプレーガデス岩礁を渡ることができた。

注(1)二人の息子はプレークシッポスとパンディーオーン。継母イーダイアはこの二人に犯されたと王に讒訴《ざんそ》した（アポロドーロス、三・一五・三）。

(2)ピーネウスのこうむった業罰とそれからの解放はアポローニオス、二・一七八以下でも語られている。

20　ステュンパーロス湖の鳥たち

アルゴー船隊員らがディーエー島〔3話、注3〕へきたとき、鳥たちがその羽根を矢の代わりに彼らに射かけ、彼らは鳥の群れに抵抗できなかったので、ピーネウスの勧めに従って彼らは盾と槍を手に取り、〈そして〉クレータ島の神官たちの方法で、(1)大騒音をたてて鳥たちを追い払った。

注(1)139話参照。ヘーラクレースは同じ湖の森に棲みついていた迷惑な鳥どもを、手製のカスタネットを騒々しく鳴らして森から飛び立たせ、そこを射殺した（第五の功業、30話参照）。なお、ステュンパーロス湖は表題にあるだけで、本文の内容はこの湖とも ヘーラクレースとも無関係。

21　プリクソスの息子たち

アルゴー船隊員たちが、シュンプレーガデスの岩ともよばれるキュアネアイ岩礁(1)を通り抜けて、エウクセイノスとよばれる海〔黒海〕に入ってさまよっていると、彼らはヘーレーの意志によってディーエー島〔3話、注3〕へはこばれた。ここで彼らは、難破して裸になり、無力になっていた、プリクソスとカルキオペーの息子たち、すなわちアルゴス、プロンティス、メラス、キュリンドロスをみつけた。[2] 彼らはイアーソーンに自分たちの状況を、つまり祖父アタマースのもとへいこうと急いでいたら難破してこの地に投げ上げられたことを説明した。イアーソーンは彼らを収容して援助の手を差しのべた。

彼らはテルモードーン川〔カッパドキアにある〕を渡ってイアーソーンをコルキスのほうへ導き、コルキスからほど遠くない地点まできたとき、船をひそかな場所に隠すよう勧めた。そして彼らは、母で、メーデイアの姉であるカルキオペーのところへいき、イアーソーンの好意と、なぜ彼ら〔アルゴー船隊員ら〕がやってきたかを知らせた。そのときカルキオペーはメーデイアについて話し、子供らとともに彼女をイアーソーンのところへ連れていった。メーデイアは彼をみると、彼女がヘーレーにそそのかされて夢の中で恋いこがれていたのはこの男と認識し、彼にすべてを約束した。それから一同は彼を神殿へ案内した。

注(1) シュンプレーガデスの岩とは、ボスポロス海峡の出口にあったとされる二つの岩礁のこと。この海峡を抜けて黒海へ出ようとする船舶の航行を妨げていた。船が通過しようとすると、両側からサッと寄ってきて船を挟撃して砕き、しかるのちに元の位置に戻ると信じられていた。「撃ち合い岩」などといわれる。エウリーピデース『タウリケーのイーピゲネイア』一二五、二六〇、一三八八、『メーデイア』二、など。なおキュアネアイというのは「青色をした岩」という意味。

（2）ふつうはキュティーソーロス。同じ名前は3話でも用いられた。

22　アイエーテース

太陽神《ヘーリオス》の息子アイエーテースにはかつて次の神託があった。プリクソスが以前アレースの神殿に奉納した、あの〔黄金の〕羊毛が存続する限り、彼は王位を保持するであろう、という神託である。かくしてアイエーテースは、イアーソーンに次のような試練を課した。すなわち、もし彼が黄金の羊毛を持ち帰りたければ、鼻腔から炎を噴き出し、青銅の蹄をもつ牡牛どもを鋼鉄の軛《くびき》につなぎ、これらを使って地面を耕し、そこへ兜に入れた龍の歯を撒《ま》くこと、そうすると、それらの歯から直ちに武装した男たちが生まれ、互いに殺し合うだろう、というものだった。

だがヘーレーは、常にイアーソーンを保護する肚《はら》だった。その理由はこうである。かつて女神が、人間どもの心を試したくて川のほとりへきて、老婆に変身し、向こうへ渡してくれと懇願した。川を渡る者は誰もが女神を無視したが、イアーソーンだけは彼女を渡してやったのだ〔13話〕。

かくして、ヘーレーは、イアーソーンがメーデイアの助言なしにはこの命令を遂行できないことを知っていたので、アプロディーテーに頼んで、メーデイアに恋心を吹きこませた[1]。イアーソーンは、アプロディーテーに煽《あお》られたメーデイアに愛された。彼は彼女の働きであらゆる危険から解放された。というのは、牡牛どもに地面を耕させると、武装した男たちが生まれ、メーデイアの勧めで彼らの中へ石を投ずるや、彼らは互いに闘い、殺し合ったのだ。さらに薬で龍を眠らせ、彼は神殿から羊毛を奪い、メーデイアと手に手を取って祖国へ出発した。

注(1) ヘーレーとアテーネーに依頼されたアプロディーテーが、わが子エロースに愛の矢でメーデイアの心臓を射抜かせるいきさつは、アポローニオス第三巻の冒頭から二百九十八行にかけて語られる。

23 アプシュルトス

アイエーテースは、メーデイアがイアーソーンとともに逃亡したことを知ったので、彼女を追跡させるべく、船を仕立て、息子アプシュルトスを、武装衛兵らとともに送り出した。アプシュルトスは彼女を、アドリア海の〔奥にある半島〕イストリアのアルキノオス王(1)のもとまで追い詰め、戦を仕掛けようとしたが、そのとき、アルキノオス王が、戦をしないようにと、両者の間に割って入った。彼らは王を仲裁者にしたが、王は彼らのことを先延ばしにした。

王は深い憂鬱《ゆううつ》を覚えた。妻アレーテーに憂鬱の理由を尋ねられた彼は、自分は二つの異なる国民、すなわちコルキス人とアルゴス〔ギリシャ〕人によって、仲裁者に仕立てられたからだと答えた。アレーテーが、いったいどんな裁きをつけるつもりなのかと問うと、アルキノオスは、もしもメーデイアが処女であれば、これを親元に送り返すが、しかし、もしもすでに妻になっていれば、これを夫に返すつもりだと答えた。アレーテーはこのことを夫から聞くやいなや、イアーソーンにこれを知らせた。そしてイアーソーンはその夜のうちにメーデイアを洞穴に誘い、処女を奪った。翌日彼らは裁きのために集まり、メーデイアが妻になっていることが判明したので、彼女は夫に渡された。

いさい構わず彼らが出発したあと、父親の命令を恐れるアプシュルトスは、彼らをパルラス・アテーネーの島まで追いかけた。ここでイアーソーンがアテーネーに犠牲をささげているところへ、アプシュルトスがやってきた。そしてイアーソーンによって殺された。(2) その遺骸を埋葬し、それからすぐに彼らは出発した。

アプシュルトスに従ってきていたコルキス人たちは、アイエーテースを恐れ、この地にとどまり、町を建設し、アプシュルトスの名にちなんでこれをアプソロスとよんだ。この島はイストリアにあってポラ(3)に向かい合い、カンタ島〔所在不明〕につながっている。

注(1)『オデュッセイア』でオデュッセウスをもてなした後、イタケーに送り出してくれたパイアケス人の王と同人物。

(2) ヒュギーヌスの語るアルゴー船隊員の物語の出所は、アポローニオスの作品であることが指摘されている。アプシュルトスは、この原作（『アルゴナウティカ』）では、アルキノオス王の島にくる以前に殺害される。

（3） 古代地図ではポラがイストリア半島にある町。

24 イアーソーンとペリアースの娘たち

イアーソーンは、自分の父方のおじ、ペリアースに命じられてかくも多くの危険に身をさらしたとき、なんとかしてペリアースを、疑われずに亡き者にしたいと考えはじめた。これをメーデイアが仕遂げようと約束した。かくしてすでにコルキスから遠くはなれた頃あいに、彼女は船を隠すよう命じ、みずからアルテミスの巫女《みこ》として、ペリアースの娘たちのもとへやってきた。彼女らに、父親ペリアースを老人から若者へ変えてあげると約束したが、長女アルケースティスは、そんなことはできるはずがないといった。メーデイアは彼女をよりたやすく自分の意図に添わせるべく、彼女らを霧でつつみ、魔法の薬で、本当であるように思える数々の奇蹟を起こしてみせた。そして、一頭の年老いた牡羊を鍋に入れると、そこからきわめて美しい子羊が飛び出すのがみられた。

そこで、同様に、ペリアースの娘たち、すなわちアルケースティス、ペロピア、メドゥーサ、ペイシディケー、ヒッポトエーは、メーデイアに勧められて、自分たちの父親を殺し、鍋で煮てしまった。自分たちが欺かれたことを知った彼女たちは、祖国から逃亡した。しかしイアーソーンは、メーデイアから合図を受けると、王宮をわが物にし、ペリアースの息子で、ペリアースの娘たちの兄弟であるアカストスに、自分とともにコルキスへいってくれたからといって、父親の王権を渡した。(1)　彼自身はメーデイアとともにコリントス(2)を目ざした。

注(1)　アポロドーロスは、アカストスは父親の埋葬を済ませたあと、イアーソーンとメーデイアを追放したと述べている（一・九・二七）。

(2)　イストモス地峡を渡ってペロポンネーソス半島に入った旅人が、次に通りかかる町。

25　メーデイア

アイエーテースとイデューイアとの娘メーデイアは、イアーソーンとの間にすでに息子メルメロスとペレースを生み、二人は琴瑟相和《きんしつあいわ》して暮らしていた。ところが、こんなに強く美しく、気高い男が、外国生まれでしかも魔法をよくする女を妻にしているのはおかしい、との非難が起こった。

メノイケウスの息子でコリントスの王であるクレオーンは、イアーソーンに、自分の末娘グラウケーを妻として与えた。メーデイアは、イアーソーンのためにこれほど力を尽くした自分がひどい侮辱をこうむったことを知って、魔法の薬で黄金の冠(1)をこしらえ、自分の息子たちに、これを引き出物として義母に与えるよう命じた。クレウーサ〔上記グラウケーの別名〕はこの贈り物を受け取り、イアーソーンとクレオーンとともに、火で焼かれた。(2)　メーデイアは王宮が炎上するのをみて、イアーソーンとの間にできた自分の息子、メルメロスとペレースを殺害し、コリントスから逃げ出した。

注（1）アポロドーロスは「毒薬の浸してある衣（ペプロス）を送った」という（一・九・二八）。
（2）エウリーピデースの『メーデイア』ではクレオーンと娘が殺されるだけで、イアーソーンは死なない。アポロドーロスも同様。

26　亡命するメーデイア

コリントスから亡命したメーデイアは、アテーナイへいき、パンディーオーンの息子アイゲウス〔テーセウスの父〕のもとに身を寄せ、彼と結婚した。この結婚でメードスが生まれた。のちに、あるアルテミスの巫女《みこ》が、メーデイアを攻撃しはじめ、この国には魔術をよくする悪辣《あくらつ》な女がいるので、犠牲をとどこおりなく行うことができない、と王に訴えていた。そこで再び彼女は追放された。だがメーデイアは、龍を軛《くびき》につないでアテーナイからコルキスへ戻った。その途中、弟アプシュルトスが埋葬されているアプソロスへ立ち寄った。そこではアプソロスの住民らが蛇の大群に抗しきれずにいた。彼らに懇願されたメーデイアは、蛇どもを集めて弟の墓に投げ入れた。その蛇どもは今でもそこにとどまっており、墓の外に出るものは死ぬのであった。

27　メードス

太陽神《ヘーリオス》の息子でアイエーテースの兄弟であるペルセース〔アイエーテースの領土を奪っていた〕に、かつて、アイエーテースの子孫による暗殺に用心せよとの神託があった。母親の後を追っていたメードスが、嵐にみまわれてペルセースの国へはこばれ、その彼を衛兵らがとらえてペルセース王のもとへ引っ立てた。アイゲウスとメーデイアの息子メードスは、自分が敵の勢力圏にきたことを悟り、自分はクレオーン〔コリントス王、メーデイアに殺された〕の息子ヒッポテースであると嘘をついた。王はさらに注意ぶかく聞き糺《ただ》し、彼を投獄するよう命じた。その土地は不毛と穀物の飢饉にみまわれていたと伝えられている。

その土地へ、メーデイアが龍に曳かせる車に乗ってやってきたとき、彼女は王に自分がアルテミスの巫女であると偽り、自分が不毛を排除できると述べた。そして王から、クレオーンの息子ヒッポテースが牢屋に捕縛されていると聞くと、ヒッポテースが父親の仇を討ったためにきたのだと判断し、うかつにも自分の息子〔メードス〕を裏切ってしまった。

というのは、彼女〔アルテミスの巫女に化けたメーデイア〕は王ペルセースに、その人物はヒッポテースではなく、アイゲウスの息子メードスであり、王を暗殺するべく母親〔メーデイア自身〕によって派遣されたのだと説得し、そして、〔彼女自身はじっさいは〕これをヒッポテースであると判断して、これを殺すため自分に渡してほしいと王に要求した。かくしてメードスが、虚言の罪で処刑されるべく引き出されたとき、彼女は自分が考えていたのとは違うことになったのを悟り、彼と話したいといって、彼に剣を渡し、そして、祖父〔アイエーテース〕の仇を討てと命じた。事情を聞き知ったメードスはペルセースを殺し、祖父の王権を手に入れた。メーデイアは自分の名前にちなんでこの地をメーディア(2)と名づけた。

注(1) グラントは「父親によって」と訳しているが、マーシャル、ボリオいずれのテキストでも「母親によって」となっているので、これに従う。どちらにしても分かりづらい部分である。

(2) 無論ヒロインの名前からできた地名であるが、ここは彼女の故郷コルキスで、コルキスがメーディアとよばれたことは一度もないとグラントはいっている。

28 オートスとエピアルテース

アローエウスと、〈ポセイダーオーンの〉娘(1)イーピメデイアとの息子たちである、オートスとエピアルテースは、ものすごく巨大だったそうである。彼らはいずれも毎月十八センチずつ成長していた。かくして九歳になると、二人は天に昇ろうと試みた。彼らは次のようにして接近しようとした。オッサ山をペーリオン山(2)に乗せ（そこからこれはペーリオン・オッサ山と称されている）、さらに他にも山々をこしらえた(3)。

二人は出会いがしらにアポローンに殺された。彼らはポセイダーオーンとイーピメデイアの息子で、不死身だったという作家たちもいる。二人がアルテミスを羽交《はが》い締めにしようとしたとき、女神は彼らの力に抗しきれなかった。そこで、アポローンが二人の間に一頭の牝鹿を放つと、熱狂した二人はこれを投げ槍で殺そうとして、互いに殺し合った。地獄で二人は次のような罰を受けているといわれる。彼らは一本の柱に背中合わせに、〔紐代わりの〕

蛇で縛りつけられた。二人のあいだには一羽の梟《ふくろう》(4)がいて、二人が縛りつけられている柱に止まっている。

注(1) アポロドーロスは「トリオプスの娘」といっている(一・七・四)。
(2) 二つともテッサリア地方にある山。
(3) この部分は『オデュッセイア』では「彼らはオリュンポス山にオッサ山を、オッサ山にペーリオン山を乗せようとした」とある(一一・三〇五〜三一六)。
(4) 原文ではstyxで意義不明。ボリオ、およびグラントの訳に従う。

29　アルクメーネー

アンピトリュオーン(1)がオイカリア(2)で闘うために不在だったとき、アルクメーネーはゼウスを自分の夫であると誤解し、彼を寝室に迎え入れた。ゼウスが寝室を訪れ、オイカリアで行ったことを報告すると、彼女は彼を夫であると信じて彼とベッドをともにした。ゼウスはとても楽しく彼女とともに寝たので、一日を不当に使用して二晩を重ね(3)、そのためアルクメーネーは夜があまりに長いのに驚いた。

そのあと勝利を収めた夫がやってきたことが彼女に知らされたが、彼女はこれをいささかも気にしなかった。すでにその夫には会ったと考えていたからだ。そしてアンピトリュオーンが王宮に入り、彼女が落ち着いてむしろ無関心な様子でいるのをみて、彼は驚き、帰還した自分をなぜ迎えに出なかったのか、尋ねた。その彼にアルクメーネーは次のごとく答えた。「すでについさっきあなたは帰ってこられ、あたしと寝室をともになさいました。そしてあたしにオイカリアでの武勲を語ってくださいました」と。彼女が出来事をつぶさに語ったとき、アンピトリュオーンは自分の代わりにある神が介在したことを感じ取り、その日以来、彼女と寝ることをやめた。彼女はゼウスに抱かれた結果、ヘーラクレースを生んだ。

注（1）ペルセウスの孫、アルカイオスの息子。アルクメーネーの父エーレクトリュオーンを事故で殺したためアルクメーネー（まだ結婚はしていない）とともにミュケーナイから追放され、テーバイにくる（アポロドーロス、二・四・四以下）。

（2）アイトーリア地方とエウボイア島に同名の町があるが、そのいずれなのか不明。グラントはこれをヒュギーヌスの間違いとしている。アポロドーロスの記述によると、これはむしろ、タポス島のテーレボエース人との戦闘で、アルクメーネーに要請された彼女の兄弟の仇を討つ戦であった（アポロドーロス、二・四・六～七）。

（3）一日を二晩の長さに引き延ばした、ということらしい。なおアポロドーロスは「その一夜を三倍にし」たとしている（二・四・八）。

30　エウリュステウスに命じられたヘーラクレースの十二の功業

ヘーラクレースは幼少のころ、ヘーレーが送りつけた二匹の蛇を両手で殺した。それゆえ彼は最初に生まれた子と称された。(1)

ネメア〔アルゴリス地方の町〕のライオンは、セレーネー〔月の女神〕が出口の二つある洞穴で養っていたが、彼は不死身のこのライオンを殺した。彼はその毛皮を上着がわりに着用した。

レルネー〔アルゴリス地方の湖〕の水蛇はテューポーンの娘で、九つの頭をもっていたが、彼はこれをレルネーの湖で殺した。この水蛇の毒の力はたいへんなもので、吐く息で人間を殺すほどだった。もし誰かが水蛇が寝ていた場所を通ると、その体の痕跡が息を吹きかけ、その者はよりいっそうむごたらしい死をむかえるのだった。彼はアテーネーの助言を得てこれを殺し、内臓をえぐり出し、その胆汁を自分の矢に塗りつけた。こうして、その後彼がこの矢で射たものはすべて死をまぬがれなかった。それで後に彼自身も、プリュギアで世を去ったのだ。(3)

エリュマントス山〔アルカディア、アカイア、エーリス三地方の国境にある〕の猪を倒した。(2)

アルカディアの黄金の角をもつ獰猛《どうもう》な鹿を、生きたままエウリュステウス王〔英雄に難行を命令した王〕の目の前に連れていった。

ステュンパーロス湖〔アルカディアにある〕のアレースの島にいた鳥ども、これは自分の羽を槍として投げ落としていたのだが、これらを矢で射殺した。

〔エーリスの〕アウゲイアース王の牛の糞を一日で掃除した。大部分はゼウスの助けを受けた。川の流れを引き入れてすべての糞を洗い流したのだ。

パーシパエー〔ミーノースの后《きさき》〕が同衾《どうきん》した牡牛(4)を、クレータ島から生きたままミュケーナイ〔アルゴリス地方の町〕へ曳いていった。

トラーケー王ディオメーデース(5)と、人間の肉をくらっていた彼の四頭の馬を、従者アブデーロスもろともに殺した。この四頭の名前はポダルゴス、ランポン、クサントス、ディーノスだった。

アマゾーン族の女ヒッポリュテーは、アレースと女王オトレーレーの娘だったが、彼女からアマゾーンの女王の帯(6)を奪い取った。そのとき捕虜にしたアンティオペーをテーセウスに譲った。

ゲーリュオーンは、クリューサーオール〔ポセイダーオーンとメドゥーサの子〕の息子で、三つの体をもっていたが、ヘーラクレースはこれを一本の投げ槍で殪《たお》した。

テューポーンの息子である巨大な龍がヘスペリスの園の黄金の林檎《りんご》を絶えず見張っていたが、これをアートラース山〔北アフリカ西部にある〕で殺し、林檎はエウリュステウス王のもとへ持ち帰った。

テューポーンの息子である犬ケルベロスを、冥府から王の目の前に連れてきた(7)。

注(1)「最初に生まれた子 (primigenius)」ということばがここでは意味不明。ヘーラクレースはゼウスの胤《たね》から生まれたが、アンピトリュオーンの胤からはイーピクレースが生まれ、二人は父親を異にする双子兄弟である（アポロドーロス、二・四・八）。

(2) ふつうヘーラクレースはテッサリアのオイテー山で死んだとされる。プリュギアはトロイアのある地方。

(3) 後日ヘーラクレースは、エウエーノス川で自分の妻を犯そうとするネッソスを、この毒を塗った矢で射殺した。死にぎわにネッソスは自分の血を集め、これは媚薬《びやく》ゆえいざというときに使えとデーイアネイラに渡した。だまされた彼女は、妻の座が危ういと思ったときこれを塗ったシャツを英雄に送りとどけ、これを着た彼は焼かれて死んだ(34、36話)。

(4) ミーノータウロスの「父親」である。

(5) ディオメーデースは戦神アレースの息子。トロイアで活躍する戦士とは別。

(6) アポロドーロスはエウリュステウス王の娘アドメーテーがこの帯を欲しがったと記している(二・五・九)。

(7) 十二功業はアポロドーロスも全部述べている(順序は二、三ヒュギーヌスと異なるが)ので、参考までに各エピソードの掲載箇所を挙げておく。

ネメアのライオン(二・五・一)、レルネーの水蛇(二・五・二)、黄金の角の鹿(二・五・三)、エリュマントスの猪(二・五・四)、畜舎の糞の掃除(二・五・五)、ステュンパーロス湖の鳥(二・五・六)、パーシパエーの雄牛(二・五・七)、ディオメーデースの人食い馬(二・五・八)、ヒッポリュテーの帯(二・五・九)、ゲーリュオーンの牛(二・五・一〇)、ヘスペリスの園の林檎(二・五・一一)、ケルベロス(二・五・一二)。

31　ヘーラクレースの付随的功業

ヘーラクレースは大地の息子アンタイオスをリビュエー〔リビア〕で殺した。この男は客人に自分と格闘することを強要し、力尽きた相手を殺していたのだ。格闘してこれを殺した。

エジプトのブーシーリスは、客人を生けにえとして神々にささげる癖があった。彼の悪習を聞き知ったへーラクレースは、頭にリボンを巻かれて祭壇にみちびかれるに任せていたが、いよいよブーシーリスが神々に祈ろうとしたとき、へーラクレースは彼と犠牲を執行する神官たちを棍棒で殺した。

アレースの息子キュクノスを、武器で打ち倒したあと殺した。そのためアレースがやってきて、息子ゆえに武器を交えて彼と闘おうとすると、ゼウスが二人の間に雷を送りつけ、こうして二人を分けた。

トロイアで、へーシオネーを犠牲として受け取る予定だった海の怪物を殺した。〔その後〕へーシオネーの父ラーオメドーン〔トロイア王〕が彼女を〔へーラクレースに〕渡さなかったので、矢で殺害した。

プロメーテウスの心臓をむさぼっていた鷲《わし》アイトーンを、矢で殺した。

ポセイダーオーンの息子リュコス(1)が、クレオーンの娘でへーラクレースの妻であるメガレーと、息子テーリマコスおよびオピーテースを殺そうと望んだので、これを殺した。

アケローオス川〔アイトーリア地方を流れる〕の神はあらゆる姿に変身していた。この神が、デーイアネイラとの結婚をめぐってへーラクレースと闘ったとき、牡牛に変身した。へーラクレースは牡牛の角をひっこ抜き、その角をヘスペリスたち(2)、またはニュンペーたちに寄進した。この女神らはこれに果実をいっぱい詰め込み、これを豊饒《ほうじょう》の角（3）と呼びなした。

ヘーラクレースは、ヒッポコオーンの伜《せがれ》ネーレウス（4）を、その十人の息子たちともどもに殺害した。そのわけは、〔ヘーレーにより理性をうばわれた〕ヘーラクレースが、自分の妻である、クレオーンの娘メガレーおよび自分の息子、テーリマコスとオピーテースを殺したとき、ネーレウスが彼を浄めもお祓いもしてくれなかったからだ。

彼がエウリュトスの娘イオレーを妻にしたいと求め、エウリュトスが拒絶したとき、彼はエウリュトスを殺した。

ケンタウロス（5）のネッソスが、デーイアネイラを犯そうとしたので、これを殺した。

ケンタウロス（6）のエウリュティオーンが、デクサメノスの娘（7）で、ヘーラクレースの婚約者であるデーイアネイラを妻にしたいと望んだので、これを殺した。

注（1）　リュコスはエウリーピデース作『ヘーラクレース』でテーバイ王として登場する人物と同一らしい。

（2）　西方の果て、オーケアノス（大洋）の岸辺に住むニュンペーたち。一頭の龍とともに黄金の林檎《りんご》が生える神々の園を見張るのが役目だった。

（3）　グラントはこの角の受け手はふつうナーイアデスというニュンペーたちだったという。

（4）　ネーレウスの父親については10話の注（1）を参照されたい。ネーレウスはピュロスの王で、のちにトロイア戦争で活躍するネストールの父親。

（5）　上半身は人、下半身は馬の姿をした一族で、テッサリアの山地に住した。蛮族であるが、例外的な知者としてケイローンが有名。

(6) ふつうはムネーシマケーという名前が伝えられている（アポロドーロス、二・五・五)。むろん、直前の同名女性とは別人。

(7) この項目も前項と同様アポロドーロスがほとんど同じような話を伝えているので、その場所を示す。アンタイオス（二・五・一一)、ブーシーリス（二・五・一一)、キュクノス（二・五・一一)、ヘーシオネー（二・五・九)、プロメーテウス（二・五・一一)、アケローオス（二・七・五)、ネーレウス（二・七・三、ここでアポロドーロスはこの殺生の原因は語っていない)、エウリュトス（二・六・一でイオレーのこと、二・七・七で殺害のこと)、ネッソス（二・七・六)、エウリュティオーン（二・五・五、ここでデクサメノスの娘はムネーシマケーである)。なおリュコスについては注（1）を参照。

32 メガレー

ヘーラクレースが、エウリュステウス王によって、三つの頭をもつ犬を求めて〔冥府へ〕送り出されたとき、ポセイダーオーンの息子リュコスは彼が亡き者となったと考え、彼の妻でクレオーンの娘であるメガレーと、彼の息子たち、テーリマコスおよびオピーテースを殺害し、王国を乗っ取ろうと欲した。そこへ突然ヘーラクレースが現れ、リュコスを殺した。その後、ヘーレーにより理性を失い、彼はメガレーと、息子テーリマコスおよびオピーテースを殺してしまった[1]。

正気に戻ったあと、彼はアポローンに、どうすればこの罪業《ざいごう》を祓い浄められるのか、神託を自分に与えてほしいと請願した。アポローンは彼にその神託を与えたがらなかったので、怒ったヘーラクレースはアポローン神殿から三脚台を奪い取った。のちにゼウスの命令で、彼はこれを返却した。そしてゼウスは、いやがるアポローンに、神託を与えるよう命じた。それにより、ヘーラクレースは、ヘルメースにみちびかれて、女王オンパレー(2)に奴隷として与えられた。

注(1)　十二功業が終わったあと英雄がメガレーと二人の子供を殺したとするのは、エウリーピデースに倣うものであるらしい（グラント）。だがアポロドーロスは、この親族殺しの浄めとして功業を課されたという（二・四・一二）。

(2)　イアルダネースの娘で、リューディアの女王。英雄はこの女王に買われて三年間彼女に奉仕した（アポロドーロス、二・六・二～三）。

33　ケンタウロス族

ヘーラクレースは、デクサメノス王(1)を訪れて歓待され、王女デーイアネイラ〔ふつうはムネーシマケー〕の処女を奪ったとき、彼女と結婚するつもりだと約束した。彼が退去したあと、ケンタウロスで、イクシーオーンとネペレーの息子であるエウリュティオーンが、デーイアネイラに求婚した。彼女の父親は〔エウリュティオーンの〕暴力を恐れて彼女を与えようと約束した。定められた日にエウリュティオーンは兄弟らとうち連れて結婚式にやってきた。ヘーラクレースが突如現れ、このケンタウロスを殺し、自分の婚約者を連れ出した。

同様に、他の結婚式でも、ペイリトオス(2)がアドラストスの娘ヒッポダメイアを妻にしようとしていたとき、葡萄酒をたらふく飲んだケンタウロス族が、ラピタイ族〔ペイリトオスが属する一族〕の妻たちを奪おうと試みた。ケンタウロス族は多数の相手を殺害したが、彼らも自滅した。

注(1) アイトーリアの町オーレノスの王。
(2) テッサリアの英雄でテーセウスの友人。ペルセポネーを拉致《らち》するべくテーセウスとともに冥府に降り、とらえられた。

34 ネッソス

イクシーオーンとネペレーの息子であるケンタウロスのネッソスは、デーイアネイラに、エウエーノス川を渡してくれるよう頼まれた。彼は、はこんできた彼女をまさにその川の中で犯そうとした。そこにヘーラクレースが現れ、デーイアネイラが涙を流して彼の助けを求めるので、ネッソスに狙いを定めて矢を射た。レルネー湖の水蛇の胆汁を塗りつけた矢に、どれほどの毒の力があるかを知っていたネッソスは、死にぎわに自分の血をあつめてデーイアネイラに与え、これは媚薬《びやく》であるといった。もし夫にないがしろにされたくなければ、彼の服にこれを塗るがよい、といった。これを信じたデーイアネイラは、この薬を大切に保存した。[1]

注(1)　ネッソスとデーイアネイラのかかわりは、ソポクレースの作品でデーイアネイラ自身の口で語られる（『トラーキーニアイ』五五八〜五八七）。

35　イオレー

ヘーラクレースが、エウリュトス〔オイカリアの王〕の娘イオレーを妻にしたいと要請し、エウリュトスが彼を追い払ったあと、ヘーラクレースはオイカリアの町を征服した。彼は乙女に請《こ》われるままに、彼女の両親を彼女の眼前で殺そうという気持ちになった。彼女は心を奮い立たせ、両親が目の前で殺されるのに耐えた。[1] 二人を殺害すると、彼は捕虜となったイオレーをデーイアネイラのもとに送りつけた。

注(1)　ソポクレースの『トラーキーニアイ』ではイオレーのこの行為は語られていない。ヘーラクレースにふさわしくないこの酷い話はヒュギーヌスにしかみられない、とグラントは指摘している。

36　デーイアネイラ

オイネウスの娘でヘーラクレースの妻であるデーイアネイラは、捕虜として連行されてきた乙女イオレーが並外れた美貌の持ち主であるのをみて、夫を奪われはしまいかと恐れた。

かくして彼女はネッソスの薬を思い出し、リカースという名の従者に、ケンタウロスの血を塗ったヘーラクレースの服をはこばせ、送り出した。その服から〔薬の〕少量が地面に落ち、それに日光が当たると、それは燃えだした。(1) これをみたデーイアネイラは、〔薬が〕ネッソスのいったこととは違うことを悟った。そして、その服を渡して送り出した男をよび戻そうとした。(2)

しかしヘーラクレースはすでにそれを着ていた。たちまち彼は燃えはじめた。彼が火を消すために川に飛び込むと、さらに炎は大きくなった。服を脱ごうとすると、皮と肉がくっついてきた。そこでヘーラクレースは、この服を届けにきたリカースを、くるくる回して海に投げつけた。彼はその場所で死んだが、そこにリカースとよばれる岩が生じた。

ポイアースの息子ピロクテーテースが、〔テッサリアの〕オイテー山上でヘーラクレースのために火葬の薪山《まきやま》を築き、(3) そこから彼は神に昇格した、と伝えられる。この奉仕に報いるべく、ヘーラクレースはピロクテーテースに、自分の弓矢を授けた。だがデーイアネイラはヘーラクレースにしたことに耐えられず、自殺した。

注(1) ソポクレース『トラーキーニアイ』では、彼女が薬を塗るのに使った刷毛《はけ》を日なたに放置しておいたところ、温められた刷毛は形が崩れ、粉々になった、となっている(六九五〜六九九)。

(2) ソポクレース『トラーキーニアイ』では、リカースをよび戻す使者は登場せず、代わりに英雄とデーイアネイラとの息子ヒュロスが走り、英雄の惨死を目撃する。

(3) 右記の悲劇ではピロクテーテースではなく、瀕死の父に命じられてヒュロスが火葬壇を整える。

37　アイトレー

ポセイダーオーンと、パンディーオーンの息子アイゲウスとは、同じ夜、アテーネーの神殿で、ピッテウスの娘アイトレーと、臥所《ふしど》をともにした。ポセイダーオーンは、彼女が生んだ子供をアイゲウスにゆずった。アイゲウスはトロイゼーン〔アルゴリス地方の町〕からアテーナイへ帰ったあと、(1) 自分の剣を岩の下に隠し、(2) そしてアイトレーに、この岩を持ち上げて父親の剣を取り出せる男がいたら、その男を自分のもとへ送るようにと指示した。それが息子を認知するしるしになるだろう、といって。かくして、のちにアイトレーはテーセウスを生み、彼が成人すると、母親は彼にアイゲウスの指示したことを教え、剣を取り出すようにと岩を示し、アテーナイにいるアイゲウスのもとへ出発するよう命じた。そして彼は、その途上、悪事を働いていた者を残らず殺した。

注(1)　グラントは「トロイゼーンからアテーナイへ帰るまぎわに」と訳していて分かりやすい（ピッテウスはトロイゼーンの王）が、マーシャル、ボリオいずれのテキストも postquam と書いてあるのでこのままにしておく。

(2)　アポロドーロスは剣とサンダルを隠したと記している（三・一五・七）。

38 テーセウスの功業

テーセウスはポセイダーオーンの息子コリュネーテース(1)を武器で殺した。

ピテュオカンプテース(2)を殺した。ピテュオカンプテースは、通りかかる旅人に、自分と一緒に松の木を地面に折り曲げることを強制し、旅人が松の木をつかんでいると、彼は力任せにこの松を放すのである。こうして旅人はしたたかに弾き返されて死ぬのだった。

プロクルーステースはポセイダーオーンの息子だった。彼のもとへ客がくると、その客の身長が高い場合は、小さい寝台に寝かせ、体のはみ出した部分を切り取っていた。しかしもし身長が低ければ、長い寝台をあてがい、鉄敷《かなし》きの上に乗せ、〔身長が〕寝台の長さに等しくなるまで圧《お》しのばすのだった。テーセウスはこれを殺した。

スケイローンは、海に面した切り立った場所に座り、通りかかる旅人に、無理やり自分の足を洗わせ、その最中に海へつき落としていた。これをテーセウスは同じやり方で海へ投げ落として殺した。この場所は彼にちなんでスケイローンの岩とよばれた。

ヘーパイストスの息子ケルキュオーンを武器で殺した。

クロミュオーン〔コリントス近傍の村〕にいた猪を仕留めた。

ヘーラクレースがクレータからエウリュステウスのもとへ連れてきて、当時マラトーン〔マラソンの語源となった町〕にいた牡牛を殺した。

クノッソスの町〔クレータ島にある〕でミーノータウロス〔半人半牛の怪物〕を殺した。[3]

注(1)「梶棒をもつ男」の意で、ペリペーテースの綽名。
(2)「松を曲げる者」の意で、シニスの綽名。
(3) アポロドーロスがテーセウスの功業を述べている場所を参考までに挙げる。コリュネーテース（三・一六・一、ペリペーテースという名で）、ピテュオカンプテース（同所、シニスという名で）、プロクルーステース（「摘要」一・四、ダマステースという名で）、スケイローン（「摘要」一・二）、ケルキュオーン（「摘要」一・三）、クロミュオーンの猪（「摘要」一・一）、マラトーンの牡牛（「摘要」一・六）、ミーノータウロス（「摘要」一・七〜九）。

39　ダイダロス

エウパラモスの息子ダイダロスは、職人の技術をアテーネーから授かったといわれているが、彼は、自分の妹の息子ペルディクスを高い屋根から突き落とした。[1] ペルディクスが最初に鋸《のこぎり》を発明したので、その技術の才をねたんだのである。この悪行のゆえに彼は追放され、アテーナイからクレータ島のミーノース王のもとへ去った。

注(1) 死後ペルディクスはシャコという鳥になったとオウィディウスはいう（『変身物語』八・二三六〜二五九）。アポロドーロスはペルディクスをタロースとよび、ダイダロスはこれをアクロポリスから投げ落としたとしている（三・一五・八）。ディオドーロスもタロースという名前を使っている（四・七六・四〜六）。

40　パーシパエー

太陽神ヘーリオスの娘でミーノースの妻であるパーシパエーは、数年にわたって女神アプロディーテーへの犠牲を怠った。そのためアプロディーテーは、彼女にことばにするのもおぞましい恋情を植えつけ、女神がかわいがっていた牡牛をパーシパエーが愛するよう仕組んだ。(1) そこへ追放されたダイダロスがやってきて、彼女に救いを求めた。彼は彼女のために木製の牝牛をこしらえ、本物の牝牛の皮をこれにかぶせ、その中に入って彼女は牡牛と交わった。この抱擁の結果、彼女は、頭は牛で、下の部分は人間の姿をしたミーノータウロスを出産した。そこでダイダロスはミーノータウロスのために出口の分からない迷宮をこしらえ、ミーノータウロスはここへ閉じ込められた。(2)

事情を知ったミーノースは、ダイダロスを投獄した。だがパーシパエーが彼を牢獄から解放した。こうしてダイダロスは、自分と息子イーカロスのために羽根を作り、これを身につけた。そして飛び出した。とても高い位置で飛んでいたイーカロスは、蠟《ろう》が日光で暖められたため、海に落ちた。この海は彼にちなんでイーカロスの海とよばれた。(3) ダイダロスはさらに飛んで、シキリア島のコーカロス王のもとへきた。一説によれば、テーセウスは、ミーノータウロスを殺したあと、ダイダロスをその故郷アテーナイへ連れ戻した。

注(1)　この異常な恋情の原因は、アポロドーロスによれば、ミーノースに犠牲のことでたばかられたポ

セイダーオーンの怒りである（三・一・四）。ディオドーロスも同様に述べている（四・七七・二〜三）。
（2）アポロドーロス（前掲箇所）、ディオドーロス（四・七七・四）。
（3）エーゲ海南部でキュクラデス諸島を含み、カーリア地方に臨む海域。

41　ミーノース

ゼウスとエウローペーの息子ミーノース〔クレータ島の王〕が、アテーナイ人たちと戦争したとき、彼の息子アンドロゲオースが戦闘中に殺された。ミーノースがアテーナイを征服したあと、彼の課税が始まった。彼は、アテーナイ人は毎年自分たちの子供を七人ずつ、ミーノータウロスの食料として、送るべきだと定めた。テーセウスは、トロイゼーンからやってきて、祖国がどれほど大きな災厄におそわれたかを聞いたとき、みずからミーノータウロスのもとへいくことを申し出た。父親が彼を送り出した際に、彼は父親に、もし勝利者として戻ってくる場合は船に白い帆を掲げると約束した(1)。ミーノータウロスのもとに送られる者たちは、黒い帆で航海するのが常だった〔黒い帆は喪のしるしか？〕。

注（1）この約束をしたのがテーセウス自身なのか、父親なのか原文のラテン語では判断がむずかしい。どのみちたいした違いはないが、ここではテーセウスにしておく。アポロドーロスは父親が息子に

「もし生きて帰ったなら白い帆を張れ」と命じた、としている（『摘要』一・七）。

42 テーセウスとミーノータウロス

テーセウスはクレータ島にきたあと、ミーノースの娘アリアドネーにいたく愛された。彼女は、そのため、兄を裏切り、この客人を守ってやるほどだった。というのも、彼女はテーセウスに、迷宮の出口を教えたのだから。そこを通ってテーセウスが中に入り、ミーノータウロスを殺し(1)、アリアドネーの指図に従って糸をたぐり寄せながら外へ出てくると、彼は、自分と結婚するよう彼女に約束してあったので、彼女を連れ去った(2)。

注(1) アポロドーロスは拳で殺したという（『摘要』一・九）。
(2) アポロドーロス『摘要』一・八〜九。

43 アリアドネー

テーセウスは嵐でディーエー島(1)に足止めされた。そこで、もしアリアドネーを故国〔アテーナイ〕へ連れていったなら、面目《めんぼく》を失うだろうと考えて、熟睡している彼女をディーエー島に置き去りにした。彼女に恋した〔酒神〕ディオニューソスが、彼女を連れ出して結婚した(2)。だがテーセウスは、航海中に黒い帆を外すことを忘れてしまった(3)。かくして彼の父アイゲウスは、テーセウスがミーノータウロスにやっつけられたのだと信じて、海に身を投げた。このことからこの海はアイゲウスの海〔エーゲ海のこと〕とよばれた。ところでテーセウスは、アリアドネーの妹パイドラと結婚した。

注（1）クレータ島の首府クノッソスの沖合に浮かぶ島。クイントゥス（四・三八九）や、オウィディウス（『変身物語』八・一七四）もアリアドネーはここで英雄に捨てられたといっている。ホメーロスもディーエー島の名前は知っていたが、ただし『オデュッセイア』では、このディーエーでアリアドネーは女神アルテミスに殺されたと語られている（一一・三二四〜三二五）。ただ、アポロドーロスはアリアドネーが置き去りにされた場所はナクソス島といっている（「摘要」一・九）。

（2）アポロドーロスが語る三人のかかわり合いはヒュギーヌスのそれとはかなり違う。「テーセウスはアリアドネーや子供らとともにナクソス（ディーエーではなく）島に到着。ここでディオニューソスがアリアドネーを見そめ、レームノス島へ奪い去って結婚した」（「摘要」一・九）。

（3）アポロドーロスによれば、島でアリアドネーを失った悲しみのゆえである（「摘要」一・一〇）。

44　コーカロス

ダイダロスのあやまちによって数々の災いをこうむったので、ミーノースはシキリアまで彼を追いかけ、コーカロス王に彼を自分に返してくれるよう請求した。コーカロスはこれを彼に約束したが、ひそかにこのことを知ったダイダロスは、王女たちに援助を求めた。王女たちはミーノースを殺した。(1)

注(1)　ディオドーロスもこの謀殺事件を伝えているが、しかしこの著者はコーカロスの王女たちには言及せず、コーカロス自身が入浴中のミーノースを釜茹でにして殺したといっている（四・七九・二）。

45　ピロメーラ

アレースの子でトラーケー人であるテーレウスは、パンディーオーン〔アテーナイ王〕の娘プロクネーと結婚していた。テーレウスはアテーナイにいる岳父パンディーオーンのもとへきて、プロクネーは死んだといって、もう一人の王女ピロメーラとの結婚を求めた。パンディーオーンはこれを許可し、ピロメーラを護衛をつけて送り出した。テーレウスはこの護衛たちを海に投げ込み、山の中で嫌がるピロメーラ[1]を犯した。

さらにテーレウスは、トラーケーへ戻ると、ピロメーラをリュンケウス王にゆずった。リュンケウスの妻ラエトゥーサは、プロクネーの仲良しだったので、すぐさまこの側妻《そばめ》〔ピロメーラ〕をプロクネーのもとに連れていった。プロクネーは自分の妹を認め、テーレウスの不届きなふるまいを認識し、仕返しを考えて、テーレウス王に大いに感謝するふりを始めた。その間、テーレウスに対して、神託が下されていた。彼の息子イテュスには、近親者の手による死が迫っている、というものである。このお告げを聞いたテーレウスは、自分の兄弟ドリュアースが息子の死をたくらんでいると考え、無実のドリュアースを殺害した。

それからプロクネーは、自分とテーレウスのあいだに生まれた子イテュスを殺し、その父親に食事として供し、妹とともに逃走した。この大罪に気づいたテーレウスは逃げる二人を追跡した。神々が哀れをもよおした結果、プロクネーは燕に、ピロメーラは小夜鳴鳥《ナイチンゲール》に変身した。そしてテーレウスはハイタカに変えられたと伝えられる。(2)

注(1)　ここはボリオの解釈に従う。マーシャルのテキストは「山中で見つけたピロメーラを」となっている。グラントの訳はマーシャルのテキストに同じ。後者の場合、テーレウスはどこにいたのかと思考する合理性にもとる。

(2)　この物語はオウィディウス『変身物語』六・四一二〜六七四で詳述されている。ヒュギーヌスがこれを下敷きにしたのかどうか不明だが、ひどく簡略になっている。『変身物語』でテーレウスはヤツガシラという鳥になる（アポロドーロスでも同様、三・一四・八）。なおヒュギーヌスは散逸した悲劇を手本にしたらしいが、ピロメーラの物語でリュンケウス、ラエトゥーサ、ドリュアースが登場するのは彼のテキストにおいてのみであると指摘されている（ボリオ、グラント）。なお、アポロドーロスは、テーレウスがピロメーラの舌を切り取り、しかしピロメーラは自分の服に文字を書いて姉妹プロクネーに災いを知らせたと記している（前掲箇所）。

46　エレクテウス

パンディーオーンの息子エレクテウス〔アテーナイ王〕には四人の娘がいた。彼女たちは、もし四人のうちの一人が死ねば、残りの者も自殺しようと誓い合っていた。そのころ、ポセイダーオーンの息子エウモルポスが、アッティカは彼の父の土地であったといって、戦争するためにアテーナイへやってきた。彼が軍隊とともにアテーナイ勢によって殺されたとき、ポセイダーオーンは、エレクテウスが自分の息子〔エウモルポス〕の死に快哉《かいさい》を叫ぶのを憎んで、エレクテウスは娘をポセイダーオーンに犠牲として供するべきだと強要した。かくして彼の娘クトニアが生けにえにされたとき(1)、他の娘たちは約束を守って自殺を遂げた。エレクテウス自身は、ポセイダーオーンの懇願により、ゼウスの雷に打たれた。

注(1) 238話ではこの娘は戦争前に祖国の勝利のために殺されたとある。アポロドーロスも戦争前にこの娘が犠牲にされ、他の三人が後追い心中したと述べる（三・一五・四）。

47 ヒッポリュトス

ミーノース〔クレータ王〕の娘でテーセウスの妻であるパイドラは、自分の義理の息子ヒッポリュトスに恋した。だが彼を自分の意に添わせることができなかったので、「あたしはヒッポリュトスに犯されました」と書いた文字板を夫に送り(1)、自分は首を吊って死んだ。そしてテーセウスは、事実を聞いて、息子に城壁の外へ退去するよう命じ、父ポセイダーオーンに、実の息子を破滅させてくれるよう願った。かくして、ヒッポリュトスが馬車に乗ってはこばれていくと、突如海から牛が現れ、そのうなり声におののいた馬どもがヒッポリュトスを放り出し、命を奪った(2)。

注(1)　手本となったらしいエウリーピデースの『ヒッポリュトス』では、パイドラは文字板を握り締めたまま死んだことになっている(八五六以下)。
(2)　ヒッポリュトスは他に49話、243話、250話、251話で語られる。251話では、ローマ時代にウィルビウスなる人物に転生したと述べられる。

48　アテーナイの王たち

ケクロプス、ガイアの息子。
ケパロス、デーイオーンの息子。
アイゲウス、パンディーオーンの息子。
パンディーオーン、エリクトニオスの息子。
テーセウス、アイゲウスの息子。
エリクトニオス、ヘーパイストスの息子。
エレクテウス、パンディーオーンの息子。
デーモポーン、テーセウスの息子。

49　アスクレーピオス

アポローンの息子アスクレーピオス〔医神〕は、ミーノースの息子グラウコス、[1]もしくはヒッポリュトス[2]の生命を取り戻してやったといわれている。そのため彼をゼウスが雷で叩いた。アポローンはゼウスを害することはできなかったので、雷を作った者たち、すなわちキュクロープスたちを殺した。この行為が祟《たた》って、アポローンはテッサリア王アドメートスに隷従《れいじゅう》させられた。

注(1)　136、251話では、ポリュエイドスがグラウコスをよみがえらせたと語られている。なお、アスクレーピオスによるグラウコス蘇生は、アポロドーロスも伝えている（三・一〇・四）。

(2)　故国を追放されアテーナイ近傍で死んだヒッポリュトス（47話）は、アスクレーピオスの医療で再生を果たし、ローマでウィルビウスとなってよみがえった。このいきさつはオウィディウスがつぶさに語っている（『変身物語』一五・四九七以下）。251話。

50　アドメートス

ペリアース〔イオールコスの王〕の娘アルケースティスに多くの男たちが求婚し、[1]ペリアースはその多くを拒絶していたが、彼は彼らに、野獣を戦車につなぐ競争をするよう定めた。うまくできる者がいれば、自分はその者に〔娘を〕与えるつもりだ、その者は願望の対象を連れていってよい、といった。かくして、アドメートス〔49話〕は、自分を援助してくれるようアポローンに頼みこんだ。アポローンは、奴隷としてアドメートスに手渡されていたとき(2)、彼から寛大な処遇を受けていたので、猪とライオンをつないで彼に渡し、彼はこれにアルケースティスを乗せて妻として連れ去った。

注(1)　アポロドーロスは、ペリアースが「戦車にライオンと猪をつなぐこと」を定めたといっている（一・九・一五）。

(2)　その原因は49話で語られている。

51　アルケースティス

ペリアースと、ビアースの娘アナクシビエーとのあいだに生まれた娘アルケースティスには、多数の求婚者がいた。ペリアースは多くの者を結婚相手にすることを拒絶していた。そして彼らに、野獣を戦車につなぐ競争をさせることに決め、これをやってのけた者に従うつもりだといった。その者は望みどおりにアルケースティスを連れていけばよい、というのである。

かくしてアドメートスは、自分を援助してくれるようアポローンに要求した。アポローンは、〔アドメートスの〕奴隷だったとき、彼から寛大な処遇を受けていたので、猪とライオンをつないでアドメートスに渡し、彼はこれにアルケースティスを乗せて連れ去った。同時に彼はアポローンから、彼の身代わりとして他の人間が自発的に死ぬことを許された。彼の代わりに死ぬことを父も母も望まなかったとき、妻アルケースティスが一身をささげ、彼の身代わりとなって死んだ。のちに彼女をヘーラクレースが黄泉《よみ》の国から連れ戻した[1]。

注(1) 最後のアルケースティスが身代わりとなって死ぬというくだり以外は、ほとんど50話と同じ。最後の部分はエウリーピデースの『アルケースティス』を要約したものらしい。なお、アポロードロスは、アルケースティスを地上に送り出した人物として、ペルセポネー、ヘーラクレースの両説を併記している(一・九・一五)。

52 アイギーナ

ゼウスはアーソーポス[1]の娘アイギーナを抱擁したいとの思いをつのらせていたが、ヘーレー〔ゼウスの后〕がこわいので、彼女をデーロス島[2]へ移し、妊娠させた。そこからアイアコスが生まれた。このことを知ったヘーレーは、水中に蛇を送りつけ、その蛇が水を毒し、これを飲む者は死ぬのだった。仲間を失ったアイアコスは、人間の数が少なくなったため、ぐずぐずしていられず、蟻《あり》をみつめながらゼウスに、自分を守ってくれる男たちを与えてほしいと懇願した。そこでゼウスはこの蟻どもを人間に変えた。この男たちはミュルミドネス[3]とよばれた。ギリシャで蟻はミュルメークスといわれるからである。さらにこの島はアイギーナという名前を得た。

注(1)　ボイオーティア地方のアーソーポス川の神（『オデュッセイア』一一・二六〇）。
(2)　ふつう、アイギーナ島の最初の名前はオイノーネーとされる（パウサニアース、二・二九・二）。
(3)　のちトロイア戦争でアキレウスとともに戦った戦士らがこの名でよばれた。アキレウスはアイアコスの孫。

53　アステリエー

ゼウスが巨人《ティーターン》の娘アステリエーにほれ込んだとき、彼女はゼウスを袖にした。ゼウスによって彼女は鶉《うずら》〔オルテュクス〕に変えられてしまった。これは今はコートゥルニクスとよばれている。ゼウスはこの鳥を海に投げ捨てた(1)。そしてこの鳥から一つの島が生まれ、オルテュギアと称された。

この島は浮き島だった。そこへのちにレートーが、ゼウスに命じられた風の神ボレアースによってはこばれてきた。龍のピュートーンが彼女を追跡していたときのことである〔140話〕。そしてここでレートーは、オリーヴの木にしがみつきながら、アポローンとアルテミスを出産した。この島はのちにデーロスとよばれた。

注(1)　アポロドーロスによれば、アステリエーは巨人コイオスの娘で、ゼウスの求愛をきらって鶉に変身し、みずから海に身を投じた（一・四・一）。

54 テティス

ネーレウス〔海神〕の娘テティスに、彼女が生む男児はその父親より強い存在になるだろう、とのお告げがあった。プロメーテウス以外は誰もこのことを知らず、ゼウスが彼女と寝たがっていたので、プロメーテウスはゼウスに、もし鎖から自分を解放してくれたら、〔その秘密を〕知らせてやる、と約束した。かくして、その約束がなされたので、彼はゼウスにテティスとはベッドをともにしないように勧めた。より強大な男が生まれ、ゼウス自身が父クロノスにしたように、その男がゼウスを王国から追放するかもしれないから、といった。かくしてテティスはアイアコスの息子ペーレウスに妻として与えられ、プロメーテウスの心臓をむさぼっていた鷲《わし》を殺すべく、ヘーラクレースが派遣される。鷲が殺され、プロメーテウスは三万年後にして〔144話〕ようやくカウカソス〔コーカサス〕山から解放された。

注(1)　このことを知っている者として、他に、テミス（アポロドーロス、三・一三・五）、プローテウス（オウィディウス『変身物語』一一・二二一〜二二三）の名前が伝えられていた。

(2)　クロノスは父親ウーラノスを追放して神々の王者になったが、やがてこれをゼウスが追放した。

(3)　ふつうは肝臓とされる。

(4)　プロメーテウスの解放はアイスキュロス作『解放されたプロメーテウス』の主題だった（ポリオ）。この作品はわずかな断片しか残っていない。

55　ティテュオス

レートー〔アポローンの母〕がゼウスと臥所《ふしど》をともにしたとき、すぐさまヘーレー〔ゼウスの后〕は、ガイア〔大地母神〕の息子で巨大な身の丈をほこるティテュオスに、レートーに暴行を加えるよう命じた。彼はこれを試みたが、ゼウスの雷で殺された。彼は冥府で、二百二十七アールの広さを占めて横たわっているといわれている。彼のかたわらに一頭の龍(1)がへばりつき、彼の肝臓をくらったが、この肝臓は月が昇ると同時に再生するのだった。

注(1)　ホメーロスは、二羽のハゲタカといっている（『オデュッセイア』一一・五七六〜五七九）。

56　ブーシーリス

エジプトで、ポセイダーオーンの息子ブーシーリス(1)の支配地で作物が育たなくなり、エジプトが九年にわたって旱魃《かんばつ》に苦しんでいたとき、ブーシーリスはギリシャから占い師たちをよびよせた。ピュグマリオーンの兄弟の息子(2)トラシオスが、ブーシーリスに、客人を犠牲にささげれば雨がやってくるだろうと教えた。そして、約束に従ってトラシオスはみずから犠牲となり、約言を実証した(3)。

注(1)　のちにヘーラクレースに殺される（31話）。

（2） ここは原文が曖昧。グラントは「彼の兄弟ピュグマリオーンの息子」としている。
（3） アポロドーロスの『ギリシア神話』ではトラシオスはプラシオスで、無理やり犠牲にされた、と述べられている（二・五・一一）。

57 ステネボイア

追放の身のベッレロポーン[1]がプロイトス王[2]を訪れ、客になっていたとき、王妃ステネボイア[3]に恋慕された。彼が王妃と愛を交わすことを望まなかったので、彼女は自分の夫に、ベッレロポーンに襲われたと嘘いつわりを述べた。しかし、事を知ったプロイトスは、この事柄について手紙をしたため、彼をステネボイアの父イーオバテース王[4]のもとへ送り出した。

その手紙を読んだ王は、これほどの勇士を殺すに忍びず、キマイラを殺してくるようにと送り出した。キマイラは体が三つに分かれ、炎を噴き出すといわれていた。すなわち、頭はライオン、下半身は蛇、胴体そのものは山羊である[5]。ベッレロポーンはペーガソス〔天馬〕に乗ってキマイラを殺し、そのあとアレイオンの原野に墜落し、さらにそこで腰骨を脱臼した、と伝えられる。だがイーオバテース王は彼の勇気を称賛し、二人目の王女〔ステネボイアの妹〕と結婚させた。事を知ったステネボイアは自殺を遂げた。

注（1） 『イリアス』によると、アルゴスにあるエピュレーという町の王族で、祖父はシーシュポス、父はグラウコス。ベッレロポンテースとも。この英雄について語る最古の資料はおそらく『イリア

ス』（六・一五二〜一九二）であろう。
（2）『イリアス』ではアルゴスの王。
（3）『イリアス』ではアンテイア。
（4）アポロドーロスによればリュキアの王（二・二・一）。『イリアス』の前掲箇所でイーオバテースという名前は見当たらない。
（5）ボリオ、グラントはこの文章を改竄部分としている。

58　スミュルナ

スミュルナはアッシリアの王キニュラース[1]とケンクレーイスの娘だった。その母ケンクレーイスは、不遜にも、娘の美貌がアプロディーテーにまさっていると自慢した。アプロディーテーはこの母親を罰するため、スミュルナに、禁断の恋情を起こさせた。すなわち、父親を愛するように仕向けたのだ。彼女が首を吊って自殺しないよう乳母《うば》が見張った。スミュルナは、この乳母の手引きで何も知らない父親と同衾《どうきん》し、これによって妊娠し、そしてこれが表沙汰にならぬように、恥じ入って森の中へ逃げ込んだ。のちにアプロディーテーは彼女に同情し、彼女を一種の樹木に変身させ、その木からミルラ〔没薬《もつやく》〕が流れ出し、そのミルラからアドーニスが生まれた。彼は母親の罪を帳消しにしてアプロディーテーを満足させた[2]。

注（1）アポロドーロスではテイアース（三・一四・四）。

（2）オウィディウスはこのおぞましい恋情の顛末を長々とつづっているが、そこではスミュルナはミュラという名前になっている（『変身物語』一〇・二九八～五一八）。

59 ピュルリス

テーセウスの息子デーモポーンは、〔トロイア陥落後〕トラーケーに来てピュルリス(1)のもてなしを受け、そして彼女に愛された、と伝えられる。彼は故郷へ帰りたくなり、また彼女のもとへ戻ってくると彼女に約束した。彼が約束の日にこなかったので、彼女はその日、九回も浜辺へ走ったといわれる。そのためその浜辺はギリシャ語で「九つの道」(2)とよばれている。さらにピュルリスはデーモポーンを慕うあまり世を去った(3)。彼女のために両親が墓を建てると、そこに樹木が生え、この樹木は特定の時期になるとピュルリスの死を悼《いた》み、そのため、葉が乾燥して散り落ちる。彼女の名前にちなんで、木の葉はギリシャ語でピュルラースとよばれた。

注（1）アポロドーロスによれば、ビサルタイ人の国の王女（「摘要」六・一六）。
（2）この表現は後代のギリシャ人作家コルートスにもみられる（『ヘレネー誘拐』二一三～二一七）。
（3）アポロドーロスは、デーモポーンもピュルリスの呪いで死んだと述べている（前掲書、六・一七）。

60　シーシュポスとサルモーネウス

シーシュポスとサルモーネウスは、アイオロスの息子たちで、互いにかたき同士だった。シーシュポスはアポローンに、何とかしてこの敵、すなわち兄弟を殺したい、と懇願した。彼に次のような神託があった。もし彼が兄弟サルモーネウスの娘テューローを抱擁して男の子供を生ませれば、その子供たちが復讐者になるであろう、と。シーシュポスはこれを実践し、二人の息子が誕生した。この二人を母親テューローは、その運命を聞き知ったので、殺害した。しかしシーシュポスは［欠文］知ったので、彼は今、その不敬を咎《とが》められて(1)、冥府で、山に向かって岩石を肩で転がし上げ続けているといわれている。その岩は、彼がてっぺんまで押し上げると、そのあと再び下へ転がり落ちるのである。

注(1)　どんな不敬をはたらいたのか、ここでは不明だが、パウサニアース（二・五・一）とアポロドーロス（一・九・三）は、ゼウスがアーソーポス川神の娘アイギーナをさらった（52話）という秘密を、シーシュポスが娘の父アーソーポスに暴露したためにこの罰を受けたといっている。

61　サルモーネウス

アイオロスの息子で、シーシュポスの兄弟サルモーネウスは、ゼウスの雷鳴と雷を真似

し、四頭馬車に乗って、人民市民の群れの中へ燃えさかる松明《たいまつ》を投げ込んでいた。そのため、ゼウスの雷で打ち殺された。(1)

注(1)　アポロドーロス(一・九・七)。

62　イクシーオーン

レオンテウスの息子イクシーオーンは、ヘーレーを犯そうと試みた。ヘーレーはゼウスの命令で雲(1)をかぶった。これをイクシーオーンはヘーレーの似姿だと信じた。この似姿からケンタウロスたち〔半人半馬の一族〕が生まれた。だがヘルメースが、ゼウスの命令でイクシーオーンを冥府で車輪に縛りつけた。その車輪は今でもそこで回転をつづけているといわれる。

注(1)　ヒュギーヌスはギリシャ語のネペレー(雲)をラテン語でヌーベース(雲)と訳した。33、34話では、このヌーベース＝ネペレーがそのままケンタウロス族の母親の名前として語られている。アポロドーロス(『摘要』一・二〇)。

63　ダナエー

ダナエーは〔アルゴス王〕アクリシオスとアガニッペーの娘だった。彼女には、彼女が生む子供はアクリシオスを殺害するだろう、とのお告げがあった。これを恐れたアクリシオスは、ダナエーを石の壁で閉じ込めた。ところがゼウスが黄金の雨に変身してダナエーと交わったあと、この抱擁からペルセウスが誕生した。(1)この情交に怒った父は彼女を、ペルセウスとともに大箱に閉じ込めて、海に投げ込んだ。ゼウスの意志で彼女はセリポス島〔キュクラデス諸島の一つ〕にはこばれ、漁師ディクテュスがこの箱を発見した。そこで彼が箱をこわすと、女性と子供がでてきたので、二人をポリュデクテース王のもとへ連れていった。

王は彼女と結婚し、ペルセウスをアテーネーの神殿で養育した。アクリシオスは、彼らがポリュデクテース王のもとに滞在していることを知ると、二人を連れ戻すべく出発した。彼がそこへ着くと、ポリュデクテースは二人のためにとりなしてやり、ペルセウスは自分の祖父に、決して彼を殺しはしない、と約束した。

祖父が嵐に阻まれているうちに、ポリュデクテースが死亡した。その追悼競技大会が行われたとき、ペルセウスは円盤を投げた。その円盤を風がアクリシオスの頭へはこび、彼を殺した。(2)かくして、自分の意志で望んでいなかったことが、神々の意志で成就されたのだ。祖父を埋葬したあと、彼はアルゴスへ進発し、祖父の王権を領有した。

注(1)　オウィディウス『変身物語』四・六一一。アポロドーロス、二・四・一。
(2)　アポロドーロスによれば、ペルセウスが祖父を殺したのは、ラーリッサの王テウタミデースが亡父のために催した競技大会でのことである。ここでは円盤は頭ではなく足に当たった（二・四・四）。

64　アンドロメダ

カッシオペーは、わが娘アンドロメダの美貌がネーレウスの娘たち〔ネーレイデス〕にまさると自慢した。そのためポセイダーオーンは、ケーペウスの娘アンドロメダは、海の怪物に提供されるべきだと強く要求した。伝えによれば、彼女が〔海辺で生けにえとして〕さらされていると、ペルセウスがヘルメースからもらった踵《かかと》の小翼で飛びながらそこへきて、彼女を危機から解放した。彼が彼女を連れ去ろうとすると、父親ケーペウスが、彼女の婚約者だったアゲーノール(1)とともに、ひそかにペルセウスを殺そうと謀《はか》った。事を知った彼がゴルゴーンの頭を彼らにみせると、彼らは残らず人間の姿から岩石に変わった。ペルセウスはアンドロメダをともなって帰郷した。すると、ペルセウスがこれほどの勇気の持ち主であることをみたポリュデクテース(2)は、ひどく彼を恐れ、謀殺しようとした。このことを知ったペルセウスは、ゴルゴーンの頭を彼に示し、彼は人間の姿から石に変えられた。

注(1)　オウィディウスはこの婚約者をピーネウスとしている(『変身物語』五・八)。
(2)　63話で登場するセリポス島の王と同一人物らしいが、これは63話では死んだことになっており、記述に混乱がみられる。アポロドーロスによれば、ポリュデクテースは、ダナエーに恋したがその息子ペルセウスに妨げられたので、彼にゴルゴーンの首をもってくるよう命じた本人(二・四・二)。

65　アルキュオネー

ヘスペロスまたの名ポースポロスと、ピローニスとの息子ケーユクスが難破して死ぬと、彼の妻でアイオロスとアイギアレイアの娘であるアルキュオネーが、愛ゆえに、わが身を海へ投じた。この二人は神々の哀れみを受け、アルキュオーンと呼ばれる鳥〔かわせみ〕に変えられた。この鳥たちは、海上で冬の七日間で巣を作り、卵を生み、雛《ひな》を孵《かえ》す。この七日のあいだ、海はないでいる。それで船乗りたちはこの七日をアルキュオニア、すなわち凪《なぎ》の日々とよんでいる。(1)

注(1)　この物語はオウィディウスが詳述している（『変身物語』一一・四一〇〜七四八）。ヒュギーヌスがアルキュオニアとよんでいることばは、実際のラテン語ではアルケードーニア（alcedonia）。

66　ラーイオス

ラブダコスの息子ラーイオス〔テーバイ王〕に、自分の息子の手にかかって死ぬから用心せよ、とのアポローンのお告げがあった。かくして、彼の妻でメノイケウスの娘であるイオカステーが出産すると、子供を捨てるよう命じた。(1)〔コリントスの〕ポリュボス王の妻ペリボイア(2)が海辺で服を洗濯しているとき、捨てられたこの子供を拾い上げた。これを知ったポリュボスは、彼らに子供がなかったので、自分たちの子供としてこれを養育し、子供が足に穴をあけられていたので、これをオイディプース〔足が腫れ上がった者〕と名づけた。

注(1) ソポクレース『オイディプース王』ではラーイオス自身が、生まれて三日もたたぬ赤子の足を縛って山に遺棄させたことになっている(七一七~七一九)。
(2) ソポクレースの前掲作品ではメロペー。アポロドーロスはヒュギーヌスと同様にペリボイアとよんでいる(三・五・七)。

67 オイディプース

ラーイオス〔テーバイ王〕とイオカステーとの息子オイディプースが成人すると、彼は他に抜きん出て強靱《きょうじん》になり、同年輩の仲間たちは、これをやっかんで、彼に、ポリュボス王は情け深いのに、彼は鉄面皮《てつめんぴ》だから、ポリュボスの本当の子供ではないのだと非難を浴びせた。オイディプースはこの非難が間違っていないかもしれないと感じとった。こうしてオイディプースは〈両親〉について知るため、デルポイ〔アポローン神殿がある〕へ出発した[1]。

彼〔ラーイオス〕には、ほどなく自分の息子の手で殺されるだろうとの不思議なお告げがあった。ラーイオスがデルポイへおもむいたとき、彼の前方にオイディプースがやってきた。衛兵らが王に道をゆずれと彼に命じると、彼はこれを無視した。王は馬を進ませて車輪でオイディプースの足を轢《ひ》いた。嚇怒《かくど》したオイディプースは、それとも知らず自分の父親を馬車から引きずりおろし、殺した。(2)ラーイオスが死んだので、メノイケウスの息子クレオーン〔イオカステーの兄〕が王権を領有した。

その間、テューポーンの娘スピンクス〔上半身は女性、下半身はライオンで、有翼の怪物〕がボイオーティアに送られ、テーバイの人々の畑を荒らしていた。彼女はクレオーン王に次のように挑戦した。自分が提案する謎(3)を誰かが解くなら、ここから立ち去ろう。しかし出された謎を解けない場合は、自分はその者を殺す。これ以外の形では自分は国境《くにざかい》を去るつもりはない、と。このことを聞き知った王はギリシャ全土に布告した。スピンクスの謎を解く者がいれば、自分はその者に、王権をゆずり、妹イオカステーを妻として与えるであろう、と約束した。

王権にそそられて多くの男たちが訪れ、スピンクスに殺されていた折、ラーイオスの息子オイディプースがきて、その謎を解いた。彼女は身を投げた。オイディプースは父の王座につき、それとも知らずわが母イオカステーを妻に迎え、彼女との間にエテオクレース、ポリュネイケース、アンティゴネー、イスメーネーをもうけた。その間、テーバイでは、オイディプースのこの罪業ゆえに、穀物の不作、飢饉がつづいていた。なぜテーバイがこのように苦しめられるのかと問われた〔占い師〕テイレシアースは、龍の種につながる者(4)がもし生き残っていて、その者が祖国のために死ぬならば、彼は〔祖国を〕悪疫から解放できるだろう、と答えた。そこで、イオカステーの父メノイケウスが城壁からわが身を投じた。テーバイでこのようなことが行われているあいだに、コリントスではポリュボスが死んだ。これを聞いたオイディプースは、自分の父が死んだのだと考えて、深い悲しみを覚えた。その彼にペリボイア〔コリントスの王妃、オイディプースの養母〕が、養子縁組のことを明らかにした(5)。同時に、かつて彼を捨てた老人メノイテースが、足とくるぶしに残る傷痕から、彼がラーイオスの息子であると認めた。これを聞いたオイディプースは、自分がどれほどの、身の毛もよだつ悪業をしてしまったのかを悟るや、母の衣服からブローチを抜き取り、これでわが目を潰《つぶ》し、一年交代で治めるようにと王権を息子たちに渡し、そして、娘アンティゴネーに手を引かれてテーバイから逃走した。

注(1) その際にオイディプースは「自分の母親と交わり、穢《けが》れた子供らをもうけ、実の父親を殺害するだろう」というアポローンの神託を得た（ソポクレース『オイディプース王』七九二〜七九三）。

(2) 多少の相違はあるが、ソポクレースの前掲作品で同じ状況がオイディプース自身のことばで語られる（八〇一〜八一三）。

(3) 「一つの声を有しながら、四足、二足、三足になるものは何か」という謎。のちにオイディプースが「人間である」との正解を提示した（アポロドーロス、三・五・八）。

(4) 建国者カドモスの血につながる子孫という意味。カドモスは龍の牙を撒いて同胞を得た。

(5) ソポクレースではコリントスの王妃メロペー（ヒュギーヌスのテキストではペリボイア）ではなく、使者がこれを知らせる（『オイディプース王』九四一以下）。

68 ポリュネイケース

オイディプースの息子ポリュネイケースは、一年が終わると、エテオクレースに王権を要求した。後者はこれを渡さなかった。かくしてポリュネイケースは、アドラストス王〔アルゴスの王、ポリュネイケースの義父〕に補佐され、七人〔原文のまま〕の将軍と相たずさえて、テーバイを攻めるためにやってきた。ここでカパネウスは、ゼウスの意志に逆らってテーバイを攻略すると宣言したので、城壁をよじ登っている最中に落雷を浴びた。アンピアラーオスは大地に飲み込まれた。エテオクレースとポリュネイケースは一騎打ちをし、相討ちになって果てた。(1)

テーバイで二人の葬礼が営まれたとき、確かに風は強かったのだが、〔二人を焼く〕煙は決して一本にまとまらず、二筋に分かれた。他の者たちがテーバイを攻め、テーバイの市民が国の存立を危ぶんでいると、エウエーレースの息子である占い師テイレシアースが、もし龍の子孫(2)のうちの誰かが死ねば、この町は災害から救済される、と忠告した。メノイケウス(3)は、自分一人で市民を救済できるとみてとったので、城壁からわが身を投げた。テーバイの市民は勝利を手にした。

注(1)　七将はポリュネイケース、アドラストス、カパネウス、アンピアラーオスの他に、ヒッポメドーン、パルテノパイオス、テューデウス。

(2)　建国者カドモスが龍の牙を撒いて同胞を得たことにちなむ。

(3)　67話で自殺したと述べられているメノイケウスの同名の孫。イオカステーの兄クレオーンの息子。

A

オイディプースの息子ポリュネイケースは、一年が終わると、タラオスの息子アドラストスに補佐されて、兄弟エテオクレースに王権を要求し、七人の将軍とともにテーバイを攻撃した。ここでアドラストスは馬に助けられて逃げ延びた。カパネウスはゼウスの意志に逆らってテーバイを攻め取ると宣言し、城壁をよじ登っている最中にゼウスが放った雷に打たれた。アンピアラーオスは四頭立て戦車に乗ったまま大地に飲み込まれた。エテオクレースとポリュネイケースは一騎打ちをし、相討ちとなった。テーバイでこの二人を一緒に弔う犠牲が行われたとき、煙は、二人が殺し合ったので、分かれた。残りの者たちは死んだ。(1)

注(1)　この別伝はボリオ本には記されていない。

B

オイディプースの息子ポリュネイケースは、一年が終わると、兄〈弟エテオクレースに〉父の残した〈王権を要求した〉。後者は〈渡したがら〉なかった。〈ポリュネイケースはテーバイを攻略するために〉やってきた。ここでカパネウスは〈ゼウスの意志に〉逆らって〈テーバイを〉攻め取ると宣言したので、城壁をよじ〈登っている最中に雷に打たれ〉た。アンピアラーオスは〈大地に飲み込まれ、エテオクレースとポリュネイケースは〉闘って相討ちになって果て〈た。彼らのためにテーバイで〉葬礼が営まれたとき、確かに風は強かったのだが〈しかし煙は決して〉一つになってのぼ〈らず〉、二筋に〈分かれた。他の者たちが〉テーバイを攻撃した〈とき〉、そしてテーバイの男が［欠文］(1)

注(1)　この別伝もボリオ本には記されていない。

69　アドラストス

タラオスとエウリュノメーの息子アドラストス〔アルゴス王〕に、アポローンの神託があり、それは、アドラストスがその娘アルゲイアとデーイピュレーを、猪とライオンに嫁がせるだろう、というものだった。同じころ、オイディプースの息子ポリュネイケースが兄弟エテオクレースに追放され、アドラストスのもとにきた。そして同時に、オイネウスと戦争捕虜ペリボイアとの息子テューデウスが、兄弟メラニッポスを狩猟中に殺害したので、父に〔追放されて〕、ほとんど同時にやってきた。

衛兵らがアドラストスに、二人の青年が見慣れない服を着て〈一人は猪の毛皮を、他方はライオンの毛皮を着用していたので、〉やってきたと報告するや否や、アドラストスは自分に下された神託を思い出し、二人を自分のほうへ連れてくるよう命じた。そして、なぜそのようないでたちでわが王国へきたのかと尋ねた。

彼にポリュネイケースは、自分はテーバイからきた、そして、ヘーラクレースがテーバイの出身で、その一族の旗印をいつも身につけてはこんでいたので、自分もライオンの毛皮をまとっているのだ、と説明した。テューデウスのほうは、自分はオイネウスの息子で、カリュドーンの出身であり、ゆえに猪の毛皮をまとい、カリュドーンの猪を表している、と語った。そこで王は神託に思いをはせ、(1)姉娘アルゲイアをポリュネイケースに与え、この結婚でテルサンドロスが生まれた。(2)妹娘デーイピュレーをテューデウスに与え、ここからディオメーデースが生まれた。(3)ディオメーデースは〔のちに〕トロイアで闘った。

だがポリュネイケースはアドラストスに、兄弟から父の王権を取り返すため自分に軍隊を貸与してくれるよう懇願する。その彼にアドラストスは軍勢を貸与するだけでなく、彼みずから他の〈六人の〉将軍たちとともに進発した。テーバイは七つの門で閉ざされていたからだ。というのも、テーバイを城壁でかこんだアンピーオーン〔ニオベーの夫、9話〕は、七人の娘の名前を付けた門を建造してあったのだ。すなわち、それらは、テーラ、クレオドクサ、アステュノメー、アステュクラーティア、ケイアース、オーギュギア、クローリスであった。(4)

注(1) ディオドーロス、四・六五・三。アポロドーロス、三・六・一。
(2) アポロドーロス、三・七・二。
(3) アポロドーロス、一・八・五。
(4) 11話に記されているニオベーの娘たちの名前と共通するのは、アステュクラーティア、オーギュギア、クローリスだけ。

A

タラオスの息子アドラストスには〈娘デーイピュレーとアルゲイ〉アがいた。彼にアポローンの神託があり、それは〈彼が娘たちを猪とライオ〉ンに与えるだろう、というものだった。オイネウスの息子テューデウスは、兄弟メラニッポスを狩猟中に〈殺したので、父親に追放されて、猪の皮を〉まとってアドラストスのもとへやってきた。同時〈にオイディプースの〉息子〈ポリュネイケースもまた〉兄弟エテオクレースによって王座を〈追われていて、ライオンの毛皮〉をまとってやってきた。彼らをみたアドラストスは、かつての神託を思い出し、アルゲイアをポリュネイケースに、〈デーイピュレーをテューデウスに妻〉として与えた。[1]

注(1)　この別伝はボリオ本には記されていない。

70　テーバイに進撃した七王

タラオスを父、イーピトスの娘エウリュノメーを母とするアドラストスは、アルゴス人。

オイディプースを父、メノイケウスの娘イオカステーを母とするポリュネイケースは、テーバイ人。

オイネウスを父、戦争捕虜ペリボイアを母とするテューデウスは、カリュドーン人。

オイクレース、あるいは、他の作家たちによれば、アポローンを父、テスティオスの娘ヒュペルメーストレーを母とするアンピアラーオスは、ピュロス人。

ヒッポノオスを父、タラオスの娘でアドラストスの姉妹アステュノメーを母とするカパネウスは、アルゴス人。

ムネーシマコスを父、タラオスの娘でアドラストスの姉妹メティディケーを母とするヒッポメドーンは、アルゴス人。

メレアグロスを父、イーアシオスの娘アタランテーを母とするパルテノパイオスは、パルテニオン山からきたアルカディア人〔99話〕。

これらすべての将軍たちは、タラオスの息子アドラストスを除いて、テーバイで亡びた。というのは、アドラストスは愛馬の働きで救出されたからだ。彼はのちに、この将軍たちの息子たちに武装させて、父たちに加えられた不正を雪辱するため、テーバイを攻めるようにと送り出した。不正というのは、イオカステーの兄で、テーバイを支配していたクレオーンの命令により、この将軍たちが埋葬の礼を受けず横たわっていたことである。

A

タラオスの息子アドラストス、カパネウス、これはヒッポ〈ノオスの息子、アンピ〉アラーオスはオイクレースの息子、ポリュネイケースはオイディ〈プースの息子、テューデウスはオイネ〉ウスの息子、パルテノパイオスはアタランテーの〈息子……〉(1)

注(1)　この別伝はボリオ本には記されていない。

71　七人のエピゴノイ、すなわち息子たち

アドラストスを父、デーモーナッサを母とするアイギアレウスは、アルゴス人。出征した七人のうち、死んだのは彼一人である。〔第一次のテーバイ攻めで〕父だけが生き残ったので、彼はその代理として命を祖国にささげた。他の六人は勝利者として帰還した。

ポリュネイケースを父、アドラストスの娘アルゲイアを母とするテルサンドロスは、アルゴス人。

ヒッポメドーンを父、エラトスの娘エウアニッペーを母とするポリュドーロスは、アルゴス人。

アンピアラーオスを父、タラオスの娘エリピューレーを母とするアルクマイオーンは、アルゴス人。

パルテノパイオスを父、ニュンペーのクリュメネーを母とするトレーシメネースは、ミューシア人。(1)

注(1)　表題では七人とあるが本文で記されているのは五人だけ。次の別伝（A）では七人。

A

アイギアレウスはアドラストスの息子、ポリュドーロスはヒ〈ッポメドーンの息子、ス

テ〉ネロスはカパネウスの息子、アルクマイオーンはアンピ〈アラーオスの息子、テルサンドロスは〉ポリュネイケースの息子、ビアンテースはパルテノパイオスの〈息子、ディオメーデースはテューデウスの息子[1]〉。

注(1) この文章はボリオ本には記されていない。

72 アンティゴネー

メノイケウスの息子クレオーンは、〔オイディプースの息子〕ポリュネイケースおよび彼と同道した者をすべて、埋葬してはならないと布告した。彼らは祖国〔テーバイ〕に弓を引くためにやってきたからだ。〔ポリュネイケースの〕妹アンティゴネーと、妻アルゲイアは、ひそかに夜陰《やいん》にまぎれてポリュネイケースの遺骸を拾い、エテオクレース〔の死骸〕が置かれている薪の山に乗せた。彼女たちが見張りの兵士らにみつかったとき、アルゲイアは逃走し、アンティゴネーは王の前に引っ立てられた。王は彼女を、自分の息子で彼女の婚約者だったハイモーン[1]に、殺せといって渡した。

ハイモーンは情にほだされて父の命令を無視し、アンティゴネーを牧人たちにあずけ、彼女を殺したと嘘をついた。彼女は男の子を生んだ。この子が成人に達したころ、競技大会を見物するためテーバイへきた。クレオーン王はこれが誰であるかを認識した。龍の種族の子孫[2]は誰もが体に一つの特徴を帯びていたからである。ヘーラクレースが、ハイモーンのため、許してやってくれと要望したが、諾意《だくい》を得られなかった。ハイモーンは妻アンティゴネーと心中した。(3) しかしクレオーンはわが娘メガレーをヘーラクレースに妻として与え、彼女からテーリマコスとオピーテースが生まれた。

注(1)　アポロドーロスは、ハイモーンはテーバイを苦しめたスピンクスの犠牲になったといっている（三・五・八）。
(2)　テーバイの創建者カドモスの子孫。彼が龍の牙を撒いたことにちなむ。
(3)　ソポクレース『アンティゴネー』ではハイモーンは自害する（一一七三〜一一七七）。

73　アンピアラーオス、エリピューレーおよびアルクマイオーン

オイクレースと、テスティオスの娘ヒュペルメーストレーとの息子アンピアラーオスは、占い師で、もし自分が戦うためテーバイへ出征すれば、そこから生還しないであろうと分かっていたので、わが身を隠した。妻で、タラオスの娘であるエリピューレーにだけは知らせておいた。しかしアドラストスは、アンピアラーオスを捜し出すため、宝石をちりばめた黄金の首飾り(1)をこしらえ、自分の妹エリピューレーに贈り物として与えた。彼女はこの贈り物に目がくらみ、夫を裏切った。(2) アンピアラーオスはわが息子アルクマイオーンに、自分の死後、母親を必ず懲罰するようにと命じた。アンピアラーオスがテーバイで大地に飲まれた〔68話A〕あと、アルクマイオーンは父の命令を思い出し、わが母エリピューレーを殺害し

た。彼をのちに復讐女神《エリーニュス》たちがつけ狙った。

注（1） ディオドーロスはこの首飾りを「昔アプロディーテーが（結婚の）祝儀としてハルモニアに与えた」ものとしている（四・六五・五）。

（2）『オデュッセイア』一五・二四三〜二四七。ディオドーロス、四・六五・五〜七。

74 ヒュプシピュレー

闘うためテーバイへおもむいた七人の将軍らはネメアへ到着した。そこでは〔レームノス島の王〕トアースの娘ヒュプシピュレーが、奴隷となって(1)、リュコス王の息子で幼児のアルケモロス、またの名オピーテースを養育していた。彼女には、この幼児が立って歩けないうちは、これを地面に置いてはならない、との神託が下されていた。ところで、テーバイにおもむく途中の七人の将軍らは、水を求めてヒュプシピュレーのもとへきて、彼女に水のあるところを教えてくれるよう頼んだ。

彼女は子供を地面に置くことを恐れていた。泉のほとりに一本の丈の高いパセリが生えており、彼女はその上に子供を置いた。彼女が彼らに水を汲み与えているあいだに、泉の守り手である蛇が子供をむさぼってしまった。だがアドラストスと他の仲間がこの蛇を殺し、そしてリュコス王にヒュプシピュレーのことをとりなしてやった。さらにこの子供のために追善の競技大会を制定した。この大会は五年ごとに催され、ここで勝利を収める者はパセリでこしらえた冠をもらうのである。

注(1)　レームノスの女たちが男たちを殺したとき、ヒュプシピュレーだけは父を逃がした。のちにこれが露見し、島から逃走したが海賊につかまり、ネメアの王に奴隷として売り飛ばされた。このネメアの王はここではリュコスだが（15話でも）、ふつうはリュクールゴスとされる（エウリーピデース『ヒュプシピュレー』断片、三三五。アポロドーロス、三・六・四）。

75　テイレシアース

キュレーネー山〔アルカディアとアカイアの国境にある〕で、エウエーレースの息子で羊飼いだったテイレシアースが、交尾している二匹の蛇を棒で叩いた[1]、あるいは踏みつけたと伝えられている。そのせいで彼は女の姿に変えられてしまった。のちに、神託に従って、同じ場所で〔同じ二匹の〕蛇を踏みつけたところ、彼は元の姿に戻った。

そのころ、ゼウスとヘーレーの間に、男と女のどちらが、男女の交合からより大きな快楽を得るのか、という愉快な口論が起こった。二人はこのことについて、どちらをも体験しているテイレシアースに判定を仰ぐことにした。彼がゼウスに有利に判定したので、立腹したヘーレーは手の甲で彼の目を覆って彼を盲目《めしい》にした[2]。しかしゼウスはその代償に、彼が七世代にわたって生き長らえ、余人をしのぐ予言者になるようにしてくれた。

注(1)　アポロドーロスは、交尾中の蛇に出くわしたためにテイレシアースが性転換したという話の出自

はヘーシオドスだとしている。ただ、彼が紹介する説では、予言者は蛇をみただけで、踏みつけたりはしない（三・六・七）。

（2）問われたテイレシアースは「性交の喜びを十とすれば、男と女との快楽は一対九である」といったので、ヘーレーが彼の目を潰《つぶ》した（アポロドーロス、前掲箇所）。

76 テーバイの王たち

カドモスはアゲーノールの子。
アンピーオーンはゼウスの子。
ポリュドーロスはカドモスの子。
ラーイオスはラブダコスの子。
ペンテウスはエキーオーンの子。
クレオーンはメノイケウスの子。
オイディプースはラーイオスの子。
ポリュネイケースはオイディプースの子。
リュコスはポセイダーオーンの子。
エテオクレースはオイディプースの子。
ゼートスはゼウスの子。

ラブダコスはポリュドーロスの子。

77　レーダ

ゼウスは、白鳥に変身して、エウローターース川〔スパルタを流れる〕のほとりで、テスティオス(1)の娘レーダを抱擁した。彼女はゼウスの胤《たね》からポリュデウケースとヘレネーを生み、〔夫〕テュンダレオース〔の胤〕からカストールとクリュタイムネーストレーを生んだ。

注(1)　軍神アレースの息子（アポロドーロス、一・七・七）。

78　テュンダレオース

オイバロスの息子テュンダレオースは、テスティオスの娘レーダとのあいだにクリュタイムネーストレーとヘレネーをもうけた。彼はクリュタイムネーストレーを、アトレウスの息子アガメムノーンと結婚させた。ヘレネーはその美貌が並外れていたために、諸都市から多数の求婚者が彼女を求めてやってきた。テュンダレオースは、自分の娘クリュタイムネーストレーがアガメムノーンに離縁されるのを恐れ、さらに、このことからなんらかの揉《も》めごとが生じるのを心配して、オデュッセウスの勧めで誓いをたてた上で(1)、自分が結婚したいと思う相手に冠をかぶせるよう、ヘレネーに判断をゆだねた。彼女はメネラーオスに冠をかぶせた。そしてテュンダレオースは彼女を彼と結婚させ、死にぎわにメネラーオスに王国をゆずった。

注(1) 誰が誓いを立てたのか原文は曖昧、ボリオはテュンダレオース、グラントはオデュッセウスとしている。集団での誓いとしては、オデュッセウスがテュンダレオースに勧めて求婚者全員に要請して行わせたものがある。すなわち「ここでえらばれた婿が将来何らかの難儀をこうむることがあれば、いまここにいる求婚者は全員で婿を助けなくてはならない」という誓約である(アポロドーロス、三・一〇・九)。なおパウサニアースは、求婚者らのこの誓約について次のようなことを述べている。「(スパルタからアルカディアに向かう道を北上すると)『馬の墓』。テュンダレオースがここで馬を供養し、ヘレネーの求婚者たちをその馬の肉片の上に立たせた上で、(一同に)誓いを立てさせた」(三・二〇・九)。この誓いの方法は他のギリシャ神話には例がない。

79 ヘレネー

アイゲウスと、ピッテウスの娘アイトレーとの息子テーセウスは、イクシーオーンの息子ペイリトオスとともに、テュンダレオースとレーダの幼い娘〔ヘレネー〕が、アルテミスの神殿で犠牲をささげているところをさらい、アテーナイへ、さらにアッティカ地方のある村[1]へ拉致《らち》した。ゼウスは、この二人が、みずから危険に身をさらすほどのもの凄い大胆さをそなえているのをみて、二人して、ハーデース〔冥府の王者〕に、ペイリトオスのためにペルセポネー〔ハーデースの后〕を妻として要求せよと、二人に夢の中で命じた。

彼らがタイナロン島[2]から冥府へ降りて、なにゆえにやってきたかをハーデースに明かすと、二人は復讐女神らに押し倒され、長い間苦しめられた。そこへ、三つの頭をもつ犬〔ケルベロス〕を連れだすためにヘーラクレースがやってきたので、彼らは彼に保護を願い出た。ヘーラクレースはハーデースの承諾をもらい、二人を無傷で連れだした。[3]兄弟カストールとポリュデウケースはヘレネーのために闘い、テーセウスの母アイトレーとペイリトオスの妹[4]ピサディエーをつかまえ、召し使いとして妹〔ヘレネー〕に差し出した。

注(1)　この村をアポロドーロスはアピドナイとよんでいる（三・一〇・七）。
(2)　原文では島とあるが、実際は岬。ペロポンネーソス半島南部中央から突き出ている。ヘーラクレースは冥府の犬ケルベロスを拉致すべく、ここから冥府へ降りる（エウリーピデース『ヘーラクレース』二三～二五）。
(3)　ヘーラクレースが救い出したのはテーセウスだけ、とするのがふつうである。
(4)　ボリオによればピサディエーという名前はこのヒュギーヌスにしか出てこない。92話ではティサディエーとなっているが、同一人物である。

80　カストール

アパレウスの息子であるイーダースとリュンケウスは、[1]メッセーネー出身で、レウキッポスの娘ポイベーとヒラエイラの婚約者だった。二人はこの上なく美しい処女で、ポイベーはアテーネーの、ヒラエイラはアルテミスの巫女《みこ》だった。ところがカストールとポリュデウケースが恋のとりこになり、彼女らを奪い去った。婚約者を失ったイーダースとリュンケウスは、彼女らを取り返そうとして武器を取った。戦闘でカストールがリュンケウスを殺した。兄弟を失ったイーダースは、戦闘と婚約者を断念し、兄弟の埋葬を始めた。

イーダースが遺骨を墓に収めようとしていると、カストールがやってきて、墓標を立てるのを邪魔しはじめた。カストールは、まるで女を相手にするようにリュンケウスをやっつけた、といった。腹を立てたイーダースは、身に帯びていた剣でカストールの股の付け根を刺しつらぬいた。

イーダースは墓標の柱を立てていたが、この柱をカストールに投げ倒し、こうしてカストールは殺された、とする説もある。

この知らせがポリュデウケースに届くや否や、彼は駆けつけ、ただの一撃でイーダースをやっつけ、取り返した兄弟の遺骸を埋葬した[2]。

だが彼自身はゼウスから星を受け取ったが、兄弟〔カストール〕には与えられなかった。その理由は、ゼウスいわく、カストールとクリュタイムネーストレーはテュンダレオースの胤《たね》から生まれ、彼自身とヘレネーはゼウスの子であるから、というものであった。そのとき、ポリュデウケースは、自分への贈り物を兄弟と分かち合うことを許していただきたいと要求した。これは許可された[3]。それゆえ「自分が代わりに死ぬことにより、相手がよみがえる」といわれるのである。このことにちなんでローマ人は次の習慣を保っている。ローマ人が馬から馬へ飛び移る騎手[4]〔デースルトル〕を送り出すとき、この騎手は、プリュギア帽をかぶって、二頭の馬を曳き、一方の馬から他方へ飛び移り、こうして彼は自分の務めと兄弟のそれを果たす〔というしぐさを示す〕のである。

注(1)　アパレウスはテュンダレオースの兄弟。カストールとポリュデウケースはテュンダレオースの息子、したがってここで語られる二組の兄弟は従兄弟どうしである。

(2)　アポロドーロスは闘争の経過を次のように語る。まずカストールがイーダースに殺され、ついでポリュデウケースがリュンケウスを殺害。最後にゼウスがイーダースを雷で撃ち殺す。さらにこのアポロドーロスの記述では、二組の争いは四人で略奪した牛の分配に端を発したもので、女性の奪い合いは無関係である（三・一一・二）。

(3)　ウェルギリウス『アエネーイス』から（六・一二一）。

(4)　グラントは「裸馬に乗る騎手」と訳している。

81　ヘレネーの求婚者たち

アンティロコス、アスカラポス、オイーレウスの息子の小アイアース[1]、アンピマコス、アンカイオス、〔欠文〕ブラニオス、アガペーノール、テラモーンの息子の大アイアース[1]、クリュティオス、キュアネオス、メネラーオス、パトロクロス、ディオメーデース、ペーネレオース、ペーミオス、ニーレウス、ポリュポイテース、エレペーノール、エウモエロス、ステネロス、トレーポレモス、プローテシラーオス、ポダレイリオス、エウリュピュロス、イードメネウス、レオンテウス、タルピオス、ポリュクセノス、プロトオス、メネステウス、マカーオーン、トアース、オデュッセウス、ペイディッポス、メーリオネース、メゲース、ピロクテーテース、古伝ではその他にもいるとされる。

注(1) アイアースは二人いるので、大、小で区別する。トロイア戦争最大の英雄アキレウスはヘレネーに求婚しなかったので、ここには入っていない。

82 タンタロス

ゼウスとプルートーの息子タンタロスは、ディオーネーとのあいだにペロプスをもうけた。ゼウスは日ごろタンタロスに自分の考えを打ち明け、神々の食卓に陪席することを許していた。タンタロスはゼウスの考えを人間たちに知らせてしまった。伝えによると、そのため(1)、彼は冥府で胴体まで水に浸《つ》かって立ち、絶えず喉がかわき、水を飲もうとして手を伸ばすと水は退いてしまう。同様に、頭上に果実が垂れ下がっているが、彼がこれを取ろうとすると、枝が風に動かされて遠のいてしまう。同様に、頭上に巨大な岩がぶらさがっていて、彼はいつもこれが自分にぶつかってこないかと気もそぞろである(2)。

注(1) タンタロスの懲罰の原因は、息子ペロプスを殺し、その肉を神々の食卓に供したから、とする話もよく知られている。次の83話を参照。

(2) タンタロスの罰は『オデュッセイア』で語られている（一一・五八二～五九二）。そこでは冥府の水はタンタロスの顎まで浸している。それからぶら下がる巨岩は記されていない。

83　ペロプス

タンタロスと、アートラースの娘ディオーネーとの息子ペロプスは、タンタロスによってばらばらにされ、神々の食卓に供された。そのとき、彼の腕をデーメーテールが食べてしまった。しかし神々の全能のおかげで彼は生命をとりもどした。残っていた他の体の部分がつなぎ合わされると、肩がつながっていないので、デーメーテールはその部分に象牙の肩をあてがった。[1]

注(1)　ピンダロス「オリュンピア篇」一・二四以下。ウェルギリウス『ゲオルギカ』三・七。

84　オイノマオス

アレースと、〈アートラースの〉娘アステロペーとの息子オイノマオス〔エーリス地方の町ピーサの王〕は、アクリシオスの娘エウアレーテーを妻にしていて、彼女にヒッポダメイアを生ませた。これはきわめつけの美しい乙女だったが、彼には、娘の婿による横死に用心せよとの神託があったため、娘を誰にも嫁にやらなかった。かくして多数の男たちが彼女に結婚を迫ったので、彼は、自分と四頭立て馬車の競走をして勝った者に娘をやろう、ただし負けた者はその命をもらい受ける、という闘争を設定した（彼には北風より足の速い馬があったからである）。

多くの男が殺されたあと、最後にタンタロスの息子ペロプスがやってきた。彼は門の扉の上に、人間の頭、すなわちヒッポダメイアに求婚してきた男たちの髑髏《どくろ》が打ちつけられているのをみて、王の残虐さを思い知り、後悔しはじめた。かくして彼は王の御者ミュルティロスを説得し、もし手助けしてくれたら王国の半分を進呈しようと約束した。約束が成立したので、ミュルティロスは馬を車につないだが、車輪に楔《くさび》をつけなかった。かくして、馬に鞭を入れるや、オイノマオスの馬どもは欠陥のある車を曳き、これをばらばらにした。

ペロプスは、ヒッポダメイアとミュルティロスを連れて勝利者として故郷へ帰るさいに、ミュルティロスとの約束を果たすのは自分の不名誉になるであろうと考え、これを果たす気持ちを失った。そして彼を海に放り投げた。(1) 彼の名前からそこはミュルトーオン海(2)〔ミュルトーウム・ペラグス〕とよびなされた。彼はヒッポダメイアを、ペロポンネーソスとよばれている自分の故郷へ連れていった。ここでヒッポダメイアとの間にヒッパルコス、アトレウス、テュエステースをもうけた。

注(1)　ペロプス、ヒッポダメイア、ミュルティロス三者のかかわりは、アポロドーロスの記述とは若干異なる。アポロドーロスは大略こう述べている。「ミュルティロスは愛する女性の意をむかえるべく、ペロプスの申し出を入れて戦車に仕掛けを施した。そして三人で逃走中、ペロプスが水を汲みにいった隙に、ミュルティロスはヒッポダメイアを犯そうとしたので、ペロプスに殺された」（『摘

要」二・六～八）。

（２）アッティカ地方の南方向、ペロポンネーソス半島の東方向、この両方向が交差するあたりの海域の名称。エウボイア大島の付け根にミュルトスという小島があるが、これを名称の由来とするには位置が遠すぎる。

85　クリューシッポス

ラブダコスの息子ラーイオス〔テーバイ王〕は、ペロプスの私生児クリューシッポスを、並外れた美貌のゆえに、ネメア大競技祭の折に誘拐した。ペロプスは戦争を仕掛けて彼から息子を取り返した。アトレウスとテュエステースは、母ヒッポダメイアにせがまれて、クリューシッポスを殺害した。ペロプスがヒッポダメイアを詰《なじ》ると、彼女は自殺を遂げた。(1)

注（１）この項目では、クリューシッポスの名のもとに二つの悲劇作品（ともに散逸）が繋ぎあわされていることが指摘されている。すなわちソポクレースの『ヒッポダメイア』とエウリーピデースの『クリューシッポス』である（ボリオ、グラント）。

86　ペロプス一族

ペロプスとヒッポダメイアの息子テュエステースは、アトレウスの妻アーエロペーと寝台をともにしたすぐあと、兄アトレウスにより王国から排除された。しかしテュエステースは、自分の子供として育てていたアトレウスの息子プレイステネース[1]を、殺害させるべく、アトレウスのもとへ送った。この子をアトレウスは、弟の息子であると信じて殺し、うかつにも自分自身の子供を殺すことになった。

注（1）88話では単にテュエステースの息子といわれている。グラントはこれをヒュギーヌスのテキストで創作された人物とみている。

87　アイギストス

ペロプスとヒッポダメイアとの息子テュエステースに、ある神託が下されていた。それは、テュエステースが自分自身の娘ペロピアに生ませるであろう息子[1]は、彼の兄〔アトレウス〕に対して復讐を遂げるだろう、というものだった。彼がこれを聞くや否や［欠文］、男の子が生まれた。これをペロピアは捨て子にした。この捨て子を発見した牧人らは、これを牝山羊に託し、養育させた。この乳飲み子はアイギストスと名づけられた。ギリシャ語で山羊はアイクスとよばれるからである。

注（1）テュエステースと娘ペロピアとの近親相姦は次の88話でさらに詳しく語られる。

88　アトレウス

ペロプスとヒッポダメイアの息子アトレウスは、自分の弟テュエステースの不正を罰する肚《はら》づもりで、彼と仲直りし、自分の国〔ミュケーナイ〕[1]へ連れ戻した。そして彼の子供たち、タンタロスとプレイステネースを殺し、テュエステースの食卓に供した。テュエステースが食べ終えるや、アトレウスは子供たちの腕と頭をもってくるよう命じた。この悪行ゆえにさすがの太陽でさえその進路をそらしてしまった。テュエステースは、この身の毛もよだつ悪行を知ると、すぐテスプロートス王[2]のもとへ逃れた。そこにはアウェルヌス湖[3]があるといわれている。テュエステースはそこからシキュオーン〔コリントスの近くの町〕に至り、そこでは彼の娘ペロピアが保護されていた。たまたま彼は夜そこへきたが、あたかもそのとき彼女はアテーネーに犠牲をささげていた。彼は神聖な儀式をけがすことを恐れ、森に身を隠した。

しかしペロピアは歌舞団を率いてくる途中つまずき、〔生けにえの〕羊の血で服をよごした。彼女は、川におりてその血を洗い落としているあいだ、よごれたシャツを脱いでいた。顔をつつみ隠したテュエステースが森からすべり出てきた。そして二人の交合がなされ、そのさいペロピアは彼の剣を鞘《さや》から引き抜き、神殿に戻ってアテーネーが鎮座する台座の下にこれを隠した。

翌日、テュエステースは王に、故国リューディア[4]へ戻りたいと懇願した。その間、ミュケーナイでは、アトレウスの悪行のせいで穀物の不作、飢饉が起こった。そこでテュエステースを王国に連れ戻せばよいとのお告げがあった。アトレウスが、テュエステースはそこに滞在していると考えて、テスプロートス王[5]のもとへいったとき、ペロピアを見そめ、ペロピアを妻として自分に与えるようテスプロートスに請《こ》うた。彼女をテスプロートスの娘だと思ったからである。テスプロートスは、疑惑を残してはいけないと思い、彼にペロピアを与えた。彼女はすでに父テュエステースによってアイギストスを腹に宿していた。

彼女はアトレウスのもとへくると、アイギストスを生み、これを捨て子にした。しかし牧人らは牝山羊にこれを託した。アトレウスはこの子を探し出し、彼自身の息子として育てるよう人々に命じた。その間アトレウスは、テュエステースを探すため、息子たち、すなわちアガメムノーンとメネラーオスを送り出した。二人は情報を得るためにデルポイを目ざした。たまたまテュエステースは、兄に復讐するための神託をうかがうべく、ここにきていた。彼は二人に逮捕され、アトレウスのもとへ連行された。アトレウスは彼を投獄するよう命じ、そして、アイギストスを自分の息子であると信じてこれをよびつけ、テュエステースを殺してくるようにと送り出した。

テュエステースは、アイギストスと彼がもっている剣をみた。そしてそれが、あの交合のさいに消え失せた剣であることに気づき、アイギストスにどこからその剣をもってきたのか尋ねた。アイギストスは母ペロピアがこれを自分にくれたのだと答え、彼女をよびよせるよう命じた。すると彼女はアイギストスに、あの夜の交合のさい、〔この剣を〕誰とも知らぬ相手から抜き取り、その交合の結果アイギストスを懐妊したのだと答えた。そういうとペロピアは剣を奪いとり、それを自分で確認するふりをして、剣をわが胸に押し込んだ。アイギストスは血まみれになったその剣を母の胸から引き抜いて手にもち、アトレウスのところへ戻った。アトレウスはテュエステースが殺されたものと考えて喜んでいた。浜辺で犠牲をささげている彼を、アイギストスが殺し、父テュエステースとあい携《たずさ》えて父祖の王国へ帰還した。

注(1)　プレイステネースは86話に出ているのと同じ人物だが、この人物については異説が多い。

(2)　アポロドーロスによれば、テスプロートスは、アルカディア王リュカーオーンの息子（三・八・一）。シキュオーンはアルゴリス地方の北部の町だが、アルカディアに近い。

(3)　アウェルヌス湖はイタリアのカンパーニア地方にある。なぜここに出てくるのか不明。グラントはヒュギーヌスが、テスプローティア地方にあるアケルーシア湖を考えていたらしいとする。

(4)　リューディアは小アジアの一地方。テュエステースの祖父タンタロスがリューディアの王だった。

(5)　このテスプロートス王がどこにいたのかよく分からない。エペイロスには彼の名前にちなむらしいテスプロートスという地域がある。ここまでの話ではペロピアはシキュオーンにいた。この二地域ははるかに隔たっている。このあたりにこの88話の曖昧さが残る。

89　ラーオメドーン

ポセイダーオーンとアポローンは、トロイアを城壁でかこんだといわれている。(1) ラーオメドーン王は、二神に、自分の王国でその年生まれる家畜をすべて犠牲としてささげるであろうと誓約した。だが貪欲だったためこの誓約をたがえた。彼はごく僅かなものしか約束しなかった、との説もある。それゆえポセイダーオーンは、トロイアを荒らす海の怪物を〔アポローンは疫病を〕送りつけた。

そのため王はアポローンにうかがいをたてるべく使者を〔デルポイへ〕派遣した。立腹したアポローンは、もしもトロイアの処女たちが怪物に〔ささげられるべく〕縛りつけられるなら、悪疫は止むだろうと答えた。多数の処女らが食べ尽くされ、ヘーシオネー〔ラーオメドーンの王女〕の番がきて、岩石に縛りつけられた。そのとき、アルゴー船隊員らがコルキスへ向かう途中で、ヘーラクレースとテラモーンが同じ場所へやってきて怪物を殺した。そして、〔コルキスからの〕帰路、ヘーシオネー、および、水の上と麦の穂の上を歩きまわる馬を、(2) 故郷〔ギリシャ〕へ連れていくという条件で、彼女を父親に返した。

ところが、ラーオメドーンはこの取り決めさえもたばかり、ヘーシオネーを渡そうとしなかった。かくしてヘーラクレースはトロイアを攻略するため船隊をととのえ、トロイアへやってきた。そしてラーオメドーンを殺し、彼の息子でまだ幼いポダルケースに王国を与えた。ポダルケースはのちに、買う〔プリアスタイ〕ということば[3]から、プリアモスとよばれた。取り返したヘーシオネーを彼はテラモーンに妻としてゆずり、彼女からテウクロス[4]が生まれた。

注(1)　この二柱の神は、ラーオメドーンがどれだけ放埓なのか試そうとして、トロイア（ペルガモン）の城壁を、報酬をもらう約束で築いた（アポロドーロス、二・五・九）。

(2)　ゼウスがガニュメーデースをさらった代償として贈った神馬。アポロドーロスはこれを牝馬としている（二・五・九）。『イリアス』ではゼウスがガニュメーデースをさらった代償にした馬（五・二六五～二六六）と、麦の穂を倒さずにその上を歩き、水没することなく海上を走り回る馬（二〇・二二五～二二九）とが、別々に語られている。

(3)　「わたしは買う」という意味では「プリアマイ」となる。アポロドーロス、二・六・四。

(4)　大アイアースの異母弟、のちにトロイア戦争で活躍する。

90　プリアモスの息子たち、娘たち五十四人

ヘクトール、デーイポボス、ケブリオネース、ポリュドーロス、ヘレノス、アレクサンドロス〔＝パリス〕、ヒッポシドス、アンティノオス、アガトーン、ディーオス、メストール、リューシデー、ポリュメナ、アスカニオス、ケイロダマース、エウアーゴラース、ドリュオプス、アステュノモス、ポリュメトス、ラーオディケー、エティオノメー、ペーゲイア、ヘーニケイア、デムノシア、カサンドレー、ピロメーラ、ポリーテース、トロイロス、

パライモーン、ブリッソニオス、ゴルギュティオーン、プロートダマース、アレートス、ドローン、クロミオス、エレソス、クリューソーラーオス、デーモステア、ドリュクロス、ヒッパソス、ヒュペイロコス、リューシアナッサ、イーリオネー、ネーレイス、エウアンドロス、プローネウス、アルケマコス、ヒラゴス、アクシオーン、ビアンテース、ヒッポトロコス、デーイオピーテース、メドゥーサ、ヘーロー、クレウーサ。(1)

注(1)　タイトルでは五十四人とあるが、記されているのは五十五人。

91　アレクサンドロス・パリス

ラーオメドーンの倅《せがれ》プリアモス〔トロイア王〕は、キッセウスまたはデュマースの娘ヘカベーと結婚して多数の子供を得ていたが、その妻が妊娠していたとき、夢に燃える松明《たいまつ》が現れ、その松明から多くの蛇がでてくるのをみた。(1)この夢をあらゆる占い師に語ると、(2)彼らは、これが祖国の滅亡になってはいけないので、生まれるものは何であれ殺すよう指示した。

ヘカベーがアレクサンドロスを生んだあと、アレクサンドロスは、殺すようにと従者らに委ねられたが、彼らは憐憫《れんびん》の情に駆られこの子を捨て子にした。牧人らが捨てられた(3)彼を発見し、自分の子供として育て、これをパリスと名づけた。

思春期に達したころ、彼は一頭の牡牛をかわいがっていた。プリアモスに送りだされた家来たちが、パリスのために挙行される予定の追善競技大会で賞品となるべき牡牛を連れていくために、そこへやってきて、パリスの牡牛を曳いていこうとした。パリスは彼らを追いかけ、どこへその牡牛を曳いていくのかと尋ねた。彼らは、アレクサンドロス追善競技大会で勝利を博した者に贈るために、これをプリアモスのもとへ曳いていくのだと説明した。

パリスは自分の牡牛がいとおしくて、競技に参加し、すべてに勝ち、自分の兄弟たちをも凌《しの》いだ。腹を立てたデーイポボス〔プリアモスの王子の一人〕が彼に剣を振りかざした。だがパリスはヘルケイオス・ゼウスの祭壇にすべりこんだ。そこでカサンドレー〔プリアモスの王女、予言者〕が、パリスは兄弟であると宣言したので、プリアモスは彼を認知し、王宮に迎え入れた。

注（1）アポロドーロスの語る夢では蛇はでてこない（三・一二・五）。
（2）アポロドーロスは、プリアモスが妾腹の倅で占い師であるアイサコスに夢解きをさせたといっている（前掲箇所）。
（3）アポロドーロスは、アゲラーオスという召し使いがイーデー山で赤子を捨て、これを牝熊が五日間養ったと述べている（前掲箇所）。

92　パリスの美女判定

テティス〔海の女神〕がペーレウスと結婚したとき、ゼウスはエリスを除いたあらゆる神々を披露宴に招集したと伝えられる。エリスとは、すなわち不和の女神《ディスコルディア》のことで、彼女は遅れてやってきて、披露宴に加えてもらえなかったので、入り口から真ん中へ林檎《りんご》を放り投げた。その林檎には、最も美しい女がこれを取るようにと書いてあった。ヘーレー、アプロディーテー、アテーネーの三女神がそれぞれ自分の美貌を主張しはじめ、三女神の間に大いなる不和が生じた。そこでゼウスはヘルメースにいいつけた、彼女らをイーデー山のアレクサンドロス・パリスのもとへ案内し、彼に判定するよう命じなさい、と。

　そのパリスにヘーレーは、もし彼が自分に好意的に判定するなら、彼は全世界の支配者になり、他の追随を許さぬほどに富貴《ふうき》を得るであろうと約束した。

　アテーネーは、もし彼女が勝利者となってここから去ることになれば、パリスは最強の人間となり、すべての技術を知る者となるだろうと約束した。

ところがアプロディーテーは、女性の中で最も美しい、テュンダレオースの娘ヘレネーを妻に得るだろうと約束した。

　パリスは最後の贈り物を、最初の〔二つの〕ものより優先させ、アプロディーテーこそ最もみめ麗しいと判定した。そのため、ヘーレーとアテーネーはトロイアの人々に激しい敵意を抱いた[1]。

　アレクサンドロスは、アプロディーテーにそそのかされて、〔訪家の〕主人《あるじ》メネラーオスからヘレネーを奪った。二人の下女アイトレー〔テーセウスの母〕とティサディエー[2]〔ペイリトオスの妹）とともに、ヘレネーをスパルタからトロイアへ拉致《らち》し、彼女と結婚した。(4) この二人の下女は、そのかみカストールとポリュデウケースが、もともと王家の女性だったものを、捕虜として、ヘレネーに与えてあった女性たちである〔79話〕。

注（1）黄金の林檎に始まりアプロディーテーの勝利に終わる、イーデー山中でのパリスの判定は、コルートスがその小叙事詩でこと細かに述べている（『ヘレネー誘拐』一～一九一）。エウリーピデースも、この三人の女神のイーデー来訪こそトロイア滅亡の先触れとなったとコロスに歌わせている（『アンドロマケー』二七四～二九二）。

（2）79話ではピサディエー。

（3）ペロポンネーソス半島のラコーニケー地方の首府。ラケダイモーンとも称される。

（4）パリスのヘレネー誘拐のいきさつはコルートスの前掲作品で詳述されている。

93　カサンドレー

プリアモスとヘカベーの娘カサンドレーは、アポローンの神殿で遊びつかれて眠りこけていた、と伝えられる。彼女をアポローンが抱擁しようと望んだとき、彼女は体を自由にさせなかった。そのため、アポローンは、彼女が真実を予言しても、信用されないようにしてしまった。(1)

注（1）いったんこの能力を与え、それから奪い取ったのはアポローン自身である（アイスキュロス『アガメムノーン』一二〇二～一二一三）。

94　アンキーセース

アプロディーテーは、アッサラコスの息子アンキーセース〔トロイアの王族。ふつうはアッサラコスの孫〕を愛し、彼と褥《しとね》をともにした、と伝えられている。この結婚で女神はアイネイアースを生み、アンキーセースにこのことを他の人間たちに洩らさぬようにと指示した。これをアンキーセースは、ある酒席で仲間たちに話した。そのため彼はゼウスの雷で打たれた。彼は自然死を遂げた、という人々もいる(1)。

注(1)　アプロディーテーとアンキーセースの出会いは『ホメーロス讃歌』(「アプロディーテー篇」五三以下)で詳述される。その末尾で「もしそなた(アンキーセース)が秘密をばらせば、ゼウスの雷で叩かれるだろう」と未来形で罰が語られている。ウェルギリウスは、アンキーセースは神々の王者の放った雷で打たれたといっている(『アエネーイス』二・六四八〜六四九)。

95　オデュッセウス

アトレウスの息子たちであるアガメムノーンとメネラーオスが、トロイアで戦うべく同盟した将軍らを召集したとき、彼らはイタケー島(1)の、ラーエルテースの子オデュッセウスを訪問した。その彼には次のような神託があった。すなわち、もし彼がトロイアへゆけば、二十年後、戦友をすべて失い、ただ一人無一物で家に戻るだろう、というものだった。

かように、自分のところへ弁舌家らがくるであろうことを知っていたので、彼は乱心を装い、帽子《ピーレウス》をかぶり、(2)鋤《すき》に馬と牛をつないだ。彼をみたとき、パラメーデースは、彼が乱心のふりをしていると悟り、彼の息子テーレマコスを揺り籠から奪い取り、これを鋤の前に置き、「乱心を装うのをやめ、仲間に入りなさい」といった。(3)そこでオデュッセウスは、自分もいくと言質《げんち》を与えた。これがため、彼はパラメーデースに恨みを含んだ。(4)

注(1)　ギリシャ本土西部のアカルナーニア地方の海上にある群島の一つ。
(2)　医者が病人や乱心者に帽子をかぶせた、とグラントは注記している。
(3)　パラメーデースはテーレマコスを抱きかかえ、剣を抜いて子供を殺すと脅した、とアポロドーロスは述べている（「摘要」三・七）。
(4)　これは105話につながる。

96　アキレウス

ネーレウス〔海神〕の娘テティスは、ペーレウスとのあいだに生んだわが息子アキレウスが、もしトロイアへ戦いにいくならば、死ぬであろうと知っていた。それで、アキレウスに、スキューロス島のリュコメーデース王のもとへ〔いくように〕と勧めた。リュコメーデースは、アキレウスを女装させ、名前を変えて、処女である王女たちの中へ紛れ込ませて隠した。乙女らは彼をピュルラ〔金髪娘〕とよんだが、それは彼の髪がブロンドで、ギリシャ語では赤い髪はピュルロスといわれるからである。(1)

アカイア人〔ギリシャ人と同義〕たちは彼がどこに隠れているのかを探りだしたとき、リュコメーデース王のもとへ弁舌家らを派遣し、アキレウスをダナオイ軍〔ギリシャ軍と同じ〕の助っ人として送りだすよう、王に懇願させた。王は彼が自分のところにはいないと主張し、彼らに好きなように王宮の中を捜索してよいと許可した。

彼らには誰が誰やら分別はつかなかったが、オデュッセウスは王宮の応接間に女性向けの贈り物を並べた。その中に盾と槍があり、そこで突然彼は、ラッパを吹き鳴らすよう命じ、武器のぶつかり合う音と雄叫びをあげるよう〔部下たちに〕命じた。アキレウスは、敵の来襲だと考えて、女の衣装を引き裂き、盾と槍を手に取った。これで彼の正体がばれ、彼はミュルミドネス勢を率いてアルゴス軍〔ギリシャ軍と同じ〕を助けると約束した。(2)

注(1)「赤い髪」も「ピュルロス」も金髪ではなく、髪が「赤い」色であることを示すことば。ブロンドとは異なる。
(2) これはアポロドーロス(三・一三・八)と、オウィディウス(『変身物語』一三・一六二〜一六九)も伝えている逸話。

97 トロイアに出征した戦士、船の数

アトレウスとアーエロペーの息子アガメムノーンは、ミュケーナイから百艘《そう》。その弟メネラーオスはミュケーナイから六十艘。

アミュントールの息子アルゴスのポイニクスは、五十艘。

ペーレウスとテティスの倅《せがれ》アキレウスは、スキューロス島から六十艘。アキレウスの御者アウトメドーンは、スキューロスから十艘。

メノイティオスとピロメーラの倅パトロクロスは、プティーア〔テッサリアの町〕から十艘。

テラモーンとエリボイアの息子大アイアースは、サラミース島から十二艘。その弟で、ラーオメドーンの娘ヘーシオネーから生まれたテウクロスは、十二艘。

ラーエルテースとアンティクレイアの子オデュッセウスは、イタケーから十二艘。

テューデウスと、アドラストスの娘デーイピュレーとの間に生まれたディオメーデースは、アルゴス〔アルゴリスの町〕から三十艘。

カパネウスとエウアドネーの子ステネロスは、アルゴスから二十五艘。

オイーレウスとニュンペーのレーネーの倅、ロクリス人小アイアースは、二十艘。

ネーレウスと〈アンピーオーンの〉娘クローリスとの子、ピュロス〔メッセーネー地方の町〕のネストールは、九十艘。〔そのネストールと〕エウリュディケーから生まれた弟息子、ピュロスのトラシュメーデースは、十五艘。ネストールの子、ピュロスのアンティロコスは、二十艘。

エウアイモーンとオーピスの息子エウリュピュロスは、オルコメノス〔ボイオーティアの町〕から四十艘。

アスクレーピオス〔医神〕とコローニスの倅マカーオーンは、トリッケー〔テッサリアの町〕から二十艘。その弟ポダレイリオスは、九艘。

ヘーラクレースとアステュオケーの倅トレーポレモスは、ミュケーナイ〔アルゴリスの町〕から九艘。

デウカリオーンの息子イードメネウスは、クレータ島から四十艘。モロスとメルピスの子メーリオネースは、クレータから四十艘。

アドメートスとペリアースの娘アルケースティスとの息子エウモエロスは、ペルライビア〔テッサリアの北西部地域〕から八艘。

ポイアースとデーモーナッサの子ピロクテーテースは、メリボイア〔テッサリアの町〕から七艘。

ヒッパルコスとアステロペーの子ペーネレオースは、ボイオーティアから十二艘。

ラクレトスとクレオブーレーの子レーイトスは、ボイオーティアから十二艘。その兄弟クロニオスは、ボイオーティアから九艘。

アレーイリュコスとテオブーレーの子アルケシラーオスは、ボイオーティアから十艘。〈彼の〉兄弟プロトエーノールは、テスピアイ〔ボイオーティアの町〕から八艘。

リュコスとペルニスの子イアルメノスは、アルゴスから三十艘。その兄弟アスカラポスは、アルゴスから三十艘。

イーピトスとヒッポリュテーの子スケディオスは、アルゴスから三十艘。彼の兄弟エピストロポスは、同じ所から十艘。

カルコドーンとイメナレテーの子エレペーノールは、アルゴスから三十艘。

［欠文］の息子メネステウスは、アテーナイから五十艘。

アンカイオスと［欠文］の子アガペーノールは、アルカディアから六十艘。

クテアトスの子アンピマコスは、エレア〔エーリスの誤記らしい〕から十艘。

パルラスとディオメーデーの息子エウリュトスは、アルゴスから十五艘。

オネーシマコスの子アマリュンケウスは、ミュケーナイから十九艘。

アガステニスとペローリスの息子ポリュクセノスは、アイトーリア〔ポーキス地方の西に位置する地方〕から四十艘。

ピューレウスとエウステュオケーの息子メゲースは、ドゥーリキオーン〔エキナデス諸島の一つ〕から六十艘。

アンドライモーンとゴルゲーの息子トアースは、テュトス〔語形不明。トアースはアイトーリア軍勢を率いた〕から十五艘。

［欠文］彼の兄弟ポダルケースは、同じ所から十艘。

テントレードーンの子プロトオスは、マグネーシア〔テッサリアの同名の半島にある町〕から四十艘。

オキトスとアウロピテーの息子キュクノスは、アルゴスから十二艘。

カロポスとニュンペーの〈アグライエーの〉息子ニーレウスは、アルゴスから十六艘。

テッサロスとカルキオペーの息子アンティポスは、ニーシューロス〔スポラデス諸島の一つ〕から二十艘。

ペイリトオスとヒッポダメイアの息子ポリュポイテースは、アルゴスから二十艘。

コローノスの子レオンテウスは、シキュオーン〔コリントスに近い町〕から十九艘。

テストールの子で予言者のカルカースは、ミュケーナイから。

ダナオスの子ポーコスは建築家。

エウリュバテースとタルテュビオスは外交官。

ディアポロスは裁判官。

アキレウスとデーイダメイアの息子ネオプトレモスは、スキューロス島から。彼もまた父〔の綽名〕にちなんで、ピュルロスとよばれた。

船は合計して二百四十五艘。(1)


注(1)　『イリアス』第二巻の軍船表で示される数と一致しないものが多い。参考までにその例をいくつか挙げる。括弧の中が『イリアス』の数字。小アイアース、二十（四十）、ネストール、九十（七十）、メゲース、六十（四十）、トアース、十五（四十）、ニーレウス、十六（三）、ポダレイリオスとマカーオーン、二十九（三十）、など。なお『イリアス』の軍船表ではアキレウスの船数は記されていない。

98　イーピゲネイア

アガメムノーンが、弟メネラーオス、およびアカイア(1)〔ギリシャ〕の将軍としてえらばれた人々とともに、アレクサンドロス・パリスにさらわれたメネラーオスの妻ヘレネーを奪還するべくトロイアへ出征したとき、アルテミスの怒りゆえに生じた嵐により彼らはアウリス〔ボイオーティアの港町。エウボイア大島を対岸に望む〕で足止めされた。アガメムノーンが狩猟で女神の牝鹿を傷つけ、アルテミスに対して傲慢な口をきいたからである。

そこで彼は占い師らを招集した。カルカースが、アガメムノーンの娘イーピゲネイアを犠牲にささげる以外に、浄めをすることは不可能である、と彼に答えた。これを聞いたアガメムノーンはすぐさま反対した。そのときオデュッセウスが彼に助言し、事をうまくはこんだ。同じオデュッセウスがディオメーデースとともに、イーピゲネイアを連れてくるために派遣された(2)。二人が彼女の母親クリュタイムネーストレーのもとにきたとき、オデュッセウスは、彼女はアキレウスと結婚する予定になっている、と偽りをいった。〔オデュッセウスが〕彼女をアウリスへみちびき、父親が彼女を犠牲にしようとすると、アルテミスは乙女を哀れみ、彼らに霧を投げかけ、彼女の代わりに牝鹿を置いた。そしてイーピゲネイアを雲でつつみ、タウリケー(3)の地へはこび、この地で自分の神殿の巫女《みこ》にした。

注(1)　マーシャルの読み。ボリオとグラントはこれをアシアとしている。

（2） エウリーピデース『アウリスのイーピゲネイア』ではオデュッセウス、ディオメーデースは登場しない。
（3） タウリケー・ケルソネーソス、現在のクリミア半島のこと。

99 アウゲー

アレオス[1]の娘アウゲーは、ヘーラクレースに抱擁されて出産が迫ると、〔アルカディアの〕パルテニオン山中〔70話〕で分娩し、生まれた子供をそこに遺棄した。[2]同時に、イーアシオスの娘アタランテー[3]が、メレアグロスとのあいだに生まれた子供を捨て子にした。ヘーラクレースの子供を牝鹿が養っていた。この子供たちをみつけた牧人らは、これを拾いあげて養育し、ヘーラクレースの子供を、牝鹿が養っていたので、テーレポスと名づけ[4]、アタランテーの子供は、彼女が処女を装ってパルテニオン山〔パルテニオスは「処女の」という意味〕で捨てたので、パルテノパイオスと名づけた。しかしアウゲー自身は父親を恐れて、ミューシア[5]のテウトラース王のもとへ逃れた。王には子供がいなかったので、彼女を娘として遇した。[6]

注（1） アルカディアの町テゲアの王。
（2） アポロドーロスは、まずアウゲーが赤子をアテーネーの神域に捨て、のちにこれを発見した父親アレオスがパルテニオン山に捨てた、と述べている（二・七・四）。

（3）ヒュギーヌスはアタランテーをスコイネウスの娘ともいっている（173、185、244話）。

（4）これはアポロドーロスも述べている（二・七・四、三・九・一）。テーレー（乳房）とエラポス（鹿）ということばの組み合わせでできた名前らしい。しかしエウリーピデースは、テーレポスが生まれ故郷から「遠く離れて《テーレー》」暮らしているので、ミューシアの人々がこう名づけたといっている（『テーレポス』断片六九六）。

（5）原文ではモエシア（Moesia）とあるが、これは小アジアのミューシアのこと。アポロドーロスはこれをテウトラニアー（二・七・四）、およびミューシア（三・九・一）としている。

（6）あるいは妻にした（アポロドーロス、二・七・四）。

100　テウトラース

ミューシアのテウトラース王を、アパレウスの息子イーダースが王国から排除したがっていた。この地へ、ヘーラクレースの倅《せがれ》テーレポスが、神託に従い、母を探して連れのパルテノパイオスとともにやってきた。そのとき、テーレポスにテウトラースは、もし彼が自分を敵から守ってくれるなら、王国ならびに、妻として娘アウゲーを与えようと約束した。テーレポスは王の申し出を尊重し、パルテノパイオスと相たずさえてイーダースを一蹴した。王は約束を守って、彼に王国および、何も知らない〔テーレポスの〕母アウゲーを妻として与えた。ところが彼女はいかなる人間にも自分の肉体を犯されたくなかったので、自分の息子とは知らぬまま、テーレポスを殺す気持ちになった。かくして二人が寝室へ入ったとき、アウゲーは、テーレポスを殺すために、剣を手にとった。そのとき、神々の意志により、二人のあいだに巨大な蛇が割って入ったと伝えられる。この蛇をみたアウゲーは剣を投げつけ、テーレポスに〔自分の〕計画を知らせてしまった。これをきいたテーレポスは、それとも知らず母親を殺そうとした。彼女は自分を犯した張本人のヘーラクレースに祈りはじめた。これでテーレポスは自分の母を認知し、故郷へ連れ帰った。[1]

注(1) この話ではテーレポスは外国人としてミューシアを訪れたことになっている。ここにいう彼の故郷は、前の99話にあるアルカディアであろう。

101 テーレポス

ヘーラクレースとアウゲーの息子テーレポスは、戦闘[1]で、ケイローンがアキレウスに贈った槍で突き刺されたといわれている。この傷のため長い間、恐ろしい苦痛に襲われていたので、彼はどのように治療すればいいのか、アポローンに神託をうかがった。その返答は、彼を傷つけた同じ槍でなければ、何ぴとも彼を治療することはできない、というものだった。これをきいたテーレポスは、アガメムノーン王のもとへきて、[2]クリュタイムネーストレーの助言に従い、幼いオレステースを揺り籠から奪い取った。そしてもしアカイア人が自分を治療してくれないならば、この子を殺してやると脅した。[3]ところがアカイア人たちは、テーレポスの案内がなければトロイアは占領できないとの神託を得ていたから、あっさり彼と好誼を結び、彼を治療するようにアキレウスに要請した。アキレウスは彼らに、「わたしに医術の心得はない」と答えた。そこでオデュッセウスが、「アポローンは君ではなく、そもそもこの傷をこしらえた槍を名指しておられるのだ」といった。

彼らは槍の表面をこすり、治療がなされた。(4) それから彼らはテーレポスに、自分らと一緒に戦うためトロイアへいくよう要請したが、彼らは同意を得ることはできなかった。彼テーレポスは、プリアモスの娘ラーオディケーと結婚していたからだ。(5) しかし彼は、彼らが自分を治療してくれたことを多として、彼らを案内し、場所や道を教えてやった。それから彼はミューシアへ出立した。

注(1)　ギリシャ軍がトロイアと誤解してミューシアへ上陸したときに行われた戦闘で、いわゆる第一次トロイア遠征でのエピソード（アポロドーロス「摘要」三・一七〜二〇）。

(2)　アポロドーロスは、このときテーレポスはぼろをまとってアルゴス滞在中のアキレウスを訪問したと語っている。誤ってミューシアを襲撃し、そこから撤退して八年後、ギリシャ軍は再びアルゴスに集結していたのである（「摘要」三・一九〜二〇）。

(3)　テーレポスが傷を治療させるため、乞食に身をやつしてギリシャ陣営を訪れ、クリュタイムネーストレーの助言に従って幼子オレステースを奪い、「治療しなければこの子を殺す」と脅したという話は、アイスキュロスおよびエウリーピデースの『テーレポス』に記されていたというが、確証はない。

(4)　アポロドーロスは「ペーリオン山のトネリコの槍の錆をアキレウスが拭い取ったときに、彼は治った」といっている（「摘要」三・二〇）。

(5) たしかにプリアモスにはラーオディケーという美しい娘がいたが、彼女はトロイア陥落後、悲嘆して大地に飲み込まれた(クイントゥス、一三・五四四以下)。だからこの結婚説は通説からずれている。

102 ピロクテーテース

ポイアースとデーモーナッサの息子ピロクテーテースは、レームノス島にいた折、ヘーレーが送りつけた蛇に足を噛まれた(1)。女神は、ヘーラクレースの人間としての体が焼かれ、神にされたとき、余人をさしおいてピロクテーテースひとりが、ヘーラクレースの火葬壇を設営することを敢えてしたために、ピロクテーテースに立腹していたからである(2)。この行為に感謝したヘーラクレースは、彼に自分の神的な弓矢を遺贈したのであった。

しかしアカイア軍〔ギリシャ軍〕は、その傷から放たれる恐るべき悪臭に耐えられず、アガメムノーン王の命令で、彼は神的な矢とともに遺棄された。捨てられた彼を、アクトール王の牧人で、ドロピオーンの子であるイーピマコスが養ってあげた。のちにアカイア軍に対して、ヘーラクレースの矢がなければトロイア占領は不可能であるとの神託が下された。そこでアガメムノーンは、オデュッセウスとディオメーデースを派遣し、彼を探し出させた。そして二人は、敵意を捨ててトロイアでの戦を援助してくれるよう、彼を説得した。そして彼の体を支えてやった(3)。

注(1)『イリアス』二・七一八～七二三。ピロクテーテースはテネドス島で蛇に嚙まれ、レームノス島にはこばれて遺棄されたともいわれる（アポロドーロス「摘要」三・二七）。クイントゥスはどこで蛇に嚙まれたかは記してないが、ピロクテーテースがレームノス島に遺棄されたとしている（五・一九五～一九六）。

(2) ヘーラクレースはゼウスの不義の子。ゼウスの后ヘーレーにとっては、母親アルクメーネーとともに憎むべき存在で、これを助けたピロクテーテースも当然目の敵である。ピロクテーテースが火葬壇を作り（火をつけるのではなく）、ヘーレーが蛇を送りつけたと語るのは、ヒュギーヌスだけである、とグラントは指摘している。

(3) 二人の英雄が病み衰えたもう一人の英雄を発見し、和解ののちこれをいたわる有り様はクイントゥスが詳述している（九・三二七以下）。

103　プローテシラーオス

アカイア勢(1)〔ギリシャ軍〕は、最初にトロイアの浜辺に着地した者は死ぬであろう、という神託を得ていた。アカイア勢が船を接岸したとき、他の者がぐずぐずしているうちに、イーピクロスとディオメーデーの息子、イオラーオス(2)が真っ先に船から飛び降りた。これはすぐさま〔トロイア方の総大将〕ヘクトールに殺された。誰もが彼〔イオラーオス〕をプローテシラーオス(3)とよんだ。諸人に先駆けて死んだからだ。

彼の妻で、アカストスの娘であるラーオダメイアが彼の訃報《ふほう》に接したとき、涙ながらに彼女は三時間だけ彼と話をさせていただきたい、と神々に懇願した。この願いはかなえられ、彼はヘルメースによって連れ戻され、彼女は彼と三時間しゃべった。プローテシラーオスが再び世を去ったので、ラーオダメイアはその苦痛に耐えることができなかった。(4)

注(1) アポロドーロスは、これは女神テティスが息子アキレウスに予言したこととしている(「摘要」三・二九)。

(2) これはヘーラクレースの甥の名前だが、ここではプローテシラーオスの生前の名前として使われている。だが、この英雄に二つ名前があったことはホメーロスは知らなかった。『イリアス』でプローテシラーオスは語られているもののイオラーオスという名前は出てこない(二・六九八～七〇二)。

(3) 名前を二分割すると「最初の人」という意味に近くなる。

(4) この話はアポロドーロスも同じように語っている(「摘要」三・二九～三〇)。

104 ラーオダメイア

夫を失った、アカストスの娘ラーオダメイアは、神々に懇願したとおりに三時間を使いきったあと、涙と苦痛に耐えることができなかった。そこで彼女は夫プローテシラーオスに似た青銅の像をこしらえ、祭事を装ってこれを寝室に入れ、拝みはじめた。(1)
一人の下男が朝早い時間に、供物として果物を彼女のもとへはこんできたとき、隙間から覗《のぞ》いてこの有り様に気づき、さらに彼女がプローテシラーオスの似像を抱きしめて接吻しているのを目撃した。彼は彼女が姦通しているものと考えて、父親アカストスに注進した。アカストスがきて寝室に押し入ると、プローテシラーオスの像がみえた。これ以上彼女が苦しんではいけないので、アカストスはその像と供物を積み上げ、これに火をつけるよう命じた。ラーオダメイアは、苦痛に耐えることができず、わが身をその火に投じ、そして焼かれた。(2)

注(1)　アポロドーロスによれば、ラーオダメイアは夫の戦死を知ったあとその似像をこしらえ、そののち冥府から一時復帰した夫と語らったという(「摘要」三・三〇)。
(2)　夫を失って火に飛び込む妻としては、クイントゥス『トロイア戦記』で語られるオイノーネー(パリスの妻)がいる(一〇・四一一～四六八)。

105　パラメーデース

オデュッセウスは、ナウプリオスの息子パラメーデースの頓知《とんち》によって拘束されたので(1)、ずっと、どのようにして彼を殺してやろうかと考えめぐらしていた。そして遂によい思案を得た。一人の手兵をアガメムノーンのもとに送り、一日だけ陣営を移動しなくてはならないことを夢にみた、とアガメムノーンに報告させた。アガメムノーンはこれを正夢と判断し、一日だけの移動を命じた。(2)
そこでオデュッセウスは、一人夜陰《やいん》にまぎれてひそかに大量の黄金を、パラメーデースの宿舎のあった場所に隠した。そして、一通の手紙をしたため、それをプリアモスのもとへはこぶようプリュギア人〔トロイア人〕捕虜に手渡した。同時に先日の自分の手兵を送り出し、この捕虜を陣営からほど遠くないあたりで殺害させた。

翌日、軍が元の陣営に戻ると、一人の兵士が、プリュギア人の死骸の上に載せてあった、オデュッセウスがでっちあげた手紙を、アガメムノーンに届けた。その中には「プリアモスからパラメーデースに送る」と記してあった。また、好機をとらえてアガメムノーンの陣営のありかを教えてくれたなら、オデュッセウスが〔パラメーデースの〕宿舎に隠したのと同量の黄金〔を進呈するということ〕が、パラメーデースに対して約束されていた。

かくしてパラメーデースが、王〔アガメムノーン〕のもとへ連行され、そんな事実はないというと、彼らは彼の宿舎にいき、黄金を掘り出した。(3) これをみたアガメムノーンは、これを事実であると信じ、これがためにパラメーデースは、無実だったにもかかわらず、オデュッセウスの謀略にたばかられ、軍の総意にもとづいて処刑された。

注(1) トロイア遠征に参加することを強制されたこと(95話)。
(2) アポロドーロスは陣営の移動のことは記していない(「摘要」三・八)。
(3) この黄金のことはオウィディウスも記している(『変身物語』一三・五六〜六〇)。

106 ヘクトールの身の代

アガメムノーンは、アキレウスに捕らえられ、そのすぐれた美貌ゆえに虜囚《りよしゆう》になっていた、ミューシアの神官ブリーセウスの娘ブリーセーイスを、アキレウスから奪いとった。あたかも、〔アガメムノーンが〕アポローン・スミンテウス(1)の神官クリューセースに〔その娘〕クリューセーイスを返還したときのことであった。そのためアキレウスは戦闘には出陣せず、営舎で竪琴《キタラ》をつまびいていた(2)。アルゴス勢が〔トロイア軍の総大将〕ヘクトールに追い立てられたので、パトロクロスに面詰《めんきつ》されたアキレウスは、彼に自分の武具を渡した。これでもってパトロクロスは、彼をアキレウスであると勘違いしたトロイア勢を敗走させ、ゼウスとエウローペーの息子サルペードーン(3)を仕留めた。のちにパトロクロス自身はヘクトールに殪《たお》され、パトロクロスの死後その武具ははぎ取られた。

アキレウスはアガメムノーンと和解し、アガメムノーンは彼にブリーセーイスを返した。そのときアキレウスはヘクトールに対抗するのに武具がなかった。そこで母テティスがヘーパイストスに彼のために武具を作るよう命じ、これをネーレウスの娘たち〔ネーレイデス〕が海からはこんできてくれた(4)。この武具を着用して彼はヘクトールを殺し、その死骸を戦車にくくりつけ、トロイアの城壁のまわりをひきずり回した。アキレウスはこの死骸を〔ヘクトールの〕父親〔プリアモス〕に渡さず、埋葬させようとしなかった。それでプリアモスはゼウスに命じられて、ヘルメースの道案内で、ダナオイ勢〔ギリシャ軍〕の陣営を訪れ、息子の遺骸と同じ重さの黄金によってこの遺骸を受け取り、埋葬した(5)。

注(1)　トローアース地方（トロイアを含む）南部沿岸にある町スミンテイオンで祀《まつ》られるアポローン。

（2）このときのアキレウスの怒りが大叙事詩『イリアス』の発端である。
（3）サルペードーンはゼウスとラーオダメイアの子とも伝えられる。グラウコスとともにリュキア軍を率いてトロイアに加勢していた。
（4）『イリアス』では新しい武器はテティス自身がはこんでくる（一九・一以下）。
（5）ここはおおむね『イリアス』の要約。

107　武具の判定

ヘクトールの葬儀がすむと、アキレウスはトロイアの城壁の周囲を駆けめぐり、自分一人でトロイアを戦いとったと豪語した。立腹したアポローンは、アレクサンドロス・パリスの姿を借り、アキレウスの唯一の泣き所だといわれていた踵《かかと》を、矢で射抜き、殺した。アキレウスが殺され、葬儀が営まれたあと、(1)テラモーンの子大アイアースが、アキレウスは父方の従兄弟だったからといって、アキレウスの武具を自分にくれるようダナオイ人〔ギリシャ人〕たちに要求した。(2)この武具は、アテーネーの怒りが原因で、(3)アガメムノーンとメネラーオスによって彼には拒否され、(4)オデュッセウスに与えられた。アイアースは憤怒《ふんぬ》に駆られ、狂乱の果てに、贈り物としてヘクトールから受け取ったあの剣で、自分の羊を殺し、わが身を傷つけ、自殺した。その剣は、彼がヘクトールと一騎打ちをしたときにもらったものである。(5)

注(1)　アキレウスの最期はクイントゥス『トロイア戦記』の第三巻で詳述されている。
(2)　ふつう、大アイアースの要求の根拠は、親族関係ではなく、彼がアキレウスに次ぐ強豪だったからとされる。クイントゥス『トロイア戦記』の第五巻など。
(3)　トロイアでの戦闘に向けてアテーネーがしっかり闘えと大アイアースを励ました。そのときこの豪勇は「女神よ、アルゴス勢に味方されるなら、ほかの男に付かれるがよい、わたしのいる所、けっして戦列は崩れますまい」と不遜にも豪語し、女神の逆鱗に触れた（ソポクレース『アイアース』七七〇〜七七七、木曾明子訳）。
(4)　オデュッセウスと大アイアースの優劣を分ける判定を誰が下したかは、作者によって異なる。『オデュッセイア』では「トロイエ人の子らとパルラス・アテネ」（一一・五四三〜五四七）、ソポクレースの『アイアース』では「アトレウス家の兄弟」（四四五〜四四六）、オウィディウスでは「ギリシャ軍の将軍たち」（『変身物語』一二・六二六〜六二八）。クイントゥスでは「賢いトロイア人たち（捕虜）」（五・一五七〜一五八）。アポロドーロスは、「トロイア人またはギリシャの人々」と両説を並記（「摘要」五・六）。
(5)　ソポクレース『アイアース』六六一〜六六二、一〇三二〜一〇三三。

108　トロイアの木馬

アカイア勢は十年にわたってトロイアを陥落させることができなかったので、エペイオスがアテーネーに勧められて巨大な木馬を作った。(1)その中に次の面々が乗り込んだ。(2)メネラーオス、オデュッセウス、ディオメーデース、テッサンドロス、ステネロス、アカマース、トアース、マカーオーン、ネオプトレモス。木馬には「ダナオイ勢が供物《くもつ》としてアテーネーにささげる」と書いてあった。そして彼ら〔木馬に乗らなかったギリシャ勢〕は陣営をテネドス島に移した。

これをみたトロイア人たちは、敵が去ったものと判断した。プリアモスは木馬をアテーネーの城塞にはこぶよう命じた。そして、盛大に祭りを行うよう男たちに宣言した。予言者カサンドレー〔プリアモスの娘〕が、その中には敵がいると大声で知らせたが、彼女は信用されていなかった。人々はこれを城塞に安置し、彼ら自身、夜の慰安と酒で倦《う》み疲れて眠りこけた。そのときを見計らって、アカイア勢は、シノーンによって開けられた木馬から飛び出し、門衛たちを殺害し、合図[3]でもって自軍を〔テネドス島から〕招き入れ、トロイアを占領した。

注(1) 木馬作製とその後のいきさつについてはクイントゥスの第一二巻および、トリピオドーロスの『トロイア落城』五七行以下を参照されたい。

(2) 木馬に乗り込んだ将官の数は著者によってまちまちで、ここでは九人だが、たとえばクイントゥスでは名前を記されている者だけで二十九人にのぼる(第一二巻)。ウェルギリウス(『アエネーイス』第二巻)は九人の名前を挙げているので、ヒュギーヌスはこれを手本にしたらしい。ただし、ウェルギリウスにあるエペイオスをディオメーデースに替えている。

(3) トリピオドーロスは、シノーンがアキレウスの墓所で、ヘレネーが自分の寝室で松明《たいまつ》をかかげたと記している(『トロイア落城』五一〇〜五一三)。

109　イーリオネー

ヘカベーがプリアモスに息子ポリュドーロスを生み与えたとき、彼らはイーリオネー〔プリアモスとヘカベーの娘〕に、この子を養育するようにと預けた。[1]イーリオネーは、トラーケー王ポリュムネーストールと結婚しており、ポリュドーロスを自分の子供として育てた。他方、彼女は、ポリュムネーストールとのあいだに生んだデーイピュロスを、自分の弟として育てた。もしこの子供らのどちらかに何かがあった場合、〔もう一方が〕親のもとに残るようにするためであった。

しかしアカイア軍は、トロイア占領後、プリアモスの子孫を根絶やしにすることを望んだので、ヘクトールとアンドロマケーの息子アステュアナクスを城壁から投げ落とし、[2]ポリュムネーストールに使節を派遣した。使節は彼に、もし彼がプリアモスの子ポリュドーロスを殺すならば、アガメムノーンの娘エーレクトレーと結婚させることと、大量の黄金とを約束した。ポリュムネーストールは使節のことばを拒否せず、うかつにも自分の息子デーイピュロスを殺害し、プリアモスの息子ポリュドーロスを殺したのだと考えた。

だがポリュドーロスは、自分の両親のことを尋ねるため、アポローンの神託をうかがいに出発した。彼に下された神託は、祖国は焼き払われ、父は殺され、母は奴隷として拘束されているというものだった。彼はそこから戻ると、自分に下された神託とは状況が異なるのを理解し、自分はポリュムネーストールの息子であると信じた。彼は、なぜこのように神託は違ったことをいうのか、姉〔イーリオネー〕に糺《ただ》した。姉は彼に真実を明かした。そして彼女の助言に従って、彼はポリュムネーストールを盲目にし、ついで殺した。

注(1) ポリュドーロスにはいくつかの異なる伝えがあり、たいていは殺害される。たとえばホメーロスやクイントゥスは、アキレウスが戦場で彼を仕留めたと語っている(『イリアス』二〇・四〇七~四一八。『トロイア戦記』四・一五四)。ところが、ポリュドーロスは、エウリーピデース『ヘカベー』では冒頭で幽霊になって現れ、オウィディウスは、浜辺へ水を汲みにきた母親ヘカベーの目の前で死体となって横たわっていた、と語る(『変身物語』一三・五三三~五三七)。すなわちすでにトラーケーの王ポリュムネーストールに殺されているのである。プリアモスの末子をトラーケーに送り出すという点で、ヒュギーヌスは叙事詩を離れ、悲劇に手本を求めたものらしい。

(2) クイントゥス、一三・二五一~二五七。アポロドーロス「摘要」五・二三。

110 ポリュクセネー

勝利を得たダナオイ勢は、イーリオンから船に乗り、各自の祖国へ帰りたいと思い、それぞれ獲物を連れはこんでいたが、そのとき、墓からアキレウスの声が獲物の一部を烈《はげ》しく要求したといわれる。(1) かくしてダナオイ勢は、この上なく美しい処女であるプリアモスの娘ポリュクセネーを、彼の墓に生けにえとしてささげた。(2)〔生前〕アキレウスは彼女に求婚し、彼が彼女に関して話し合いにやってきたとき、アレクサンドロス〔パリス〕とデーイポボス

〔パリスの兄弟〕が彼を殺したのだ。(3)

注(1)　オウィディウスの記述では、アキレウスはおどろおどろしい亡霊となってポリュクセネーの犠牲を求めている（『変身物語』一三・四四一以下）。他方クイントゥスはアキレウスが倅《せがれ》ネオプトレモスの夢寐《むび》に現れてこの要求をしたという（一四・一七九以下）。

(2)　エウリーピデース『トローアデス』六二二～六二三。アポロドーロス「摘要」五・二三。クイントゥス一四・二一四以下。

(3)　アキレウスは戦場で殪されたとするのが通説。ここでヒュギーヌスが語っている形は新しいものだとグラントは指摘している。

一一一　ヘカベー

オデュッセウスは、キッセウスの娘、または他の作家らによればデュマースの娘で、プリアモスの妻にしてヘクトールの母であるヘカベーを、奴隷として連行したが、そのとき彼女はヘッレスポントス海に身を投げ、犬になったと伝えられている。(1)　このことからこの海はキュネイオス海〔犬の海〕ともよばれた。

注(1)　エウリーピデース『ヘカベー』では、眼を潰《つぶ》されたポリュムネーストールがヘカベーの行く末を予言し、彼女の死後「哀れな牝犬の墓」という墓標が立てられるといっており、ヘカベーが犬に変身することに触れている（一二七三）。アポロドーロス「摘要」五・二三。

112　挑戦し、決闘した英雄たち

メネラーオスはアレクサンドロス〔パリス〕と決闘し、アプロディーテーがアレクサンドロスを救出した〔三〕(1)。

ディオメーデースが〔トロイアの大将〕アイネイアースと決闘し、アプロディーテー〔アイネイアースの母〕がアイネイアースを守った〔五〕。

同じくディオメーデースがグラウコスと対決し、〔昔からの家どうしの〕交誼が判明し、分かれた〔六〕。さらに彼はパンダロス〔五〕および別のグラウコス(2)と闘い、パンダロスとグラウコスは殺された。

大アイアースが〔トロイアの総大将〕ヘクトールと決闘し、互いに贈り物をして分かれた〔七〕。アイアースはヘクトールに帯を贈った。ヘクトールはこの帯によって引きずられた(3)。ヘクトールはアイアースに剣を贈った。この剣でアイアースは自殺することになるのだが。

パトロクロスはサルペードーンと決闘し、サルペードーンは殪《たお》された〔一六〕。

メネラーオスはエウポルボスと闘い、エウポルボスは殺された〔一七〕。エウポルボスは後にピュータゴラース〔ピタゴラス〕になり、自分の魂がいくつかの肉体を移動してきたことを思い出した。

アキレウスはアステロパイオスと闘い、アステロパイオスは仕留められた〔二一〕。同じくアキレウスはヘクトールと対決し、ヘクトールは殪された〔二二〕。さらに彼はアイネイアースと闘い、アイネイアースは逃げた〔二〇〕。アキレウスはアゲーノールと闘い、アポローンがアゲーノールを救った〔二一〕。(4) 彼はさらに、アレースとオトレーレーの娘であるアマゾーンの〔女王〕ペンテシレイアと一騎打ちし、ペンテシレイアは殺された。(5)アンティロコスはメムノーンと闘ったが、殪された。アキレウスがメムノーンと闘ってこれを殪した。(6)ピロクテーテースはアレクサンドロス〔パリス〕と闘い、これを殺した。(7) ネオプトレモス〔アキレウスの子〕はエウリュピュロスと闘い、(8) エウリュピュロスは殺された。

注
(1) この項目の〔 〕の中の漢数字は、その対決が語られている『イリアス』の巻数を示す。
(2) 『イリアス』のこの場面でパンダロスとあいたずさえて豪勇アイアース相手に闘うのは、「別のグラウコス」ではなくアイネイアースである。むろんアイネイアースはトロイアの戦場では死なない。
(3) ヘクトールを殪したアキレウスは、そのときヘクトールが腰に巻いていたこの帯を自分の戦車の手すりにくくりつけ、死骸をひきずり回した。ソポクレース『アイアース』一〇二九〜一〇三一。
(4) ここまではおおむね『イリアス』の記述と一致する。
(5) クイントゥス、第一巻。
(6) クイントゥス、第二巻。
(7) クイントゥス、第一〇巻。ただしここではピロクテーテースは得意の弓矢でパリスを傷つけるにとどまる。戦場を離れたパリスは元の妻オイノーネーに治療を頼むが断られ、絶命する。

（8）エウリュピュロスはヘーラクレースの孫で、テーレポスの子。二人の闘いはクイントゥス『トロイア戦記』第八巻で詳述される。

113 誰がどの著名戦士を殪《たお》したか

アポローンはアレクサンドロス〔パリス〕の姿を借りてアキレウスを殪した(1)。
ヘクトール〔トロイアの総大将〕はプローテシラーオスを、同じくアンティロコス(2)を、
アゲーノール〔トロイア方〕はエレペーノールを、同じくクロニオスを、
デーイポボス〔トロイア方〕はアスカラポス、アウトノオス(3)を、
大アイアースはヒッポダモス、クロミオス(4)を、
アガメムノーンはイーピダマース、グラウコス(5)を、
ロクリスの小アイアースはガルガソス、〔欠文〕ガウィオスを、
ディオメーデースはドローン、レーソス(6)を、
エウリュピュロス〔トロイア方〕はニーレウス、マカーオーン(7)を、
サルペードーン〔トロイア方〕はトレーポレモス〔ヘーラクレースの子〕、アンティポス(8)を、
アキレウスはトロイロス〔トロイアの王子〕を、

メネラーオスはデーイポボス[9]を、
アキレウスはアステュノモス、ピュライメネース[10]を、
ネオプトレモス〔アキレウスの遺児〕はプリアモスを殪した。[11]

注(1) 誰がアキレウスを殪したかということについてはいくつかの説があるが、クイントゥスはアポローンがみずからの姿のままでアキレウスに矢を放ち、殪したという（第三巻）。
(2) ふつうアンティロコスはメムノーンに殪されたとされる（クイントゥス、第二巻）。
(3) 『イリアス』ではヘクトールが討ち果たしたギリシャ勢の一人としてアウトノオスの名前が挙げられている（一一・三〇一）。
(4) 『イリアス』ではオデュッセウスに殪されている（五・六七七）。
(5) クイントゥスでは、グラウコスはアキレウスの遺骸争奪戦で大アイアースに討ち果たされる（三・二七八）。
(6) 『イリアス』第一〇巻で語られる。
(7) クイントゥス第六巻で語られる。マカーオーンは医神アスクレーピオスの息子の一人。
(8) 『イリアス』では、アガメムノーンが殪したトロイア勢の一人としてアンティポスの名前がある（一一・一〇九）。
(9) デーイポボスはパリス没後ヘレネーの夫になっていたので、メネラーオスの仇敵の一人。メネラーオスはこれをヘレネーの寝室でみつけて殺害する（クイントゥス、第一三巻）。
(10) 『イリアス』ではメネラーオスに殪される（五・五七六）。
(11) クイントゥス、第一三巻。

114　アカイア勢が殺害した人数

アキレウス、七十二人。アンティロコス、二人。プローテシラーオス、四人。ペーネレオース、二人。エウリュピュロス、一人。オイーレウスの子〔小〕アイアース、二十四人。トアース、二人。レイトス、二十人。トラシュメーデース、二人。アガメムノーン、十六人。ディオメーデース、十八人。メネラーオス、八〈人〉。ピロクテーテース、三人。メーリオネース、七人。オデュッセウス、十二人。イードメネウス、十三人。レオンテウス、五人。テラモーンの子〔大〕アイアース、二十八人。パトロクロス、五十三人。ポリュポイテース、一人。テウクロス、三十人。ネオプトレモス、六〈人〉。合計、三百六十二人。(1)

注(1)　記された数字を合計すると三百二十九になる。

115　トロイアの戦士が殺害した敵の数

ヘクトール、三十一人。アレクサンドロス〔パリス〕、三人。サルペードーン、二人。パントオス、四人。ガルガソス、二人。グラウコス、四人。プーリュダマース、三人。アイネイアース、二十八人。デーイポボス、四人。クリュトス、三人。アカマース、一人。アゲーノール、二人。合計、八十八人。(1)

注（1）記された数字を合計すると八十七になる。

116　ナウプリオス

ダナオイ勢は、イーリオンを占領し、獲物を分割して帰郷の途についた。そのとき彼らは諸神殿を破壊し、ロクリスの小アイアースが、パルラス〔・アテーネー〕の神像にしがみつくカサンドレーを力ずくで奪い取っ〔て乱暴し〕たので、神々が立腹し、嵐と逆風によって、カペーレウス岩礁〔エウボイア島南部にある〕で彼らを難破させた。この嵐の最中、ロクリスのアイアースはアテーネーによって雷を投じられ、その彼を波が岩礁に叩きつけた。それゆえそこはアイアースの岩と称された(1)。

残余の者たちが夜の闇の中で神々の恵みを懇願していると、ナウプリオスがこれを聞きつけ、そして、わが子パラメーデースに対する不正な仕打ち〔105話〕に復讐する時こそ至れり、と考えた。かくして彼らを救助するかのように、岩がごつごつした、この上なく剣呑《けんのん》な場所で、赤々と燃える松明《たいまつ》をかかげた。彼らはこれを親切心でなされたものと信じこんで、船をその場所へと寄せた。そのため多くの船が破壊され、多数の兵士が将軍らとともに嵐で落命し、彼らの体は内臓とともに岩に叩きつけられた。それでも陸地まで泳ぎつくことのできた者もいたが、これらはナウプリオスに殺された(2)。

しかし風がオデュッセウスをマローン(3)のもとにはこび、メネラーオスをエジプトにはこび、アガメムノーンはカサンドレーを伴って故郷〔ミュケーナイ〕へたどりついた。

注（1） 神罰をこうむった小アイアースの最期はクイントゥスが詳述している（第一四巻）。アポロドーロスは彼の最期には三柱の神々（アテーネー、ポセイダーオーン、テティス）がかかわったと記している（「摘要」六・六）。

（2） ナウプリオスの復讐はクイントゥスも述べている（第一四巻）。難破させるナウプリオスはソポクレースの散逸劇の主人公になっていたといわれる（ポリオ）。

（3） イスマロス島のアポローンの神官で、オデュッセウスに葡萄酒を寄贈した。のちにオデュッセウスはこの葡萄酒を一眼巨人ポリュペーモスを退治するのに用いた。

117 クリュタイムネーストレー

テュンダレオースの娘で、アガメムノーンの妻であるクリュタイムネーストレーは、パラメーデースの弟オイアクスから、カサンドレーが〔アガメムノーンの〕側妻《そばめ》として自分のもとへ連れられてくることをきいた。オイアクスは、兄に加えられた不正を誅《ちゅう》するため嘘をついたのだ。(1) そのときクリュタイムネーストレーは、アガメムノーンおよびカサンドレーを殺害する(2)べく、テュエステースの倅《せがれ》アイギストス〔アガメムノーンの従兄弟〕と共謀し、犠牲式を挙行している彼をカサンドレーともども、鉞《まさかり》で叩き殺した。(3) しかしアガメムノーンの娘エーレクトレーが幼い弟オレステース(4)を奪い取り、これをポーキスのストロピオス王に預けた。ストロピオスは、アガメムノーンの妹アステュオケーと結婚していた。

注(1)「嘘をついた」は原文のまま。カサンドレーはアガメムノーンの側妻だった。オイアクスのアガメムノーン一族に対する怨恨はエウリーピデースも触れている（『オレステース』四三二～四三四）。
(2) クリュタイムネーストレーの復讐の原因は、カサンドレーではなく、アウリスで娘イーピゲネイアが犠牲に供されたことである、とふつうは語られる。
(3) アガメムノーンは入浴中に惨殺されたとするのがふつうの伝承。いずれにしろこの項目の記述はヒュギーヌスの独自性が目立つ。
(4) のちに、殺された父親の復讐をするため、実母（クリュタイムネーストレー）を殺害する（119話）。

118　プローテウス

エジプトで、老人プローテウスは海の神であったといわれている。彼は自分の姿を万物に変える習慣を身につけていた。その彼を、メネラーオスは、彼の娘エイドテアの助言に従って鎖で縛った。いつ自分が故郷へ帰りつくことができるかを、いわせるためである。メネラーオスに、プローテウスは、トロイアが征服されたので、神々の怒りが残り、それゆえ、百頭の大型家畜を屠《ほふ》ってなされる、ギリシャ語で百獣犠牲《ヘカトンベー》とよばれるものが、行われねばならないと教えた。かくしてメネラーオスは百獣犠牲を挙行した。それから、イーリオン〔トロイア〕を去ったあと八年目にしてようやく、彼はヘレネーとともに故郷へ帰った[1]。

注(1)　この物語は『オデュッセイア』で語られている（四・三五一以下）。

119　オレステース

アガメムノーンとクリュタイムネーストレーの息子オレステースは、成人に達したあと、惨殺された父の復讐を遂げようと努力していた。かくして彼はピュラデース(1)と相談し、ミュケーナイのクリュタイムネーストレーのもとへやってきて、自分はアイオリスからの訪問者であると述べ、オレステースは死んだと報告した(2)。オレステースは、アイギストスが国民に殺すようにと頼んでいた当の相手だったのだが。

それから程なくして、ストロピオスの息子ピュラデースが、壺を一つ抱えて、クリュタイムネーストレーを訪れ、中にオレステースの骨が収められていると告げた(3)。アイギストスは有頂天になって二人を歓待した。機会をとらえて、オレステースとピュラデースは、夜、母クリュタイムネーストレーとアイギストスを殺害した。テュンダレオース〔クリュタイムネーストレーの父〕がオレステースを弾劾《だんがい》(4)すると、父の仇を討ったことを理由に、ミュケーナイの人々がオレステースに亡命を許してくれた(5)。のちに母親の復讐女神《エリーニュス》らが彼を追いまわした。

注(1)　ピュラデースはオレステースの従兄弟。ピュラデースの母アナクシビエーはオレステースの父アガメムノーンの姉妹。二人は、アキレウスとパトロクロスのように、分かちがたい親友どうし。

（2）「オレステースは死んだ」とクリュタイムネーストレーに嘘を報告するのは、ソポクレースの『エーレクトレー』では、オレステースの守役《もりやく》（パイダゴーゴス）である（六七三）。
（3）右記のソポクレースの作品では、オレステース自身が壺を姉エーレクトレーに示し、そのあと姉弟の認知がなされる（一一一三以下）。
（4）テュンダレオースによるオレステース弾劾はエウリーピデース『オレステース』で詳しく語られる（四七〇以下）。
（5）前記『オレステース』では最後にアポローンが介入し、メネラーオスとオレステースを和解させ、後者をアルカディアのパッラシアへ亡命するよう手配する（一六四三～一六四六）。

120　タウリケーのイーピゲネイア

復讐女神《エリーニュス》らがオレステースを追いまわしていたとき、彼は、この苦難がいつ果てるかを知るため、デルポイへ出発した。神託は次のごとくだった。タウリケー〔今のクリミア半島〕にいき、ヒュプシピュレーの父であるトアース王(1)を訪《おと》ない、ついで、アルテミス神殿からその神像をアルゴスへはこべ(2)、そうすれば災いは終息するだろう、というものだった。予言をきいた彼は、ストロピオスの息子で自分の仲間であるピュラデースとともに船に乗り、すみやかにタウリケーの国境へきた。タウリケーの制度は、その国境を踏み越えて入り込む異邦人はすべて、アルテミス神殿に犠牲として供される、というものだった。

オレステースとピュラデースは洞穴に身を隠し、機会を狙っていたが、二人は牧人らに取り押さえられ、トアース王のもとへ引っ立てられた。トアースはいつものように、二人を縛り上げ、犠牲にするべくアルテミス神殿に連行するよう命じた。そこではオレステースの姉イーピゲネイアが巫女《みこ》になっていた。

彼女は、彼らとの問答や証拠から、二人が誰であるか、そしてなにゆえやってきたのかを知ると、自分の役目をうっちゃって、みずからアルテミスの神像を引きはがしはじめた。そこへ王がやってきて、なぜそんなことをするのかと執拗に尋ねるので、彼女は嘘をつき、この殺人者らが像を汚したのだと述べた。それは、この神々を恐れぬ殺人者たちがこの神殿に連行されたからであり、そのけがれを祓うため神像を海岸へはこばねばならず、市民は一人として町の外へ出てはならないと、王は命じるべきだと彼女は述べたてた。王は巫女のいうことに素直に従った。この好機をとらえたイーピゲネイアは、神像をはこんで弟オレステースおよびピュラデースとともに船に飛び乗り、順風を受けてスミンテーオス島へ、アポローンの神官クリューセースのもとへとはこばれた。

注(1)　神話で知られる主要なトアースは二人いる。一人はレームノス島の王でヒュプシピュレーの父親(『イリアス』一四・二三〇)、もう一人はタウリケーの王(エウリーピデース『タウリケーのイーピゲネイア』三〇以下)。ここではヒュギーヌスが誤解したらしいという。15話では、娘に救われたトアースは船でタウリケー島にはこばれたことになっていて、ヒュギーヌスのテキストでは一人の人物として筋が通っている。グラントは

(2)　エウリーピデース、前掲書九〇では、アポローンの命令でアテーナイの地へはこぶことになっている。

（3）エウリーピデース、前掲書四六七以下。
（4）スミンテーオス島というのは、スミンテイオンという町のことらしい。トローアース地方の南部沿岸にある。その近くには、クリューセースがアポローンの神官を務める町クリューセーもある（『イリアス』一・八以下）。
（5）この話はアポロドーロスも簡単に述べている（「摘要」六・二六〜二七）。

121　クリューセース

アガメムノーンがトロイアへ遠征したとき、アキレウスはミューシアにおもむき、アポローンの神官の娘クリューセーイスを拉致《らち》し、これをアガメムノーンに妻として差し出した。〔父親〕クリューセースがアガメムノーンのもとにきて、娘を返してくれるよう懇願したが、聞き入れられなかった。そのためアポローンが彼〔アガメムノーン〕の軍隊を、一部は飢饉で、〔一部は疫病で〕、ほとんど皆殺しにした[1]。かくしてアガメムノーンは、妊娠しているクリューセーイスを神官に返還した。彼女は、アガメムノーンは自分の体に触ったことはないといったが、月が満ちて、クリューセース二世《ユーニオル》を出産した。そして、自分はアポローンに愛されて妊娠したのだ、と言明した。

その後、老クリューセースは、彼ら〔イーピゲネイア、オレステース、ピュラデース〕をトアースに送り返そうとしたとき、イーピゲネイアとオレステースがアガメムノーンの子供であることをきき知った。［欠文］〔クリューセーイスは〕自分の息子、クリューセース二世に真実を明かし、彼らが兄弟であること、クリューセース二世がアガメムノーンの息子であることを明かした。そこでクリューセース二世は、事柄を認識し、兄オレステースと相たずさえてトアースを殺し、そこから無傷で、アルテミスの神像を捧持してミュケーナイに到達した。

注（1）『イリアス』ではアポローンの弓矢と疫病は語られるが、飢饉がアカイア陣営を襲ったとはいっていない（第一巻）。

122　アレーテース

アガメムノーンとクリュタイムネーストレーの娘で、オレステースの姉であるエーレクトレーのもとへ一人の使者が訪れ、彼女の弟がピュラデースとともに、タウリケーで、女神アルテミスに生けにえにささげられた、という偽りの知らせを届けた。アイギストスの息子アレーテースは、アトレウスの血をひく男子が一人もいなくなったことを知って、ミュケーナイの覇権を狙いだした。だが、エーレクトレーは、弟殺しについて知るべく、デルポイへ出立した。

彼女がそこへきたとき、同じ日にイーピゲネイアも弟オレステースとともにそこへやってきた。オレステースについて語っていた使者は、イーピゲネイアが弟の殺害者であるともいっていた。これをきいたとき、エーレクトレーは、燃える木の幹を祭壇から取り出し、妹とも知らずイーピゲネイアの目を潰《つぶ》そうとした。オレステースが来合わせて事無きを得た。

こうして互いの認知がなされたので、彼らはミュケーナイへいき、オレステースはアイギストスの息子アレーテースを殺し、さらに、クリュタイムネーストレーとアイギストスの間に生まれた娘エーリゴネーをも殺そうとした。しかしアルテミスがこの娘をさらい、アッティカの地で巫女《みこ》にした。それからオレステースは、ネオプトレモス〔アキレウスの息子〕を殺したあと、メネラーオスとヘレネーの娘ヘルミオネーを連れていって結婚した。そしてピュラデースは、アガメムノーンとクリュタイムネーストレーの娘エーレクトレーと結婚した。(1)

注(1)　グラントによると、これはアレーテースの物語をつづった唯一の文献で、その意味できわめて貴重である。ソポクレースの『アレーテース』の断片からは何も分からないとのこと。

123　ネオプトレモス

アキレウスとデーイダメイアの息子ネオプトレモスは、エーエティオーン(1)の娘で捕虜にしていたアンドロマケー〔ヘクトールの未亡人〕に、アンピアロスを生ませた。しかし彼は、自分の婚約者だったヘルミオネー〔メネラーオスとヘレネーの娘〕が、妻としてオレステースに与えられたことをきいたあと、ラケダイモーン〔スパルタと同義〕を訪れ、メネラーオスに自分の婚約者をくれるよう要求した。後者〔メネラーオス〕はネオプトレモスに自分の約束をたがえることを望まず、ヘルミオネーをオレステースのところから連れ出し、ネオプトレモスに渡した。この不正をきき知ったオレステースは、デルポイで犠牲をささげているネオプトレモスを殺し、(2) ヘルミオネーを奪還した。ネオプトレモスの骨は、エペイロスにあるアンブラキアの町外れで撒き散らされた。

注(1) アポロドーロスではモロッソスという名前である（「摘要」六・一二）。
(2) ネオプトレモスの最期はエウリーピデース『アンドロマケー』一〇七三以下で語られるが、はっきりオレステースが直接手を下したとはいっていない。アポロドーロスは「オレステースに殺された」と述べている（「摘要」六・一四）。

124 アカイア人の王たち

ポローネウスはイーナコスの息子。
アルゴスはゼウスの息子。
ペラントスはアルゴスの息子。
トリオプス〔トリオパースとも〕はペラントスの息子。
ペラスゴスはアゲーノールの息子。
ダナオスはベーロスの息子。

タンタロスはゼウスの息子。

ペロプスはタンタロスの息子。

アトレウスはペロプスの息子。

テーメノスはアリストマコスの息子。

テュエステースはペロプスの、アガメムノーンはアトレウスの、アイギストスはテュエステースの、オレステースはアガメムノーンの、クリュトスはテーメノスの息子。

アレーテースはアイギストスの、ティーサメノスはオレステースの息子。

アレクサンドロスはエウリュステウスの息子(1)。


注(1)　以上はペロポンネーソス半島北部（アカイア、アルゴリス両地方）の王たちを列挙したらしい。

125　オデュッセイア（オデュッセウスの放浪）

オデュッセウスは、イーリオン〔トロイア〕をはなれて故郷イタケーへの帰途についたとき(1)、嵐によってキコネス人の国へ流され、彼らの都イスマロスを攻略し、戦利品を仲間に配分した。そこからロートパゴス人の国へいった。これは善良な人々で、ロートス〔ナツメあるいはエノキ〕の葉のあいだから生じる花を食べていた。この食べ物はえもいわれぬほどにおいしかったため、これを味わった者は家郷へ帰ることを忘れてしまうのだった。オデュッセウスが彼らのもとへ派遣した二人の仲間が、彼らによって供されたこの草を食べたとき、船に戻るのを忘れたので、彼みずから二人を縛って連れ戻した。

そこから、ポセイダーオーンの息子、一眼巨人《キュクロープス》ポリュペーモスのところへやってきた。この者には、かつて、エウリュモスの息子である予言者テーレモスから、オデュッセウスによって盲目《めしい》にされないよう用心せよとの神託が告げられていた。彼は額の真ん中に一個の眼をもち、人肉を常食していた。彼は家畜を洞穴に連れ戻し、入り口に巨大な岩石を置いた。彼はオデュッセウスとその一行を閉じ込め、オデュッセウスの仲間らを食べはじめた。

オデュッセウスは、彼の巨大さ、野蛮さに逆らうのは不可能だとみてとったので、マローン〔エウアンテースの息子。116話、注3〕からもらい受けていた葡萄酒でもって彼を酩酊させ、自分は「誰でもない《ウーティス》」という名前であるといった。かくして〔オデュッセウスが〕彼の目を燃えている木の幹で焼き潰《つぶ》したとき、彼は叫び声を上げて他の一眼巨人らをよびあつめ、彼らに「俺の目を潰したのは誰でもない」といった。彼らは、彼がざれごとをいっているのだと思い、無視した。

だがオデュッセウスは、部下たちを家畜に、自分の体を牡羊に縛りつけ、こうして脱出し、ヘッレーンの息子アイオロス(2)のもとへおもむいた。彼はゼウスから風の神々を束ねる権力を授けられていた。彼はオデュッセウスをもろ手を上げて歓待し、風をたっぷり詰めた革袋を贈り物にくれた。ところが部下たちは、これを受け取ったとき、金や銀であろうと信じ、これを分け合おうとして、ひそかに革袋を開いた。すると風どもは飛び去った。彼は再びアイオロスのもとへはこばれたが、今度は追い払われた。彼が神々の権威を犯したように思えたからである。

そこからライストリューゴネス人の国へいった。彼らの王はアンティパテースで、〔欠文〕むさぼり食らい、彼の十一艘の船を破壊した。部下たちがむさぼられたあと、唯一残された船で脱出し、太陽神《ヘーリオス》の娘キルケーの住むアイナーリア島(3)に着いた。彼女は飲み物を与えて人間を野獣に変えていた。彼は彼女のもとへ、二十二人の仲間を添えてエウリュロコスを派遣した。彼女は彼らを人間の姿から変身させてしまった。恐れていたエウリュロコスは、中へ入っていかなかった。彼はその場を逃げ出し、オデュッセウスに報告した。オデュッセウスが単独で彼女のもとへおもむいた。だが道々ヘルメースが彼に薬〔モリュという草〕を与え、キルケーを取り押さえる方法を教えた。彼はキルケーのもとへきて、彼女から盃を受け取ったあと、ヘルメースの薬をその中へ投げ入れ、剣を抜き、仲間を元どおりにしなければ殺すぞ、と脅した。そこでキルケーは、神々の意志がなければこんなことは起こりえないと悟った。かくして彼女は、こんな悪さはもうしないと約束し、彼の仲間を以前の姿に戻し、彼とベッドをともにして、二人の息子、ナウシトオス(4)とテーレゴノスを生んだ。

そこからアウェルヌス湖〔イタリアのカンパーニア地方にある〕へ進み、冥府へ降り、そこで仲間のエルペーノールに出会った。これは彼がキルケーのもとに残してきた部下だった。彼はどうしてここへきたのかとエルペーノールに尋ねた。エルペーノールは、酔っぱらって梯子《はしご》から落ち、首を折ったのだと説明し、彼オデュッセウスが地上へ戻ったら、自分を埋葬し、墓の中に舵《かじ》を入れてくれるようにと、執拗に頼み込んだ。さらにそこでオデュッセウスは、母アンティクレイアと、自分の放浪の終わりについて語り合った。ついで地上に戻った彼はエルペーノールを葬ってやり、舵を、頼まれたとおりに、墓の中に突き立ててやった。

それから、学芸女神《ムーサ》メルポメネーとアケローオス〔アイトーリアの川の神〕との娘であるセイレーン〔サイレン〕たちのところへきた。彼女らは上半身は女だったが、下半身は鳥の姿をしていた。彼女らの宿命は、彼女らの歌声を聞いた人間が一人でも通過すれば死ぬというものだった。オデュッセウスは、太陽神の娘キルケーの忠告に従って、部下たちの耳を蠟《ろう》で塞ぎ、ついでみずからを木の帆柱に縛りつけるよう命じた。こうして彼は〔歌声をききながら〕通過した。

そこから彼はテューポーンの娘スキュルラ[5]のところへきた。この女の体の上〈の部分〉は女で、股の付け根から下は魚だった。さらに彼女の胴体からは六頭の犬が生え出ていた。そして彼女はオデュッセウスの船から六人の仲間をもぎ取り、食ってしまった。

シキリア島で太陽神《ヘーリオス》の家畜に出会った。これを彼の仲間が料理したとき、この家畜は鍋の中でうめいていた。オデュッセウスは、テイレシアースに、さらにまたキルケーにも、これに手をつけないようにと忠告されていた。かくして彼は、そのために、ここで多くの仲間を失い、カリュブディス〔シキリア海峡の岩礁、女の怪物〕へと流された。彼女は日に三度〔海水を〕飲み込み、三度吐き出していた。オデュッセウスはテイレシアースの勧めに従って、これを通りすぎた。しかし、自分の家畜を食われた太陽神の怒りゆえに〔彼が太陽神の島に至ったとき、テイレシアースはこの島を荒らしてはならないといっていたのだが、オデュッセウスが眠っている合間に、仲間がこの家畜を捕らえた。かくして彼らが料理すると、肉切れが鍋の中から鳴き声を上げていた）、ゼウスが彼の船を雷で焼いた。船が難破し、仲間を失って、この場所から漂った彼は、アイアイエー島に泳ぎついた。(6)

〈ここには〉アートラースの娘であるニュンペー〔ニンフ〕のカリュプソーがいて、彼女はオデュッセウスの容貌に魅せられ、丸一年彼を引き止め、自分の手元から離そうとしなかった。遂に、ゼウスに命じられたヘルメースが、このニュンペーに、彼を送り出すようにと知らせた。そしてそこで、筏《いかだ》をこしらえ、これにあらゆるものを備えつけて、カリュプソーは彼を送り出した。ところがこの筏をポセイダーオーンが大波によってばらばらに破壊した。海神の息子である一眼巨人〔ポリュペーモス〕を彼が盲目にしたからだ。ここで波に翻弄《ほんろう》されていると、海中に暮らすレウコテア〔イーノーが女神になった後の名前〕、すなわち我々のいうマーテル・マートゥータ〔2話〕が、水底《みなそこ》へ沈まぬように胸を縛るがいいといって、彼に帯を与えた。彼はこれに従い、泳いだ。(7)

そこからパイアケス人たちの島に到着し、裸身を木の葉でつつんだ。そこへ、アルキノオス王の娘ナウシカアーが、洗濯する衣服を川へはこんできた。彼は木の葉から這い出し、自分を援助してくれるよう彼女に頼んだ。彼女は哀れに思い、彼に外套を差し出し、そして父親のもとへ彼を案内した。アルキノオスは気前よく彼をもてなし、贈り物をたっぷりもたせて、故郷イタケーへと送り出した。ヘルメースの怒りが再び難船させた。(8)

二十年後にして、仲間を失い、ただ一人で彼は帰郷した。そして、人々に見知られることなく、自分の家に達したとき、彼は、宮殿を占拠してペーネロペーに求愛していた求婚者たちをわが目で確認し、自分は客のふりをした。そして彼自身の乳母《うば》だったエウリュクレイアが、彼の足を洗っているうちに、古傷から彼がオデュッセウスであることを認識した。そのあと、アテーネーに助けられ、〔息子の〕テーレマコスおよび二人の家来と協力して、矢で求婚者たちを殺した。

【デーイオネウスはケパロスをもうけ、ケパロスはアルケイシオスを、アルケイシオスはラーエルテースを、ラーエルテースはオデュッセウスを、オデュッセウスはキルケーからテーレゴノスを、ペーネロペーからテーレマコスをもうけた。テーレゴノスはオデュッセウスの妻ペーネロペーからイタロスをもうけた。彼はイタリアという名称の提供者になった。テーレマコスの息子がラティーノスで、ラテン語〔リングワ・ラティーナ〕ということばはラティーノスの名前から出ている。(9)】

注(1) この物語はほとんどホメーロス『オデュッセイア』をなぞっている。
(2) グラントによればこのアイオロスはヒッポタースの息子。
(3) キルケーの島はアイアイエー島とするのがふつう。
(4) これはカリュプソーが生んだ子供である。
(5) メッシーナ海峡に隠れひそむ女怪物。父親としては、ここにいうテューポーン以外に、トリエノス、ポルキュス、ポルバースなどの名前が伝えられる。
(6) カリュプソーの住む島はオーギュギエー島。注(3)を参照。

（7）レウコテアがオデュッセウスを助けるエピソードは、『オデュッセイア』五・三三三以下で語られる。
（8）この怒りの原因はここでは不明。
（9）【 】部分は、一五三五年の刊本でミキュルスが「古写本の欄外にあった注」として付け加えたもの。

126　オデュッセウスの認知

オデュッセウスが、ナウシカアーの父、アルキノオス王により、贈り物を授けられて送り出されたあと、彼は難船して裸でイタケーに漂着し、彼の所有になる一軒の掘っ立て小屋にたどりついた(1)。そこにはエウマイオスという名のシュボーテース、すなわち豚飼いがいた。犬は彼を認めてじゃれついてきたが、エウマイオスは彼を見分けられなかった。アテーネーが彼の姿と衣服を変えてあったからだ。

エウマイオスは彼にどこからきたのかと尋ねると、彼は船が難破してここへ漂着したと答えた。さらに豚飼いがオデュッセウスに会ったかと訊くと、彼は、自分はオデュッセウスの仲間だったと述べ、そのしるしや証拠となることを語り始めた。間もなくエウマイオスは彼を小屋に招じ入れ、食べ物や飲み物を与えて元気づけた。

そこへ、いつものように家畜を求めるために送り出された奴隷たちがやってきた。オデュッセウスはエウマイオスに、これは何者たちなのかと尋ねると、エウマイオスは次のように答えた。「オデュッセウス様の出発後、〔久しい〕時間が経ち、求婚者たちがペーネロペー様に結婚を迫ってやってきました。奥方は『あたしがこのヴェール(2)を織り終えたら、結婚いたします』という条件を設けて、彼らを待たせているのです。日中に〈織り、夜になっては〉解き、このようにして男らを待たせてきたのです(3)。いま奴らはオデュッセウス様の女中たちと食卓をともにし、殿の家畜を食らっています」。

ここでアテーネーは彼の姿を元に戻してやった。すぐさま豚飼いはオデュッセウスであることをみて、しがみつき、抱きついて、喜びのあまり泣きだし、なぜ姿を変えていたのかと不思議がった。その彼にオデュッセウスは、「明日、わしを王宮のペーネロペーのもとへ案内せよ」といった。案内していくと、アテーネーは再び彼の姿を乞食に変えた。エウマイオスは、女中たちと寝そべっている求婚者らの前に彼をみちびき、彼らに「もう一人乞食を連れてきました。イーロス〔以前から出入りしていた乞食〕とともに皆さんを楽しませてくれるでしょう」と述べた。すると、求婚者の一人であるメランティオスが(4)、「いや、とんでもない、二人で殴り合い、勝ったほうが腸詰めをもらい、そしてこの箒《ほうき》で負けたほうを追い出すことにする」といった。二人は殴り合い、オデュッセウスがイーロスを投げ倒し、そしてこれを追い出した。

そこでエウマイオスは、乞食を演じているオデュッセウスを乳母《うば》エウリュクレイアのもとへ案内し、彼をオデュッセウスの仲間だったと紹介した。彼女が［欠文］しようとすると、オデュッセウスが彼女の口を塞ぎ、そして、求婚者らに彼〔オデュッセウス〕の弓矢を渡し、彼らの中でその弓を引ける者がいれば、その者がペーネロペーと結婚してよいと伝えるよう、彼女とペーネロペーに助言した。そのようにことがはこび〔欠文〕求婚者らが互いに腕を競ったが、一人も成功しなかったので、エウマイオスは嘲って「結局〔欠文〕」といった。〔欠文〕だったメランティオスは耐えられなかったであろう。

エウマイオスは弓を老人〔オデュッセウス〕に手渡した。彼は求婚者全員を射倒し、奴隷のメランティオス(4)だけは除外した。このメランティオスはひそかに求婚者たちに〔欠文〕、取り押さえられた。オデュッセウスはこのメランティオスの鼻、腕、および体の残りの部分をばらばらに切りさいなんだ。そして妻も自分の家も一緒に取り戻した。さらに女中たちに命じて、男たちの死骸を海へはこばせた。そして、求婚者らを殺戮《さつりく》したあと、ペーネロペーの請《こ》いを容れて(5)、この女中たちを厳罰に処した。

注(1)　ここからあとは『オデュッセイア』第一四巻以下の要約。
(2)　オデュッセウスの父ラーエルテースのための経帷子《きょうかたびら》ともいう（アポロドーロス「摘要」七・三一）。
(3)　これを三年間続けた（アポロドーロス、前掲箇所）。
(4)　メランティオス。これは求婚者ではなく、元の主人オデュッセウス夫婦を裏切った召し使い（山羊飼い）の名前。これがさらにあとで奴隷といわれており、この項目全体がかなり無知な者によって編まれた（改竄された）ことをうかがわせる。復讐場面にテーレマコスが登場しないのもおかしい。

（5） 求婚者殺戮は『オデュッセイア』第二二巻で語られるが、求婚者たちと情交していた十二人の女中を殺すのはオデュッセウスの発案である。息子テーレマコスが女たちの首に縄をかけて吊した。

127 テーレゴノス

オデュッセウスとキルケーの息子テーレゴノスは、父親を探してくるようにと、母親に送り出されたが、嵐に遭遇してイタケーへはこばれ、ここで飢えのため、せっぱつまって畑を荒らし始めた。何も知らないオデュッセウスとテーレマコスが、彼と闘った。オデュッセウスは息子テーレゴノスに殺された。それというのも、オデュッセウスには、かつて、息子による死に用心せよ、という神託があったからだ。

彼〔オデュッセウス〕が誰なのかが明らかになったあと、アテーネーの命令で、テーレゴノスは、テーレマコスとペーネロペーをともなって、故郷へ、すなわちアイアイエー島へ戻《もど》った。キルケーのもとへオデュッセウスの遺骸をはこび、彼らはここでオデュッセウスを荼毘《だび》に付した。同じくアテーネーの助言により、テーレゴノスはペーネロペーと、テーレマコスはキルケーと結婚した。キルケーとテーレマコスからラティーノス[1]が生まれ、これはラテン語〔ということば〕にその名前を残した。ペーネロペーとテーレゴノスからはイタロスが生まれたが、これはイタリアという地名にその名を残した[2]。

注（1） ラティーノスは、ヘーシオドス（『神統記』一〇一三）ではキルケーとオデュッセウスの息子、

アポロドーロスではカリュプソーとオデュッセウスの息子（「摘要」七・二四）。
（2）トゥーキューディデースはイタロスの両親の名前は挙げていないが、彼はシキリア人の王で、その名前からイタリアという地名が生じたとしている（六・二・四）。

128　予言者たち

アンピュクスはエラトスの息子。
モプソスはアンピュクスの息子。
アンピアラーオスはオイクレースの、またはアポローンの息子。
テイレシアースはエウエーレースの息子。
マントーはテイレシアースの娘。
ポリュエイドスはコイラノスの息子。
ヘレノスはプリアモスの息子。
カサンドレーはプリアモスの娘。
カルカースはテストールの息子。
テオクリュメノスはプローテウスの息子。
テーレモスはエウリュモスの息子。
シビュルラはサモス島の女、一説にキューメー(1)の女。

注(1) ラテン語でクーマエ、ナポリに近いイタリアの町、アポローンの神託で名高い。

129 オイネウス

ディオニューソス〔バッコス、酒神〕が、パルターオーン〔ポルターオーン〕の息子オイネウス[1]の客としてもてなされたとき、テスティオスの娘でオイネウスの妻であるアルタイエー[2]に心を奪われた。このことに気づいたオイネウスは、自らの意志で町を出て、犠牲をささげるふりをした。その間にディオニューソスは、アルタイエーと褥《しとね》をともにし、彼女はデーイアネイラ[3]を生んだ。ディオニューソスは、寛大なもてなしに感心し、オイネウスに贈り物として葡萄の木を与え、その植えつけ方を教えた。そしてこの木の実りを、主人《あるじ》の名にちなんで、オイノス、すなわち葡萄酒とよぶよう、定めた。

注(1) カリュドーンの王。アルテミスへ作物の初穂をささげることを怠ったため、女神が凶暴巨大な猪を送りつけたことで知られる（『イリアス』九・五二九以下）。本書172話参照。

(2) 171話ではアルタイエーがアレースとベッドをともにする、と述べられる。その後生まれたのが猪を退治したメレアグロスである。

(3) のちにヘーラクレースと結婚する。

130　イーカリオスとエーリゴネー

父なるディオニューソスが、自分の果実〔葡萄〕の極上《ごくじょう》の味と楽しさをみせるため、人間たちのもとへやってきたとき、[1]〔アテーナイ市民〕イーカリオスとエーリゴネーのもとで寛大なもてなしを受けた。彼は二人に、葡萄酒の詰まった革袋を贈り物として与え、他の土地でもこれを普及させるよう命じた。

イーカリオスは重たい荷車を引き、娘エーリゴネーと愛犬マイラを連れてアッティカの地におもむき、羊飼いたちと出会い、極上の味わいを教えた。羊飼いたちは際限もなく飲んだので、[2]酩酊して倒れてしまった。彼らはイーカリオスが自分らに毒を盛ったと判断し、棍棒で彼を殺してしまった。死んだイーカリオスに愛犬マイラが吠えてよびかけ、エーリゴネーに父親が埋められずに横たわっている場所を知らせた。そこへきた彼女は、父親の死骸の上で、木に首を吊って死んでしまった。

この事実に立腹した父なるディオニューソスは、アテーナイ〔アッティカ地方の首府〕の娘たちに同じ罰を加えた。このことで彼らアテーナイ人たちがアポローンの神託をうかがうと、それは彼らがイーカリオスとエーリゴネーの死をないがしろにしたせいである、という答えが得られた。この神託にそって彼らはこの羊飼いらを罰した。そしてこの災難を記念して、エーリゴネーのために、振り子人形〔オスキルラーティオー〕の祭日をもうけること、さらに、葡萄の収穫のさいは、イーカリオスとエーリゴネーのために果実の初穂を選り分けること、を定めた。

二人は神々の計らいで、星座の仲間入りを果たした。エーリゴネーは乙女座《ウィルゴー》になった。われわれはこれをユースティティアとよんでいる。イーカリオスは星々の中で牛飼い座《アルクトゥールス》といわれ、さらに愛犬マイラはカニークラ〔シーリウス〕とよばれている。

注(1) アポロドーロスはアテーナイでパンディーオーンが王であったとき、としている(三・一四・七)。

(2) アポロドーロスは、甘い飲み物を水を混ぜずに大いに飲んだ、としている(前掲箇所)。

131 ニューソス

ディオニューソスが軍隊を率いてインドへ遠征したとき、自分がそこから帰ってくるまでの間、養父ニューソス(1)にテーバイの支配権を預けた。しかしディオニューソスがそこから帰還すると、ニューソスは王権を返したがらなかった。ディオニューソスは養父との争いを望まなかったので、王権を取り戻すチャンスが訪れるまで、彼が国を支配することを認めてやった。かくして三年後彼と和解し、ディオニューソスが三年ごとに挙行していたので三年祭《トリエテーリカ》と称されている祭事を、領国内で行いたいというふりをした。そして、バッコス〔ディオニューソス〕を崇める女たちの装いをした軍勢をみちびき入れ、ニューソスを捕らえ、王権を取り戻した。

注（1）このニューソスの物語はヒュギーヌスしか知らないとボリオ、グラントは指摘している。

132　リュクールゴス

ドリュアースの息子リュクールゴス〔トラーケーの王〕は、ディオニューソスを領国から追い出した。(1)彼はディオニューソスが神であることを否定し、葡萄酒を飲み、酩酊したあげく自分の母親を犯そうとした。同時に彼は葡萄の木を切り倒そうと試みた。人の精神を惑乱させるものは毒薬であるといいつのったのである。ディオニューソスによって錯乱した彼は、自分の妻と子供を殺した。リュクールゴス自身を、ディオニューソスは、自分の支配下にあったトラーケーの山ロドペーで、豹《ひょう》どもに投げ与えた。リュクールゴスは、葡萄の木と間違えて自分の足を一本切り取ったと伝えられている。(2)

注（1）『イリアス』六・一三〇～一三七。アポロドーロス、三・五・一。追われた神は海へ飛び込み、海中で女神テティスにかくまわれた。

（2）リュクールゴスが豹の餌食になったことと、自分の足を切ったことは、それぞれ別の伝承であろう。アポロドーロスは、パンガイオン山で馬に殺されたと記している（前掲箇所）。

133 アムモーン

インドでディオニューソスが水を探したがみつからなかったとき、突然砂漠から一頭の牡羊が出てきたといわれている。この羊にみちびかれてディオニューソスは水をみつけたので、彼は、この羊を星座に加えるようゼウスに懇願した。この羊は今日まで昼夜平分の羊と称されている。さらに、彼が水をみつけた場所に、ゼウス・アムモーン(1)という神殿を設けた。

注(1) アムモーンはエジプトでのゼウスの名前。エジプトとインドでは方角が違う。275話ではこのアムモーンのほかにテーバイもインドで建てられたとされている。

134 エトルーリア人

テュルレーノス人たちは、のちにエトルーリア〔トゥスキー〕人とよばれたが、彼らが海賊仕事をしていたころ、まだ幼い父なるディオニューソスが彼らの船に乗り、自分をナクソス島へはこんでくれるよう頼んだ。彼らはこの子供を乗船させ、美貌ゆえにこれを犯そうとしたが、そのとき舵《かじ》取りのアコイテースが彼らを押しとどめた。アコイテースは彼らに暴力をふるわれた。ディオニューソスは、彼らが目論見《もくろみ》を変えないのをみて、櫂《かい》をテュルソス

〔ディオニューソスの杖〕に変え、帆を葡萄の枝葉に変え、索具を木蔦《きづた》に変えた。それからライオンや豹《ひょう》が躍りこんできた。彼らはこれをみて、恐怖に駆られて海に飛び込んだ。そしてディオニューソスは海の中でも彼らを別の怪物に変身させた。というのも、飛び込んだ者はみなイルカの姿に変えられたからである。そこからイルカはテュルレーノス人とよばれ、その海はテュルレーヌム海〔エトルーリアの海〕と称された。さらにこの男たちは十二人で、名前は次のとおりだった。アイタリデース、メドーン、リュカバース、リビュス、オペルテース、メラース、アルキメドーン、エポーペウス、ディクテュス、シーモーン、アコイテース。(1) 最後の者は舵取りで、ディオニューソスは彼の仁徳を愛《め》でてこれを助けた。

注(1)　ヒュギーヌスは十二人といっているが、実際は一人抜けている。なおこの話はオウィディウスが詳しく述べている(『変身物語』三・五八二〜六九一)。

135　ラーオコオーン

カピュス(1)〔トロイアの王族〕の息子ラーオコオーンは、アンキーセース〔アイネイアースの父〕の兄弟で、アポローンの神官だったが、アポローンの意志にさからって妻をめとり、子供をこしらえたので、籤引《くじび》きで、海岸でポセイダーオーンに犠牲をささげるよう指名された。この機会をとらえてアポローンは、テネドス島(2)から海を渡る二匹の蛇を送りつけ、この二匹は彼の息子アンティパースとテュンブライオスを殺した。ラーオコオーンは二人を助けようとしたが、彼みずからも絞められて命を奪われた。プリュギアの人々〔トロイア人〕は、ラーオコオーンがトロイアの木馬を槍で突いたから、この事件が起こったのだと考えた。[3]

注(1) ボリオとグラントはアコイテースとしている。
(2) トロイアの戦場とは目と鼻の先に浮かぶ島。
(3) ラーオコオーンの死はウェルギリウス（『アエネーイス』二・一九九～二二七）、クイントゥス（一二・三八七～四九七）などが語っている。アポロドーロスは子供らが殺されたことは述べているが、ラーオコオーン自身の死は語っていない（「摘要」五・一七～一八）。

136 ポリュエイドス

ミーノース〔クレータ王〕とパーシパエーの息子グラウコスは、ボール遊びをしているうちに、蜂蜜のいっぱい入った大樽に落ちてしまった。両親は子供を探し、子供のことをアポローンに尋ねた。二人にアポローンは、「そなたたちに不思議なものが生じた。誰かこの不思議なものを解き明かす者がいれば、その者がそなたらに子供を返してくれるであろう」と答えた。ミーノースはこの神託を聞いて、家臣らにこの不思議なもののことを尋ねはじめた。

家臣らは彼に、一日に三度、四時間ごとに色を変える牛が生まれている、最初は白く、ついで赤茶色になり、最後は黒くなる、と報告した。さらにミーノースはこの不思議を解明するべく、占い師たちを招集した。しかし謎を解く占い師がみつからなかったとき、コイラノスの息子でビュザンティオン〔現在のイスタンブール〕のポリュエイドス[1]が、その不思議なものは桑の木に似ていると教えた。桑の実は最初は白く、次に赤くなり、完熟すると黒くなるからである。ミーノースは彼に「アポローンの神託によれば、そなたはわが息子を取り戻せるはずである」といった。鳥占いをしているうちに、ポリュエイドスは、葡萄酒蔵の屋根にとまり、蜜蜂を追い払っている梟《ふくろう》に気づいた。これを予兆として受け止めたポリュエイドスは、死んだ子供を大樽から引き出した。

彼にミーノースが「死体を発見したのだから、今度はその生命を取り返すがよい」と命じた。ポリュエイドスは、そんなことは不可能だと答えた。そこでミーノースは、彼に、剣をたずさえて、子供〔の死骸〕と一緒に墓に入るよう命じた。二人が閉じ込められたあと、突然一匹の蛇が子供の死体に近寄った。ポリュエイドスはこの蛇が子供を食らおうとしているのだと思い、すぐさま剣でこれを刺し殺した。もう一匹の蛇が仲間を探して〔現れ〕、仲間が殺されているのをみつけると、草をくわえて近づき、その草をこすりつけて、くだんの蛇の生命をよみがえらせた。そしてポリュエイドスも同じことをした。二人は墓の中で大声で叫び、通りかかった者がこれをミーノースに知らせた。ミーノースは墓を開けるよう命じ、無傷の息子を取り返し、ポリュエイドスには数々の贈り物をもたせて故郷へ送り返した。[2]

注(1)　ポリュエイドスは『イリアス』ではコリントスの人（ポリュエイドスの息子エウケーノールがト

ロイアに出征していた、一三・六六三～六六四）であるが、アポロドーロスはこれをアルゴスの人としている（三・三・二）。

（2）多少の相違はあるがアポロドーロスが同じ話を伝えている（三・三・一～二）。なお49話でヒュギーヌスは、このグラウコスがアポローンの子で医神であるアスクレーピオスによって蘇生したと、別の伝承を記している。

137 メロペー

メッセーネーの王ポリュポンテースは、アリストマコスの息子クレスポンテース〔ヘーラクレースの子孫〕を殺し、彼の権力と妻メロペーを手に入れた。同時に、ポリュポンテースは、クレスポンテースを殺したあと、その王国を占領した。[1] しかし、母親メロペーは、クレスポンテースとの間に生んだ、まだいとけない息子を、[2] ひそかにアイトーリアの人に預けた。この息子をポリュポンテースは最大限の努力を払って探し、これを殺害した者には黄金を与えると約束していた。

この息子は成年に達すると、殺された父と兄弟たちの仇[3]を討ってやると決意した。かくして彼は、自分がクレスポンテースとメロペーとの息子テーレポンテースを殺したと主張して、ポリュポンテース王を訪れ、黄金を請求した。他方、王は彼に客人として留まるよう命じた。彼にもっと多くのことを尋ねるためである。

この息子が疲れて熟睡していたとき、母親と息子〔テーレポンテース〕の間の伝令役をしていた老人が、泣きながらメロペーのところへやってきた。老人は彼〔メロペーの息子〕が止宿先〔アイトーリアの家庭〕にはおらず、姿がみえないと訴えた。メロペーは、眠りこけている男こそ、わが息子の殺害者であると信じ込み、わが息子を殺すことになろうとも知らずに、斧をかかえて広間に入った。そこで老人がその息子を認め、母親の大罪を阻止した。メロペーは、敵に仇を返す好機が訪れたと判断し、ポリュポンテースと和解した。喜んだ王が神事を挙行していると、くだんの客人〔メロペーの息子テーレポンテース〕が自分で犠牲獣を屠《ほふ》るふりをして、王を殺し、父の王国をとりもどした(4)。

注(1)　ここは前文の反復で不可解。不当な加筆、改竄の見本と思われる。
(2)　この息子の名前はここではテーレポンテースだが、アポロドーロスはアイピュトスとしている（二・八・四）。
(3)　ヒュギーヌスのテキストでは他の兄弟たちが殺されたとは述べられていないが、アポロドーロスはクレスポンテースと二人の息子が一緒に殺害されたとしている（前掲箇所）。
(4)　この物語はエウリーピデースの散逸悲劇『クレスポンテース』を要約したものらしい。断片四四八で、二人の息子が殺され、一人は落ち延びたことが語られている。

138　菩提樹に変身したピリュラ

クロノス(1)は、地上でゼウスを探し求めていたとき(2)、トラーケーで、馬の姿に変身してオーケアノスの娘ピリュラと交わった。これで彼女はケンタウロスのケイローンを生み、[3]ケイローンは世に先駆けて医術を発明したといわれている。異常な姿のもの〔ケイローンは上半身は人間、下半身は馬という異形〕を自分が生んだのをみて、彼女はゼウスに何か他のものに姿を変えたいと願った。かくして彼女はピリュラという木、すなわち菩提樹に変身した。

注(1) ウーラノスとガイアの子、ギリシャ神話では、ウーラノスに次ぐ二代目の神々の王。
(2) クロノスは神々の王座を保守するため、母レア(クロノスの后)に救われて彼の魔手を逃れた息子ゼウスを始末しようとして、これを探した。
(3) ケイローン誕生の経緯はアポローニオスも語っている(二・一二三一～一二四一)。他にアポロドーロス(一・二・四)も。

139 クーレーテス

レアがクロノスと交わってゼウスを生んだとき、ヘーレーは、[1]クロノスがハーデースを冥府に、ポセイダーオーンを波の下に投げ落としていたので、ゼウスを自分〔ヘーレー〕にくれるよう要求した。クロノスがこんなことをしたのは、もし子孫がいれば、それが自分の王座を奪うと知っていたからであるが。クロノスが、レアの生んだものを、食べるために要求したとき、彼女は彼に〔布に〕包まれた石を差し出した。クロノスはむさぼった。彼は、ことを理解するや、地上でゼウスを探しはじめた。そこでヘーレーはゼウスをクレータ島にはこんだ。ところが子供の乳母《うば》アマルテイア(2)は、この子を揺り籠に入れて木に吊したのだ。それは、天空においても、地上でも、海においても、子供がみつけられないようにするためだ。そして子供の泣き声を聞こえないようにするため、彼女は少年たちを呼び集め、彼らに小さい青銅の盾と槍を与え、それをその木のまわりで打ち鳴らすよう命じた。彼らはギリシャ語でクーレーテスとよばれた(3)。これはコリュバンテスともいわれ、〔ローマでは〕ラーレースと称される。

注(1) よく知られた伝えでは、クロノスは、ゼウス以外の子供たちを生まれるはしから飲み込んだ。ヘーシオドス『神統記』四五三以下。

(2) オウィディウスによればアマルテイアはナーイアデスと称されるニュンペーの一人。彼女は赤子を森に隠し、飼っていた牝山羊に授乳させた（『祭暦』五・一一四～一二二）。ところがカルリマコス（『讃歌』一・四六）とアポローニオス（三・一三三）は、ゼウスの乳母たる女神をアドレーステイアとよんでいる。そしてカルリマコスは、ゼウスに授乳した牝山羊のほうをアマルテイアとよんでいる（同書、一・四八）。

(3) カルリマコス、同書、一・五一～五三。この詩人によると、ここでクーレーテスは、クロノスの耳に赤ん坊の声が届かぬようにするべく、甲冑を打ち叩く戦舞を舞った。

140　ピュートーン

ガイアの息子ピュートーンは龍であった(1)。彼はアポローンより以前に、パルナッソス山の神託所から神託を与えるのを常としていた。彼に、レートーの子供によって殺されるという予言が下された。このときゼウスはポーロス[2]の娘レートーと同衾《どうきん》した。このことを知ると、ヘーレーはレートーが太陽の届かない場所で子を生むようにさせた。ピュートーンはレートーがゼウスにより身ごもったことを知ると、彼女をなきものにしようと、追いかけはじめた〔53話〕。しかし、ゼウスの命令により風神ボレアースがレートーを吹き上げて、ポセイダーオーンのもとに連れていった。

　ポセイダーオーンは彼女を保護したが、ヘーレーの神意をないがしろにしないように、彼女をオルテュギアの島に降ろし、この島を波で覆った。ピュートーンはレートーの姿をみつけることができないままパルナッソスに戻った。一方、ポセイダーオーンはオルテュギア島を高いところに移した。この島はのちにデーロス島とよばれた。

　この島でレートーはオリーヴ[3]の木につかまってアポローンとアルテミスを生んだ。ヘーパイストスは二人の子供たちに贈り物として矢を与えた。生まれて四日後、アポローンは母の仇を討った。すなわち、彼はパルナッソスにいってピュートーンを矢で射殺したのである（このことからアポローンには「ピュートーンの」という添え名がある）。アポローンはその骨を大鍋に投げ込んで自分の神殿に置き、彼のために葬礼の競技を創設した。これはピューティア祭の競技といわれている[4]。

注(1)　『ホメーロス讃歌』ではピュートーンはヘーレーの子供になっている。ヘーレーは、夫ゼウスがアテーネーを頭蓋から生み落としたことを怨み、大地や他の神々に祈ってこの怪物を授かった。女

神は出産後すぐこの子をパルナッソスの泉にいる蛇に預けて養育させた（「アポローン篇」二八一以下）。
（2）ふつう、レートーは巨神族コイオスの娘とされる。ヒュギーヌスは序文（神統記）でもレートーの父をポーロスとしている。
（3）他に棕櫚《しゅろ》、月桂樹ともいわれる。
（4）ピューティア祭の起源はオウィディウスが述べている（『変身物語』一・四三四～四四七）。そこでオウィディウスは大地《テルルス》をピュートーンの母といっている。

141　セイレーンたち

川の神アケローオスと学芸女神《ムーサ》のメルポメネー(1)の娘たちであるセイレーン〔サイレン〕たちは、ペルセポネーが〔ポセイダーオーンに〕奪い去られた後(2)、各地をさすらった末にアポローンの土地にやってきた。この地で彼女たちはデーメーテールの意志により宙を飛ぶもの〔鳥〕に変えられた(3)。というのは彼女たちがペルセポネー〔デーメーテールの娘〕を助けることができなかったからである。彼女たちは、その歌声を聞いた者(4)が無事に通り過ぎることがない間だけ生きられる、と定められていた。

彼女たちの命取りになったのはオデュッセウスである。というのは、オデュッセウスが計略をもって彼女たちの住む岩山を〔無事〕通り過ぎたために(5)、彼女たちは海中に真っ逆さまに飛び込んだのである。この場所は彼女たちにちなんでセイレーンたちの岩という異名を与えられている。これはシキリアとイタリアのあいだにある。

注(1) テルプシコレーともされる(アポローニオス、四・八九四)。
(2) セイレーンたちはペルセポネーが冥府へさらわれるまで、彼女に仕えていた(アポローニオス、四・八九五〜八九七)。
(3) イタリアのクーマエ(キューメー)らしいとグラントは推測している。
(4) セイレーンの歌声をきいた者は、彼女らの島におびき寄せられ、白骨となっていた(『オデュッセイア』一二・四一〜四六)。
(5) 『オデュッセイア』一二・一六五〜二〇〇。125話でも語られている。

142 パンドーラ

イーアペトスの息子プロメーテウス[1]は初めて泥から人間を作り上げた。のちにヘーパイストスはゼウスに命じられて泥から女の像を作り、これにアテーネーが生命を与え、ほかの神々が思い思いの贈り物を与え、そのゆえに、彼女をパンドーラ〔すべての贈り物を与えられた女〕と名づけた。彼女はプロメーテウスの弟エピメーテウスに妻として与えられた。やがてピュルラ〔デウカリオーンの妻〕が生まれた。彼女は最初の人間として生まれたといわれる。[2]

注(1) 巨神族《ティーターネス》の一員。
(2) この話はヘーシオドス(『仕事と日』六〇〜一〇五)が伝えているが、そこではピュルラの名前

は出ていない。

143　ポローネウス

オーケアノスの息子イーナコスは自分の妹アルゲイアにポローネウスを生ませた。ポローネウスは人間たちのうちで初めて王となった者だといわれている(1)。人間たちは遥かな昔から、ゼウスの統治のもとで一つの言語を話し、町も法律もなく暮らしてきた。しかしヘルメースが人間たちにいくつものことばを教えてやってからというもの——かくして通訳はヘルメーネウテスといわれる（というのはメルクリウス〔ローマ神話の神。神々の使神〕はギリシャ語でヘルメースとよばれるからだ。国々を分けたのもヘルメースである）——人間たちの間で不和が始まり、ゼウスを不快にさせた。そのためゼウスは、ヘーレーに初めて供物《くもつ》をささげた善行により、ポローネウスに最初の王権を与えた。

注(1)　274話で、ポローネウスはヘーレーのために初めて武器を作ってあげたので、支配権をもつ最初の人間になったと述べられている。ここでは「ヘーレーに初めて供物をささげた」となっていて少し食い違う。

144　プロメーテウス

昔、人間たちは神々から火をもらい、みずからは火を永遠に保存するすべを知らなかった。その後プロメーテウスは茴香《ういきょう》の茎で火を地上に降ろし[1]、人間たちに火を灰の中にうずめて守る方法を教えた。このために、ヘルメースはゼウスに命じられて、カウカソス〔コーカサス〕山で彼を鉄の鎖で絶壁に縛りつけ、鷲《わし》をそばに置いて彼の心臓を食らわせた。日中に鷲が食った分だけ、夜、心臓は大きくなった。三万年後に〔54話〕ヘーラクレースがこの鷲を殺し、プロメーテウスを解放した。

注(1)　ヘーシオドス『神統記』五六五〜五六七。アイスキュロス『縛られたプロメーテウス』一〇八〜一一〇。アポロドーロス、一・七・一。ゼウスとプロメーテウスの抗争は前二作品で詳しく述べられている。

145　ニオベーあるいはイーオー

ポローネウスと［欠文］キンナからアーピスとニオベー[1]が生まれた。このニオベーは、ゼウスが犯した最初の人間の女であった。ニオベーからアルゴスが生まれ、彼はアルゴスの町にその名を与えた。

アルゴスとエウアドネーからクリアソス、ピラントス、エクバソスが生まれた。ピラントス〈と〉カルリロエーからアルゴス、アレストリデース、トリオパースが生まれた。彼〔トリオパース〕〈と〉［欠文］からエウリサベー、アントス、ペラスゴス、アゲーノールが生まれた。

トリオパースとオレーアスからクサントスとイーナコスが、ペラスゴスからラーリッサが、イーナコスとアルゲイアからイーオーが生まれた。

ゼウスはイーオーを愛して犯し、ヘーレーにみつからないように彼女を牝牛の姿に変えた。これを知ったヘーレーは、体じゅうに輝く目をもっているアルゴスを見張り役としてイーオーのもとに送った。そのアルゴスを、ヘルメースはゼウスの命令で殺した。だが、ヘーレーは恐ろしい化け物(2)を彼女のもとに送ったので、その恐怖に駆られたイーオーは海に身を投げざるを得なくなった。この海はイーオーの海〔イオーニア海〕といわれる。彼女はそこからスキュティアに泳ぎ着いたので、その辺りはボスポロス(3)〔牝牛の渡し場〕とよばれている。イーオーはここからエジプトにおもむき、そこでエパポスを生んだ。ゼウスは自分の所業のためにイーオーがかくも多くの艱難《かんなん》に耐えたことを知り、彼女を本来の姿に戻してやり、エジプト人たちの女神にした。この女神はイーシスとよばれる(4)。

注(1)　レートーに子沢山を自慢したために石に変えられたニオベーとは別人。アポロドーロスは彼女の母をニュンペーのテーレディケーとしている（二・一・一）。
(2)　具体的なものは記述されていない。

（3）スキュティアはカスピ海の北に広がる地域。ボスポロスはプロポンティス（今のマルマラ海）と黒海をつなぐ海峡。このあたりの地理記述はおおざっぱである。
（4）イーオーの放浪をアポロドーロスはもっと詳しく述べている（二・一・三）。そこでアポロドーロスは、エジプト人がデーメーテールをイーシスとよび、ついでイーオーをも同じ名前でよんだといっている。

146 ペルセポネー

ハーデースは、ゼウスとデーメーテールの娘ペルセポネーを妻にくれるよう、ゼウスに頼んだ。ゼウスは、自分の娘が暗闇に包まれた冥界で暮らすのをデーメーテールは許さないだろうといいつつも、シキリアにあるエトナ〔アイトネー〕山で娘が花を摘んでいるのをさらうよう、彼に命じた。この山でペルセポネーがアプロディーテー、アルテミス、アテーネー(1)と花を摘んでいると、ハーデースが四頭立て二輪戦車でやってきて彼女をさらった。のちにデーメーテールはゼウスに頼んで、娘が一年の半ばを自分のもとで、残りをハーデースのもとで過ごすようにさせた。

注（1）『ホメーロス讃歌』では、ペルセポネーとともに花を摘むのは、オーケアノスの娘であるニュンペーたち、およびアルテミス、アテーネーの両女神で、アプロディーテーはいない（「デーメーテール篇」四一七以下）。

147　トリプトレモス

娘ペルセポネーを探し求めて、デーメーテールは〔エレウシースの〕エレウシーノス王[1]のもとにやってきた。彼の后コートーネイアは息子トリプトレモスを生んだばかりだったので、女神は授乳専門の乳母《うば》をよそおった。后は喜んでデーメーテールを息子の乳母として受け入れた。

デーメーテールは養い子を不死の者にしようとして、昼は彼に天上の乳を与え、〈夜は〉ひそかに火中に隠した。このため彼は人間たちが普通に育つ以上に早く育った。それを両親がいぶかしみ、乳母を見張った。デーメーテールが息子をまさに火中に投じようとするところを見て、父王は肝《きも》をつぶした。怒ったデーメーテールはエレウシーノスを殺したが、養い子のトリプトレモスには永遠の恩寵を与えた。すなわち、穀物の栽培を広げるため、龍を軛《くびき》につないだ車を与えたのである。トリプトレモスはこれに乗って地上くまなく穀物の種をまいた。

トリプトレモスが家郷に戻ると、ケレオス〔トリプトレモスの代理で国を支配していた〕は死をもって善行に報いるべく、彼を殺すよう〔部下に〕命じたが、このことを知ったデーメーテールに命じられてトリプトレモスに王国を返した。トリプトレモスは父の名をとり、この王国をエレウシース[2]と名づけた。彼はデーメーテールのために祭礼を創始した。これはギリシャ語でテスモポリア祭とよばれる。

注（1）エレウシースの王は伝統的にケレオスであり、これをエレウシーノスとするのはヒュギーヌスの間違いであるとグラントは指摘する。たしかに、たとえば『ホメーロス讃歌』「デーメーテール篇」では、女神が訪れる王夫妻はケレオスとメタネイラであり、さらに問題の子供はトリプトレモスではなく、デーモポーンである（二三四）。同じ話をオウィディウスも伝えており、そこでは女神を迎える夫婦はケレオスとメタネイラ、子供はトリプトレモスである（『祭暦』四・五〇二～五六〇）。

（2）アテーナイに近い海沿いの町。

148　ヘーパイストス

ヘーパイストスは、〔妻〕アプロディーテーが密かにアレースと情を通じているものの、自分が彼の武勇にかなわないのを知ると、計略をもってアレースをやりこめようとして、鋼鉄で鎖を作り寝台の回りにかけた。密会の場所にきたアレースは、アプロディーテーとともに罠にかかり、逃れることができなかった。ヘーリオスの知らせでヘーパイストスがきてみると、二人は裸で横たわっていた。彼はすべての神々をよびあつめ、〈……〉神々はみた。このため、アレースは羞恥心におそわれ、もう二度とこんなことはするまいと思った。この情交から生まれたのがハルモニア(1)である。アテーネーとヘーパイストスは罪に染められた衣服を彼女に贈り物として与え(2)、それがために彼らの子孫は不運につきまとわれている(3)。一

方、ヘーリオスの告発を恨んだアプロディーテーは、彼の子孫に対し常につらく当たった。(4)

注(1)　のちにカドモスの妻となる女性。ヘーシオドス『神統記』九三七。アポロドーロス、三・四・二、他。

(2)　アポロドーロスは、カドモスとの結婚の祝儀として、ヘーパイストスがハルモニアに与えたという説もある、と述べている（三・四・二）。なお、この服をこのように「罪に染められた」と表現し、ハルモニアが不義の果実であることを明言しているのは、訳者らが知るかぎりヒュギーヌス以外には見当たらない。

(3)　「彼らの子孫」という表現は曖昧だが、事実はカドモス→ラブダコス→ラーイオス→オイディプース→エテオクレース・ポリュネイケースとつづくテーバイ王家の悲劇のことを指す。

(4)　アプロディーテーとアレースの不始末の顚末は、パイアケス人の国へきたオデュッセウスを慰めるため、楽人デーモドコスが琴をかき鳴らしつつ語るものと同じ（『オデュッセイア』八・二六六以下）。

149　エパポス

ゼウスはイーオーからもうけたエパポスに、エジプトに町々を築き、統治するよう命じた。(1)エパポスはまずメンピス、ついで他の多くの町を建設し、妻カッシオペーとのあいだに娘リビュエー〔リビア〕をもうけた。土地の名は娘の名前に由来している。(2)

注(1)　64話のカッシオペーと同一女性。

(2) エパポスの話はアポロドーロスにもある。それによると、エパポスはナイル川の娘メンピスと結婚し、創建した町に彼女の名前をつけた。そして二人の間に生まれた娘リビュエーの名前からリビアという地名ができた（二・一・四）。

150 巨神族《ティーターネス》との戦争

妾腹の子エパポスが盛大な王権を享受しているのをみたヘーレーは、狩りの最中に彼を殺そうと企て(1)、また、ゼウスを王国から逐《お》い、それをクロノスに返してやるよう、巨神族(2)を励ました。巨神族が天に昇ろうとしたとき、ゼウスはアテーネー、アポローン、アルテミスとともに彼らを真っ逆さまにタルタロス(3)〔冥界〕に投げ込んだ。さらにゼウスは、彼らを指揮したアートラースの肩に蒼穹《そうきゆう》をのせた。彼は今日に至るまで天を支えているといわれている。

注(1) そこでエパポスを殺したわけではない。
(2) ここで述べられているのは、表題「巨神族との戦争」にもかかわらず、むしろオリュンポス神族と巨人族《ギガンテス》との戦い（ギガントマキア）である。
(3) 巨神族《ティーターネス》イーアペトスの息子で、プロメーテウスやエピメーテウスの兄弟。

151　テューポーンとエキドナの子供たち

巨人のテューポーン(1)とエキドナ(2)から以下のものが生まれた。ゴルゴーン〔女の怪物〕、三つの頭をもつ犬ケルベロス、大洋のかなたでヘスペリスたちの林檎《りんご》を守っていた龍、レルネーの泉のそばでヘーラクレースが殺したヒュドラ〔水蛇〕、コルキスで牡羊の〔黄金の〕毛皮を守った龍、女の上半身と犬の下半身をもち、六頭の犬を自分の体から生やしているスキュルラ、ボイオーティアにいたスピンクス、頭部はライオンの姿、下半身は龍の姿、胴そのものは山羊の姿をしたリュキアのキマイラ。

ゴルゴーンの娘メドゥーサとポセイダーオーンから、クリューサーオールと天馬ペーガソスが生まれた。クリューサーオールとカルリロエーから、三つの体をもつゲーリュオーンが生まれた。

注(1)　ヘーシオドスではガイアとタルタロスの子（『神統記』八二一〜八二三）。

(2)　ヘーシオドスではクリューサーオールとカルリロエーの娘（前掲書、二八七以下）。この二つから生まれた子供は序文で列挙されたものとほとんど同じで、ここではゴルゴーンとコルキスの龍が付け加えられている。

152　テューポーン

タルタロス(1)はタルタラと交わり、途方もなく巨大で奇怪な形をしたテューポーンをもうけた。彼の両肩からは百の蛇の頭が生え出ていた。テューポーンはゼウスに、自分と世界の支配を争う気があるか、と挑発した。ゼウスは彼の胸を燃える雷霆《らいてい》で打った。ゼウスは燃えているテューポーンの上に、シキリアにあるエトナ山を乗せた。そのため、この山は今日に至るまで燃えているといわれる。

注(1)　タルタロスは、ハーデースが支配する冥府よりはるかに深い地域を指す名称で、ここに数々の神々や怪物どもが幽閉された。ここでは神に擬せられている。151話の注（1）を参照されたい。なお、タルタラはヒュギーヌスにしかみられない女神（グラント）。

152 A　パエトーン

太陽神《ヘーリオス》とクリュメネーの息子パエトーンは、ひそかに父の戦車に乗ったが、地上からあまりに高く昇ったので、恐怖のためエーリダノス川(1)に落ちた。これをゼウスが雷霆《らいてい》で打つと、あらゆる物が燃え始めた。ゼウスは故《ゆえ》あって全人類を滅ぼそうと思い、火を消すのを望むふりをした。彼は至る所で川を氾濫させ、ピュルラとデウカリオーンを除く全人類が滅んだ。

これに対し、パエトーンの姉妹たちは父の命令をうけずに戦車に馬をつないだので、ポプラの木に変えられた。

注(1)　今のポー川(154話)。

153　デウカリオーンとピュルラ

我々〔ローマ人〕がディールウィウムもしくは、イルリガーティオーと呼ぶ大洪水《カタクリュスモス》が起きたとき、デウカリオーンとピュルラを除き全人類が滅んだ。この二人はシキリアで最も高いといわれるエトナ山に逃げ込んだ。[1] 彼らは孤立したままでは生きていけないため、ゼウスに人間を与えてくれるか、さもなければ自分たちに同じ災禍を加えてくれるように懇願した。そこでゼウスは石を背後に投げるよう、彼らに命じた。そして、デウカリオーンが投げた石は男に、ピュルラが投げる石は女になるよう命じた。このため人間はラーオス〔人々〕とよばれる。というのはギリシャ語で石はラーアスだからである。[2]

注(1)　アポロドーロスは、デウカリオーンがプロメーテウスに勧められて箱船を建造し、妻とともにこれに乗ってパルナッソス山に避難したという(一・七・二)。

(2)　この語源説はアポロドーロスも述べている(前掲箇所)。

154

ヘーシオドスのパエトーン

ヘーリオスの息子クリュメノスと、われわれがオーケアノスの娘だと解釈しているニュンペー〔ニンフ〕のメロペーとの息子パエトーン(1)は、父の話から祖父がヘーリオス〔太陽神〕であることを知り、祖父の戦車〔を御《ぎょ》すること〕を乞い求めた。しかし、パエトーンはその御し方を誤った。というのは、パエトーンがあまりに地上近くに戦車を進めたので(2)、近づいた火であらゆる物が燃え、彼は〔ゼウスの〕雷霆《らいてい》に打たれてパドゥス川〔ポー川〕に落ちた。この川をギリシャ人はエーリダノスといっている。初めてこうよんだのはペレキューデース〔哲学者〕であった。インド人たちは、近づいた火の熱のために血液が暗い色に変わってしまったので、肌が黒くなった。

さらに、パエトーンの姉妹たちは、兄弟の死を嘆き悲しむうちポプラの木に変わった。彼女たちの涙は、ヘーシオドス〔詩人〕の伝えるところでは、固まって琥珀《こはく》になった。しかし、琥珀はヘーリアデス〔ヘーリオスの娘たち〕と名づけられている。ヘーリアデスとはメロペー、ヘーリエー、アイグレー、ランペティエー、ポイベー、アイテリエー、ディオークシッペーである。さらに、リグリアの王キュクノスはパエトーンの縁者であるが、親類〔パエトーン〕の死を嘆き悲しんでいるうち、白鳥〔キュクノス〕に変わった。また、この白鳥は死ぬとき悲しげな歌を歌う(3)。

注(1)パエトーンは、152Aにあるように、ふつうヘーリオスとクリュメネーの息子とされる。
(2)152Aでは「地上からあまりに高く昇ったので」とある。
(3)表題に「ヘーシオドスの」とうたっているが、これは不明。「琥珀はヘーリアデスたちの涙からできた」と最初にいったのは、アイスキュロスや他のさらに若い詩人たち(いずれもヘーシオドスよりはるかに後の時代の人々)である、とプリーニウスがいっているからである(『博物誌』三七・三一)。ちなみにプリーニウス自身はこの説を否定している。

155　ゼウスの息子たち

ペルセポネーからは、巨神族《ティーターネス》によってずたずたに引き裂かれたディオニューソスが生まれた(1)。

アルクメーネーからはヘーラクレース。

カドモスとハルモニアの娘セメレーからはディオニューソス(1)。

テスティオスの娘レーダからはカストールとポリュデウケース。

ポローネウスの娘ニオベーからはアルゴス。

イーナコスの娘イーオーからはエパポス。

アクリシオスの娘ダナエーからはペルセウス。

ニュクテウスの娘アンティオペーからはゼートスとアンピーオーン。

アゲーノールの娘エウローペーからはミーノース、サルペードーン、ラダマンテュス。

エピメーテウスの娘ピュルラからはヘッレーン。
デウカリオーンの娘プロートゲネイエーからはアエトリオス。
アートラースの娘エーレクトレーからはダルダノス。
アートラースの娘ターユゲテーからはラケダイモーン。
ヒマースの娘プルートーからはタンタロス。
アーソーポスの娘アイギーナからはアイアコス。
牝山羊からはアイギパーン(2)。
リュカーオーンの娘カリストーからは［欠文］ボエティスとアルカス。
デーイオネウスの娘ディーアからはペイリトオス。

注(1)　ラテン語の原文でディオニューソスはリーベル。これがペルセポネー（プロセルピナ）から生まれたという神話は他ではみられないが、ヒュギーヌスはこれを167話でも述べているので参照されたい。
(2)　アイギパーンは「山羊の足をもつパーン神」という意味。なおアポロドーロスはパーンの母をヒュブリスとよんでいる（一・四・一）。

156　ヘーリオスの子供たち

オーケアノスの娘ペルセーイスからはキルケー、パーシパエー。

オーケアノスの娘クリュメネーからはパエトーン、ランペティエー、アイグレー、ポイペー〈……〉。

157　ポセイダーオーンの息子たち

アイオロスの娘アンティオペーからはボイオートスとヘッレーン。
〈エパポスの娘リビュエーからは〉アゲーノールとベー〈ロス。〉
ニューソスの娘エウリュノメーからは〈ベ〉ッレロポーン。
ヒュプセウスの娘テミストーからはレウコノエー。
アートラースの娘アルキュオネーからはヒュリエウス。
ネーレウスの娘アレトゥーサからはアバース。
アートラースの娘アルキュオネーからはエポーペウス。ベーロス。アクトール。
アウゲイアースの娘アガメーデーからはディクテュス。
レウキッポスの娘ピタネーからはエウアドネー。
エポーペウスの娘オイノーネーからはメガレウス。
ヘカトスの娘カリュケーからはキュクノス。
ポイニクスの娘アステュパライアからは、ペリクリュメノスとアンカイオス。
サルモーネウスの娘テューローからは、ネーレウスとペリアース。

[欠文] エルゲオスの娘ケライノーからは、エウペーモスとリュコスとニュクテウス。ペーレウス。[欠文] アルプリテース。アンタイオス。ボレアースの娘キオネーからはエウモルポス。アミューモーネー。同じく、エウペーモス、キュクロープス。

ブーシーリスの娘メリアーからはアミュコス。

158 ヘーパイストスの息子たち

ピラモーン[1]、ケクロプス、エリクトニオス、コリュネーテース、ケルキュオーン、ピロットス、スピンテール。

注(1) ふつう、アポローンの息子とされる。

159 アレースの子供たち

ステロペーからはオイノマオス[1]。

アプロディーテーからはハルモニア(6、148、179話)。

ペーローからはレオードコス。

リュコス。トラーケーのディオメーデース。アスカラポス。イアルメノス。キュクノス。

ドリュアース。

注(1)　84話。ただし250話では母はアステリエーになっている。

160　ヘルメースの息子たち

プリアーポス。[1]

アンティアネイラからは、エキーオーン、〈および〉エウリュトス。

エレクテウスの娘クレウーサからはケパロス。

[欠文]　エウレストス、アプタレー　[欠文]。

パラメーデースの娘リビュエーからはリビュス。

注(1)　これはとりわけミューシアの町ランプサコスで崇められた神で、ふつうはディオニューソスとアプロディーテーの息子とされる（パウサニアース、九・三一・二）。

161　アポローンの息子たち

デルポス。

プレギュアースの娘コローニスからはアスクレーピオス〔医神〕。

クレオブーレーからはエウリーピデース。[1]

ポセイダーオーンの娘ウーレア［欠文］からは［欠文］イリオス。

マカレウスの娘エウボイアからはアグレウス。

ポースポロスの娘レウコノエーからはピラモーン。

ニュンペーからリュコーレウス。

学芸女神《ムーサ》のウーラニアからはリノス。

ペーネイオス〔川の神〕の娘キュレーネーからはアリスタイオス。


注(1)　悲劇詩人のことか。

162　ヘーラクレースの息子たち

デーイアネイラからはヒュロス。

アステュオケーからはトレーポレモス。

［欠文］レウキテース。

アレオスの娘アウゲーからはテーレポス。

レウキッポス。テーリマコス、クレオンティアデース、アルケラーオス[1]、オピーテース、デーイコーン。

エウエーノス。リュードス[1]。

テスピオス王の娘たちとのあいだにもうけた十二人のテスピオス《テスピアダイ》族。

注(1)　アルケラーオス、リュードスの両人は英雄の嫡子ではなく、子孫。

163　アマゾーン族

オーキュアレー、ディオークシッペー、イーピノメー、クサンテー、ヒッポトエー、オトレーレー、アンティオケー、ラーオマケー、グラウケー、アガウェー、テーセーイス、ヒッポリュテー、クリュメネー、ポリュドーラ、ペンテシレイア。(1)

注(1)　トロイア戦争でヘクトール没後トロイアへ来援し、アキレウスに殪《たお》された美貌の女王。クイントゥスの第一巻で詳しく語られている。

164　アテーナイ

ポセイダーオーンとアテーネーのあいだで、どちらが先にアッティカの地に町を建設するか、争いがあったので、彼らはゼウスに審判を仰いだ。アテーネーは今でも立っているといわれるオリーヴの木を最初にこの土地に植えたので、判定は彼女の有利になった。ところがポセイダーオーンは怒って海水でこの地を水浸しにしようと思った。ゼウスはヘルメースに命じてポセイダーオーンがそうするのを禁じた。そこでアテーネーはアテーナイの町をつくり、自分の名前を授けた。(1)　この町は世界で最初に建設された町だといわれる。(2)

注(1) アポロドーロス、三・一四・一。そこでアポロドーロスは、ポセイダーオーンがアッティカを水浸しにしたといっている。
(2) ボリオの校訂本では、このあと唐突に、オルペウスとエウリュディケーの話、実父と交わりアドーニスを生んだミュルラの話が語られる。

165 マルシュアース

アテーネーは初めて鹿の骨から笛を作り、神々の宴にいって奏《かな》でた、といわれる。ヘーレーとアプロディーテーは、灰色の目をして頬をふくらませているアテーネーをあざ笑った。演奏中にひどい形相となり、あざけられたアテーネーはイーデー山の森の泉におもむいた。そこで笛を吹き、水に映るわが姿を眺めてみて、嘲笑されるのも当然であることを知った。そのため、笛をその場に投げ捨て、誰であれ笛を拾い上げた者はきびしい罰を受けよ、と呪った。

この笛をオイアグロスの息子、サテュロス〔山野の精〕のひとり、羊飼いマルシュアースがみつけ、熱心に稽古《けいこ》して、日ごとにより甘美な音色を出すようになり、ついにアポローンに対し、競技で竪琴を弾くよう挑戦するに至った。競技の場にアポローンがやってくると、彼らは学芸女神《ムーサ》たちを審判にした。マルシュアースが勝利者として、いままさに立ち去ろうとしたとき、アポローンは竪琴を上下逆さまにして同じ旋律を奏でた。これはマルシュアースが笛でなし得ないところであった。かくして、アポローンは敗れたマルシュアースを木に縛りつけ、一人のスキュティア人に引き渡して、彼の手足の皮を引きはがさせた。[1] 残った死体は、埋葬のため、〔マルシュアースの〕弟子のオリュンポスに引き渡した。[2] マルシュアース川は彼の血からその名を得ている。

注(1) 以上の話はアポロドーロスも書いている(一・四・二)。ヘーロドトスは、マルシュアースはアポローンによって皮をはがれ宙吊りにされた、というプリュギアの伝説を記している(七・二六)。

(2) アポロドーロスはこれをマルシュアースの父親としている(前掲箇所)。オウィディウスはこれをマルシュアースが愛していた少年とよんでいる(『変身物語』六・三八二〜四〇〇)。

166　エリクトニオス

ヘーパイストスはゼウスと他の神々のために黄金と鋼鉄で椅子を作ったが、〔彼の母親の〕ヘーレーが座ると、彼女は突然空中に宙づりになった。縛った母親を解放するように、ヘーパイストスに遣《つか》いが送られたが、昔〔母なるヘーレーによって〕天上から突き落とされたことを怨んでいた彼は、自分に母はない、といった。[1] ディオニューソスが彼を酔わせて神々のところに連れてくると、ヘーパイストスは子としての義務を否むことができなかった。その際、彼が神々に懇望したものは何でも手に入れる権利をゼウスから与えられた。

そのため、アテーネーに敵意をもっていたポセイダーオーンは、アテーネーを妻に求めるようにヘーパイストスをけしかけた。これが聞き届けられ、ヘーパイストスが女神の寝室にやってくると、アテーネーはゼウスの忠告に従って自分の処女を武器によって守った。彼らが格闘しているあいだに大地に落ちた彼の精液から男子が生まれた(2)。この男子の下半身は蛇の形をしていた。争いはギリシャ語でエリスといわれ、大地はクトーンといわれるので、人々はこの子をエリクトニオスと名づけた(3)。

アテーネーはひそかにこの子を養育しようと、小籠に入れて、ケクロプス〔アテーナイの初代王〕の娘たちであるアグラウロス、パンドロソス、ヘルセーに託した。彼女たちが小籠を開けたとき、烏《からす》がその秘密を漏らした。彼女たちはアテーネーのために狂を発して、海中に我が身を投げた(4)。

注(1) ヘーレーは、ゼウスの胤《たね》を使わず自分ひとりで生んだ息子ヘーパイストスの醜い姿を恥じて、彼を高い天から突き落とした。これを海中でテティスが助けかくまった。『イリアス』一八・三九五～三九八。『ホメーロス讃歌』「アポローン篇」三一六～三二〇。

(2) アポロドーロスも同じ話を伝えている（三・一四・六）。

(3) 「土から生まれたエリクトニオス」のことはエウリーピデースが述べている（『イオーン』二〇～二三）。

(4) アポロドーロスは、彼女らは大蛇に食い殺された、あるいはアテーネーの怒りゆえに精神に錯乱をきたし、アクロポリスから投身したといっている（前掲箇所）。

167　ディオニューソス

ゼウスとペルセポネーとの息子ディオニューソスは、巨神族《ティーターネス》によって八つ裂きにされた〔155話〕。ゼウスは引きちぎられた彼の心臓を飲み物に入れてセメレー〔カドモスとハルモニアの娘〕に与えた。このようにして彼女が身ごもると、ヘーレーはセメレーの乳母《うば》ベロエーに姿を変えて、「娘よ、ヘーレーのもとにくるときと同じ姿であなたのもとにくるよう、ゼウスにお願いしなさい。神と臥所《ふしど》をともにすることがいかなる快楽であるのか、あなたが知ることができるように」といった。乳母にけしかけられたセメレーはゼウスにそう願い、そして雷霆《らいてい》に打たれた。(1) ゼウスは彼女の子宮からディオニューソスを引き出し、ニューソスに与えて養育させた。このため彼はディオニューソスとよばれ、「二人の母をもつ者」と綽名《あだな》された。(2)

注(1)　アポロドーロスもこの話を伝えているが乳母ベロエーの名前はない。ディオドーロスは、ゼウスに完全装備で自分の寝室へくるように願ったのはセメレー自身であるという。彼女は全能の神との契りが無言のうちになされたことを、「不興をこうむったか」と勘違いして、お愛想をいったのである〔四・二・一〕。ピンダロスはセメレーがゼウスの雷に打たれたとだけ記している〔「オリュンピア篇」二・二五〜二七〕。

(2)　ディオニューソス、セメレー、ニューソス三者にまつわる物語はほとんどそのまま179話で繰り返される。

168 ダナオス

〔エジプト王〕ベーロスの息子ダナオスは多数の妻から五十人の娘をもうけていた。その兄弟のアイギュプトス〔エジプトという地名の祖〕にも同じ数の息子たちがあり、アイギュプトスは父の王国を独りじめすべく、ダナオスとその娘たちを殺そうとした。彼は息子らの妻として娘たちをくれるよう、ダナオスに求めた。ことの真相を知ったダナオスは、アテーネーに助けられてアフリカからアルゴスに逃れた。そのときアテーネーはダナオスが逃走する際に乗った、舳《へ》先《さき》が二つある船を初めて建造したといわれている。

アイギュプトスはダナオスが逃げたことを知るや、息子たちを兄弟の追跡に向かわせて、ダナオスを殺せ、さもなければ自分のもとに戻るな、と彼らに命じた。アルゴスに着いた息子たちはおじを攻撃しはじめた。ダナオスは自分が彼らに抗戦できないことを知ると、攻撃を止めさせるために、彼らに自分の娘たちを妻として与えることを約束した。彼らは自分たちが求めた従姉妹らを妻として迎え入れたが、娘たちは父の命令に従って夫らを殺した。ひとりヒュペルメーストレーのみ、夫のリュンケウスを助けた。そのため、ヒュペルメーストレーとリュンケウスのためには寺院が建てられたが(1)、他の娘たちは下界で穴のあいた壺に水を汲み入れているといわれている。

注(1) アイギュプトス、ダナオスのいさかいはアポロドーロスが詳しく述べている（二・一・四〜

五）。ただ、ここにはアイギュプトスのダナオスに対する殺意はみられない。

169　アミューモーネー

ダナオスの娘アミューモーネーは森の中で狩りに熱中するあまり、投げ槍でサテュロス(1)を傷つけてしまった。サテュロスが彼女を犯そうとしたので、彼女はポセイダーオーンに保護を求めた。ポセイダーオーンは森にやってくるとサテュロスを追い払い、みずから彼女を犯した。彼女は身ごもり、ナウプリオス(2)を生んだ。このできごとがあった場所でポセイダーオーンは三叉《みつまた》の矛《ほこ》で大地を穿《うが》ち、そこから水が流れ出したといわれる。この泉はレルネーの泉、アミューモーネーの川といわれる。(3)

注（1）下半身は獣（馬、山羊）、上半身は人間の姿をした下級神。ディオニューソスの従者。シーレーノスとよばれることもある。
（2）トロイア戦争に参加するパラメーデースの父親。
（3）この話はアポロドーロス、二・一・四～五にみられる。

169A　アミューモーネー

ダナオスの娘アミューモーネーは、父から神事に用いる水を捜しに遣《つか》わされた。彼女は水を捜している途中で疲れのために眠り込んでしまった。これをサテュロスが犯そうとした。彼女はポセイダーオーンに保護を求めた。ポセイダーオーンがサテュロスめがけて三叉《みつまた》の矛《ほこ》を投げると、その矛は岩に突き刺さった。ポセイダーオーンはサテュロスを追い払い、この寂しいところで何をしているのか、と少女に尋ねた。彼女は父から水を求めに遣わされたのだと答えた。ポセイダーオーンは彼女を犯し、その見返りを彼女に与えるべく、自分の三叉の矛を岩から抜くように命じた。彼女が矛を抜くと、三すじの水が流れ始めた。これはアミューモーネーの名をとってアミューモーネーの泉とよばれた。このときの交合からナウプリオスが生まれた。しかし、のちにこの泉はレルネーの泉とよばれた。(1)

注(1) ポリオ本では、この169Aは、前の169話の後ろに付け加えられている。

170 ダナオスの娘たちと彼女らが殺した者たち

ミデアはアンティマコスを、
ピロメーラはパンティオスを、
スキュラはプローテウスを、
アンピコモネーはプレークシッポスを、
エウイッペーはアゲーノールを、
デーモディタースはアミュントールを、

ヒッポトエーはクリューシッポスを、
ヒュアレーは［欠文］ペリオスを、
トリテーはエンケラドスを、
ダモネーはアミュントールを、
ヒッポトエーはオブリモスを、
ミュルミドネーは［欠文］ミネオスを、
エウリュディケーはカントスを、
クレイオーはアステリオスを、
アルカディアはクサントスを、
クレオパトラはメタルケースを、
ピラはピリノスを、
ヒッパレテーはプロテオーンを、
クリューソテミスはアステリデースを、
ピュランテーはアタマースを殺した。
［欠文］アルモアスブス。
グラウキッペーはニーアイオスを、
デーモピレーはパンピロスを、
アウトディケーはクリュトスを、

ポリュクセネーはアイギュプトスを、
ヘカベーはドリュアースを、
アカマンティスはエクノミノスを、
アルサルテーはエピアルテースを、
モヌーステーはエウリュステネースを、
アミューモーネーはミダモスを、
ヘーリケーは［欠文］エウィデアースを、
オイメーはポリュデクトールを、
ポリュベーはイルトノモスを、
ヘリクテーはカッソスを、
エーレクトレーはヒュペラントスを、
エウブーレーはデーマルコスを、
ダプリディケーは［欠文］ピュグノーンを、
ヘーローはアンドロマコスを、
エウローポメーはアトレーテースを、
ピュランティスはプレークシッポスを、
クリトメーデイアはアンティパポスを、
ピーレーネーはドリコスを、

エウペーメーはヒュペルビオスを、
テミスタゴラはポダシモスを、
ケライノーはアリストノオスを、
イーテアはアンティオコスを、
エラトーはエウダイモーンを殺した。
ヒュペルメーストレーはリュンケウスを守った(1)。
ダナオスが死んだとき、アバース〔ヒュペルメーストレーとリュンケウスの息子〕がそれを真っ先に知らせてきた。そこでリュンケウスは神殿の中を見回して、アバースに贈り物として与えるべき品を捜した。すると偶然、ダナオスが若いときにたずさえ、ヘーレーにささげた盾があることに気づいた。彼はそれをはずしてアバースに与えた。そして、四年ごとに催される「アルゴスの円い盾」と称される競技大会を設立した。この大会では、〔勝った〕選手に花輪ではなく、盾が与えられた。さて、ダナオスの娘たちは父の死後アルゴス人たちを夫とした。ここから生まれた者たちはその父親〔アルゴス人〕の名前をついだ。

注(1)　この二人についてはオウィディウス『へーロイデース』一四で語られている。

171　アルタイエー

オイネウス〔129話〕とアレースがある夜、テスティオスの娘アルタイエーと閨《ねや》をともにした。この情交からメレアグロスが生まれたとき[1]、運命の女神のクロートー、ラケシス、アトロポスが突然宮殿に現れた。彼女たちはメレアグロスの運命を次のように予言した。クロートーは彼が高貴になるだろうと語り、ラケシスは彼が強くなるだろうと語った。アトロポスは炉の中で燃えている木を眺めて、「この燃え木が燃え尽きない間だけ、この者は生きる」といった。これを聞いて、母アルタイエーは寝台から飛び出し、運命の燃え木が火で燃え尽きないようにするため、燃え木の炎を消して宮殿の真ん中に埋めた。

注(1) アポロドーロスはメレアグロスの父親を、アレース説にも触れつつ、オイネウスとしている(一・八・二)。

172 オイネウス

ポルターオーンの息子にしてアイトーリア王たるオイネウス[1]は、毎年あらゆる神々に犠牲をささげていたが、アルテミスを顧みることがなかったので、怒った女神は巨大な猪を遣《つか》わしてカリュドーン[2]の地を荒らさせた。そのときオイネウスの息子メレアグロスは、選ばれたギリシャの勇者たちとともに猪を退治しにいくことを申し出た[3]。

注(1) 171話のオイネウスと同人物。
(2) ギリシャ本土アイトーリア地方の南部沿岸の町。
(3) アルテミスの怒りから猪退治までの経緯は『イリアス』九・五二九〜五四九。

173 カリュドーンの猪退治にいった者たち

ゼウスの息子カストールとポリュデウケース。

ヘルメースの息子、スパルタのエウリュトス。

ヘルメースの息子、テーバイのエキーオーン。

アポローンの息子、アスクレーピオス。

アイソーンの息子、テーバイのイアーソーン。

アレースの息子、トラーケーのアルコーン。

ポセイダーオーンの息子エウペーモス。

イーピクロスの息子イオラーオス。

アパレウスの息子リュンケウスとイーダース。

アイアコスの息子ペーレウス。アイアコスの息子テラモーン。

ペレースの息子アドメートス。

アルケイシオスの息子ラーエルテース。

ミーノースの息子デウカリオーン。

アイゲウスの息子テーセウス。

テスティオスの息子たちにしてアルタイエーの兄弟プレークシッポス、イーダイオス、リユンケウス。

ケルキュオーンの息子ヒッポトオス。

エラトスの息子カイネウス。

アンピュクスの息子モプソス。

オイネウスの息子メレアグロス。

エウリュトスの息子ヒッパソス。

リュクールゴスの息子アンカイオス。

アミュントールの息子ポイニクス。

イーアペトスの息子ドリュアース。

アミュークライのヒッポコオーンの息子たちであるエナイシモス、アルコーン、レウキッポス。

スコイネウスの娘アタランテー[1]。

注(1) 作家（アポロドーロス、オウィディウス）によって全体の人数が異なり、二、三メンバーに違いがある。

173 A オイネウスに援助を送った国々

テネドス、イオールコス、スパルタ、プレウローン、メッセーネー、ペライビア、プティーア、マグネーシア、サラミース、カリュドーン、テッサリア、オイカリア、イタケー、テゲア、クレータ、ドロピア、アテーナイ、およびアルカディア。

174　メレアグロス

テスティオス(1)の娘アルタイエーは、オイネウスの息子メレアグロスを生んだ。そのとき、宮殿で燃え木が現れたといわれる。宮殿にやってきた運命の女神たちは、その燃え木が燃え尽きないあいだだけ、この子は生きられるだろう、と予言した。アルタイエーは燃え木を箱にしまい、注意深く保管した〔171話〕。とかくするうちに、オイネウスが毎年の犠牲をささげなかったことに腹を立てたアルテミスは、巨大な猪を遣《つか》わしてカリュドーンの地を荒らさせた〔172話〕。メレアグロスはこの猪をギリシャの若き勇者たちと力を合わせて殺したあと、その勇気をたたえるべく、毛皮を処女アタランテーに贈った。

アルタイエーの兄弟イーダイオス、プレークシッポス、リュンケウスはこの毛皮を奪おうとした。アタランテーが保護を求めたので、メレアグロスは仲裁に入ったが、親族との絆《きずな》よりも女への愛をえらび、自分のおじたちを殺した。わが息子が大罪を犯したことを聞いた母アルタイエーは運命の女神たちの教えを思い出し、燃え木を箱から取り出し火中に投げ入れた。かくして彼女は兄弟たちの仇を討つことを望み、わが子を殺した。しかし、ゴルゲーとデーイアネイラを除く彼の姉妹たちは、メレアグロスの死を嘆き悲しむあまり、神々の意思により鳥に姿を変えられた。この鳥はほろほろ鳥《メレアグリス》といわれる。また、メレアグロスの妻アルキュオネー(2)は悲嘆にくれ、彼を悼《いた》みつつこの世を去った(3)。

注(1) アイトーリアの町プレウローンの王。
(2) 『イリアス』では正式な名前はクレオパトラ、綽名はアルキュオネー(九・五五四〜五六四)、アポロドーロスはクレオパトラとしている(一・八・三)。オウィディウスは『変身物語』第八巻でこの物語を詳述しているが、メレアグロスの妻は出てこない。
(3) 猪退治の顚末は『イリアス』で語られるが、ここに述べられている詳細(燃え木、アタランテーへの恋情、アルタイエーの決意、メレアグロスの死など)はない。

175 アグリオス

ポルターオーンの息子アグリオスは、兄弟オイネウスが子供たちを失って困窮しているのをみると、彼を追い出して王国をわが物とした。とかくするうちに、テューデウス(オイネウスとペリボイアの息子)とデーイピュレーとの間に生まれた息子ディオメーデースが、トロイア陥落ののち祖父(オイネウス)がその王国から逐《お》われたのを聞き、カパネウスの息子ステネロス(1)とともにアイトーリアにやってきた。二人はアグリオスの息子リュコーペウスと戦ってこれを殪《たお》すと、追い詰められたアグリオスを王国から放逐して祖父オイネウスのために王国を取り返した。アグリオスは王国から追い出されたあと、みずから命を絶った(2)。

注(1) エピゴノイ(第一次テーバイ攻めの七将の子供たち)の一人で、ディオメーデースとともにトロ

イアで闘った。しかしここでアポロドーロスは、ディオメーデースと行動をともにしたのはアルクマイオーンだと書いている（一・八・六）。
（２）アグリオスが自害したとするのはヒュギーヌスだけ（グラント）。

176　リュカーオーン

ゼウスはペラスゴス〔アルカディアの原祖〕の息子リュカーオーンのもとに客となったが、彼の娘カリストーを犯したといわれる。この交わりから生まれたアルカスはわが名をその地〔アルカディア〕に与えた。(1)　さて、リュカーオーンの〔五十人の〕息子たちはゼウスが神であるのかどうか疑い、彼を試そうとした。(2)　彼らは人肉をほかの肉と混ぜ、祝宴で彼に供した。これを知ったゼウスは怒って食卓をひっくり返し、リュカーオーンの息子たちを雷霆《らいてい》でうち殺した。(3)　のちにアルカスはこの地にトラペズースとよばれる町を建設した〔ギリシャ語で食卓はトラペザ〕。ゼウスは父のリュカーオーンを狼〔ギリシャ語で狼はリュコス〕の姿に変えた。(4)

注（１）アポロドーロス、三・八・二。
（２）オウィディウスはリュカーオーン自身がこれを試したとする（『変身物語』一・二二六以下）。
（３）アポロドーロスは、ゼウスは、一番下の息子ニュクティーモスを除いて、リュカーオーンとその子供たちを雷で殺したという（三・八・一）。

（4） これは人名、地名の由来をきわめて分かりやすい形で（当否は別にして）語る典型的な物語。

177 カリストー

リュカーオーンの娘カリストーはゼウスと褥《しとね》をともにしたために、ヘーレーの怒りによって熊に変えられたといわれる。[1] のちにゼウスは彼女を星座の列に加えた。[2] これは北斗七星〔大熊座〕といわれる。この星座はその位置を変えず、また沈むこともない。というのは、オーケアノスの妻にしてヘーレーの乳母《うば》であるテーテュースが、星座が大洋に沈むのを禁じているからである。それでこれが大熊座である。これについてクレータの詩に次のようにうたわれている。

そして汝[3]は姿を変えられたリュカーオニアのニュンペー〔カリストー〕から生まれた。
彼女は氷のようなアルカディアの頂から奪われたのだが、
テーテュースは常に彼女が大洋に身を浸すことを禁じている、
それはかつて彼女が、女神の養い子〔ヘーレー〕の妻の座を奪おうとしたからである。

それで大熊座はギリシャ人からヘーリケー〔螺旋、渦巻き〕とよばれた。この星座は頭にあまり明るくない七つの星、両耳に二つ、肩には一つ、胸には明るい一つ、前足には一つ、尻には明るい一つ、後ろの太股には二つ、後足の端には二つ、尾には三つの、すべて合わせて二十の星をもっている。

注(1)　ゼウスとカリストーの情交、その結果をオウィディウスが詳述している（『変身物語』二・四〇一〜四九五）。
(2)　アポロドーロス、三・八・二。
(3)　グラントによれば、この「汝」はカリストーの倅《せがれ》アルカスのこと。

178　エウローペー

エウローペーはアルギオペーとアゲーノールの娘であり、シドーン〔フェニキアの町〕の地の者であった。牡牛に姿を変えたゼウスは彼女をシドーンからクレータ島に連れていき、彼女からミーノース、サルペードーン、ラダマンテュスをもうけた。彼女の父アゲーノールは息子たち〔ポイニクス、キリクス、カドモス〕を遣《つか》わし、エウローペーを連れ戻さない限り、二度と自分の面前に現れるな、と命じた。

ポイニクスはアフリカにおもむき、そこに留まった。このため、アフリカ人はポエニー人とよばれる。キリクスはキリキア[(1)]の地にその名を残した。カドモスは放浪してデルポイにやってきた。その地で彼は「羊飼いから腹に月の印がある牛〔ふつうは牝牛とする〕を買い求め、自分の前を歩ませよ。その牛が横になったところで、汝は町を建設し、治めることが予言されている」という神託(2)を受けた。

神託を受けたカドモスは命ぜられたことを行った。彼は水を求めて、アレースの息子の龍が守っているカスタリアの泉(3)〔パルナッソス山にある〕にやってきた。この龍がカドモスの従者を殺したので、カドモスは石をもってこれを殺した。そしてアテーネーの教えにより、その牙をばら撒いて、土地にすき込んだ。そこからスパルトイ〔撒かれた者たち〕が生まれ出た。彼らは互いに戦い、そのうち五人、すなわち、クトニオス、ウーダイオス、ヒュペレーノール、ペローロスおよびエキーオーンだけが生き残った(4)。ボイオーティア〔ギリシャ中部の地方〕は、カドモスがあとを追った牛〔牛はギリシャ語でボースまたはボウス〕からそう名づけられた。

注(1) 小アジア南東部沿岸で、キュプロス島に対面する地方。

(2) パウサニアースは「(その牝牛の)どちらの脇腹にも白い斑紋が、満月にも似て丸くついていた」と、このアポローンの神託を伝えている(九・一二・一～二、飯尾都人訳)。アポロドーロス(三・四・一)、オウィディウス(『変身物語』三・一〇～一三)はいずれもこの神託を記しているが、牝牛の脇腹の形状には触れていない。

(3) エウリーピデースはディルケーの泉といっている(『ポイニッサイ』六四五)。エウリーピデースはこの作品でカドモスが龍を殺し、パルラス・アテーネーに指示されて龍の歯を撒いたら、スパルトイが生まれ、殺し合ったとつづっている。ただこの詩人は生き残ったスパルトイの名前をここでは挙げていない。

(4) アポロドーロス、三・四・一。オウィディウス『変身物語』三・一以下。ここでオウィディウスはスパルトイの誕生をこう述べている。「何やら土が動き始め、畝から、先ず槍の穂先が、ついで、色あざやかな前立《まえだて》がゆらいでいる兜《かぶと》が現われ出た。それから、肩と、胸と、武器をもった腕が現われる。こうして、盾《たて》をもった戦士が収穫されたことになる」(同所、一〇六〜一一〇、岩波文庫、中村善也訳)。

179　セメレー

アゲーノールとアルギオペーの息子カドモスは、アレースとアプロディーテーの娘ハルモニアとのあいだに、四人の娘セメレー、イーノー、アガウエー、アウトノエーと、息子ポリュドーロスをもうけた。ゼウスはセメレーと交わることを望んだ。(1) これを知ると、ヘーレーは乳母《うば》ベロエー(2)に姿を変えて彼女のもとにやってきて、「神と共寝をすることがいかなる快楽であるかを、あなたに知っていただきたい」といって、ヘーレーのところにくるときの姿で自分のところへもくるように、ゼウスに求めるよう説得した。

そこでセメレーはゼウスに〔そういう姿で〕自分のもとにくるように求めた。ゼウスはこれをうべない、雷霆《らいてい》と雷鳴をもってやってきて、セメレーを焼いた。彼女の子宮からリーベル〔ディオニューソスのラテン語名〕が生まれ、(3) ヘルメースはこの子を火中から取り出してニューソスに与えて養育させた。ギリシャ語でこの子はディオニューソスとよばれる。(4)

注(1)　アポロドーロス、三・四・二〜三。

（2）乳母ベロエーの名前はオウィディウスも伝えている（『変身物語』三・二七七〜二七八）。ゼウスとセメレーの交渉については167話、注（1）を参照されたい。

（3）アポロドーロスによると、ゼウスはセメレーが六ヵ月で流産した胎児を自分の腿に埋め込み、産み月になるとこれを取り出しヘルメースに渡した（三・四・三）。

（4）167話と同じ。

180　アクタイオーン

アリスタイオスとアウトノエーの息子、羊飼いのアクタイオーンは、アルテミスが水浴しているのをみて、彼女を犯そうとした。[1] これに怒ったアルテミスは彼の頭に角《つの》を生やし、[2] 彼の犬たちに彼を食い殺させた。

注（1）単に女神のヌードをみただけ、ともいわれる（アポロドーロス、三・四・四）。

（2）つまり鹿の姿に変えた。次の物語で述べられる。

181　アルテミス

アルテミスはある夏〔キタイローン山麓にある〕ガルガピエーという、このうえなく暗い谷間で熱心に狩りを行った。疲れはてた女神がパルテニオスという名の泉で水浴していたとき、アリスタイオスとアウトノエーの息子で、カドモスの孫にあたるアクタイオーンも、我が身と、獣を追って駆り立てた犬たちを冷やすために、同じあたりで泉を探していて、女神の姿をみてしまった。彼がこのことを他言できないようにするために、女神はアクタイオーンの姿を鹿に変えた。そこで、彼は鹿として自分の犬どもによってずたずたにかみ裂かれた。犬どもの名は牡が、メランプース、イクノバテース、パンパゴス、ドルケオス、オリバソス、ネブロポノス、ライラプス、テーローン、プテレラース、ヒューライオス、ナペー、ラドーン、ポイメニオス、テーロダナピス、アウラー、ラコーン、ハルピュイア、アエロー、ドロマース、トウース、カナケー、キュプリオス、スティクテー、ラブロス、アルカス、アグリオドス、ティグリス、ヒューレークトール、アルケー、ハルパロス、リュキスケー、メラネウス、ラクネー、レウコーン。同じく彼をむさぼり食った[1]三頭の牝犬はメランカイテース、アグレー、テーリダマース、オレシトロポス。

　同様に他の著述家は次の名も伝えている。アカマース、シュロン、アイオーン、スティルボーン、アグリオス、カロプス、アイトーン、コロス、ボレアース、ドラコーン、エウドロモス、ドロミオス、ゼピュロス、ランポス、ハイモーン、キュロポデース、ハルパリコス、マキモス、イクネウモーン、メランプース、オーキュドロモス、ボラクス、オーキュトス、パキトス、オブリモス。牝犬は、アルゴー、アレトゥーサ、ウーラニア、テーリオペー、ディノマケー、ディオークシッペー、エキオーネー、ゴルゴーン、キュロー、ハルピュイア、リュンケーステー、レアイナ、リュカイネー、オーキュポデー、オーキュドロメー、オクシ

ユボエー、オーレイアース、サイノーン、テーリポーネー、ヒューライオス、ケーディアイトロス。(2)

注(1) 三頭とあるのは原文のまま。
(2) オウィディウスは牝、牡の区別なしに三十六頭の名前を列挙している（『変身物語』三・二〇六～二三三）。

182 オーケアノスの娘たち

オーケアノスの娘たちはイデューイア(1)、アルタイエー、アドラステイアである。これをメリッセウスの娘たちであるという者もいるが、彼女らはゼウスの乳母《うば》である。ドードーニデス（ナーイアデスとよぶ者もいる）といわれるニュンペーたちの名前はキッセーイス、ニューサ(2)、エラトー、エリピア、ドロミエー、ポリュヒュムノー。彼女たちは、ニューサ山で養い子(3)の贈り物を頂戴した。養い子は〔彼女らの幸せを〕メーデイアに祈願したのだ。すなわち、彼女たちは老いを捨てて、若い娘に変えられた。のちに星座に列せられ、ヒュアデス〔ディオニューソスの乳母たち〕とよばれている。彼女たちがアルシノエー、アンブロシエー、ブロミエー、キッセーイス、コローニスとよばれたと伝える人々もいる。

注(1) またはイドテア（ボリオ、グラント）。

（2）またはブロミエー（ボリオ、グラント）。
（3）この文脈ではゼウスだが、ふつうはディオニューソスのこと。

183　太陽神の馬と四季の女神たちの名前

エーオーオス、この馬によって天が回転する。アイティオプスは炎のごときものであり、穀物を熟させる。これらは引き馬で牡である。牝は軛《くびき》につながれており、我々が雷鳴とよぶブロンテー、雷霆とよぶステロペーの二頭である。このことを語っているのはコリントスのエウモエロス〔詩人〕である。同じくホメーロス(1)が伝えている馬はアブラクサス、［欠文］イオテル、ベエオ［欠文］。同じくオウィディウス〔ローマの詩人〕が伝えている馬はピュロエイス、エーオーオス、アイトーン、プレゴーンである。
クロノスの息子ゼウスと、巨神族《ティーターネス》の女神テミスとのあいだの娘たちである、四季《ホーラ》の女神たちの名前は次のとおり。アウクソー、エウノミア、ペルーサ、カルポー、ディケー、エウポリア、エイレーネー、オルトーシア、タロー。他の著作家は次の名で十名伝えている。アウゲー、アナトレー、ムーシケー、ギュムナスティケー、ニュンペー、メセンブリア、スポンデー、［欠文］エレテアクテ(2)およびヘスペリス、デュシス。

注（1）『イリアス』、『オデュッセイア』の著者とされる叙事詩人なのかどうか不明。
（2）これはボリオによる。グラントはエレテ、アクテと二つに分けている。

184　ペンテウスとアガウェー

エキーオーンとアガウェーとの息子ペンテウス〔カドモスの孫〕は、ディオニューソスが神であることを否定し、彼の秘儀を受け入れることを望まなかった。このため、母アガウェーは姉妹イーノー、アウトノエー(1)とともに、ディオニューソスのために精神を錯乱させられて、ペンテウスの体を八つ裂きにした。正気に返ったアガウェーは、自分がディオニューソスにそそのかされてこのような大罪を犯したことを知ると、テーバイから逃れ出た(2)。放浪してイリュリアの地はリュコテルセース王(3)のもとに至り、リュコテルセースはこれを迎え入れた。

注(1)　カドモスの娘たち、179話。
(2)　ディオニューソスとペンテウスの確執はエウリーピデース『バッカイ』で詳述される。
(3)　リュコテルセースの名前はヒュギーヌスのテキストにしかないと指摘される（ボリオ、グラント）。

185　アタランテー

スコイネウスには、類なく美しいアタランテーという娘がいたといわれる。彼女はその俊足をもって競走で男たちを打ち負かしていた。彼女は父に、自分は処女のままでいたい、と願ったが、彼女が多くの男たちから求婚されるので、父は試合を用意したのであった(1)。

彼女をめとらんとする者は、目標《ゴール》を定めて彼女と競走しなくてはならなかった。男が武器をもたずに先に走り出すと、彼女は槍をもってこれを追いかける。目標の手前で男に追いつくと、彼女はこれを殺してその首を競技場に据えるのである。彼女は大概の男たちをうち負かして殺したが、ついにメガレウスとメロペーの息子ヒッポメネースに敗れた。というのは、彼はアプロディーテーから常ならず美しい林檎《りんご》を三つ与えられ、その使い方を教えられていたからである。

彼は競走の最中にそれらを投げて、少女の疾走を遅らせた。というのは、黄金の林檎を拾って驚嘆しているあいだ、彼女は走るのをやめ、ために若者に勝利を譲ることになったのである。スコイネウスはその才知ゆえに、喜んで彼に娘を妻として与えた。彼女を祖国に連れていくとき、彼はアプロディーテーの恩寵を忘れ、女神に感謝をささげることを怠った。彼がパルナッソス山で勝利者ゼウスに犠牲をささげていたとき、怒ったアプロディーテーのために情欲をかき立てられて神域で妻と交わった。ゼウスはこの行為のため、彼らをライオンに変えた(2)。

ライオンは神々から愛の交わりを禁じられている。

注(1)　オウィディウスはアタランテーとヒッポメネースの物語を長々とつづっているが、そこでは競走を設定するのは父親ではなく、アポローンの神託をうかがった彼女自身である（『変身物語』一

〇・五六〇～六八〇)。テオクリトス『ブーコリカ』三・四〇～四三(ここではヒッポメネースの名前はなく、「走る者」と表現されている)。

(2) この変身はアポロドーロスも述べている。この作家はアタランテーの父をイーソス、夫をメラニオーンとしている(三・九・二)。

186 メラニッペー

デスモンテースの娘(1)、あるいは他の詩人たちのいうところではアイオロスの娘、類なく美しいメラニッペーをポセイダーオーンは犯し、彼女から二人の息子を得た。これをデスモンテースが知ると、メラニッペーを盲目《めしい》にし、牢に幽閉した。そして、彼女には僅かな食べ物と飲み物だけを与えよ、メラニッペーの子供たちは野獣に投げ与えよ、と命じた。子供たちが野に打ち捨てられると、牝牛が彼らのそばにやってきて、乳房を与えた。これをみた羊飼いたちは子供たちを拾い上げて養育した。

とかくするうちに、イーカリア(2)の王メタポントスは妻テアーノーに子供を生め、さもなければ王国から去れ、と求めた。恐れおののいた彼女は羊飼いたちのもとに人を遣《つか》わし、王に差し出すべき子供を捜させた。彼らはみつけた二人の子供たちを〔后のもとに〕送り届け、テアーノーは自分の子としてその子供たちを王メタポントスにみせた。しかし、のちにテアーノーはメタポントスの子を二人生んだ。しかるにメタポントスがこの上もなく美しい前の子供たち〔ポセイダーオーンの子供たち〕をすこぶる愛したので、テアーノーは彼らを退けて王国を自分の子供たちのために確保しようと願っていた。

メタポントスが、メタポンティオン(3)のアルテミスに犠牲をささげるために出かける日がきた。テアーノーはこの機をとらえて、自分の息子たちに、先の二人の兄弟が偽の子供たちであることをしめし、「それゆえ、彼らが狩りに出かけたとき、彼らを狩猟用の短刀で殺しなさい」といった。母の指示に従って山に出かけたとき、彼らは互いに闘いを始めた。しかし、ポセイダーオーンの息子たちが父の助けにより、相手をうち負かして殺した。彼ら〔テアーノーとメタポントスの実子〕の死体が王城にはこばれると、テアーノーは短刀で自害した。

復讐者ボイオートスとアイオロス〔メラニッペーの子供たち〕は、彼らを育ててくれた羊飼いたちのもとに逃げ込んだ。そこでポセイダーオーンは羊飼いたちに、彼らは自分の息子であり、その母メラニッペーは牢に幽閉されていることを告げた。二人の息子はデスモンテースのもとにおもむき、彼を殺し、母を牢から解き放った。ポセイダーオーンは彼女の視力を回復させた。息子たちは母をイーカリアのメタポントス王のもとに案内し、彼にテアーノーの裏切りを示した。このちメタポントスはメラニッペーを妻とし、彼らを自分の養子とした。彼らはプロポンティス〔現在のマルマラ海〕で自分たちの名にちなんでよばれた町を建設した。すなわち、ボイオートスはボイオーティアを、アイオロスはアイオリアをつくった(4)。

注(1) この物語はエウリーピデースの『幽閉された(デスモーティス)メラニッペー』の内容を含んでいる。どうやらヒュギーヌスは、「幽閉されたメラニッペーについて(ペリ・メラニッペース・テース・デスモーティドス)」というタイトルにつられ、「幽閉された」という形容詞を人名だと誤り、メラニッペーをデスモンテースの娘にしたらしい(ロシャー『レクシコン』Desmontes(?)の項から)。いずれにしろこの186話がエウリーピデースの一散逸悲劇の内容をうかがうのに貴重な資料であることに変わりはない。

(2) エーゲ海の小島の名前。

(3) イタリア南部ルーカーニアにある町らしい。先に出たイーカリアとは随分離れている。

(4) プロポンティスとその周辺にはボイオーティアという町もアイオリアという町もないので、これはヒュギーヌスの勘違いかと推測される。あるいは地名の由来を説明したくて無理やりくっつけたのかもしれない。

187 アロペー

ケルキュオーン(1)の娘アロペーは絶世の美女であったので、ポセイダーオーンは彼女を犯した。この交合の結果、彼女は子供を生んだ(2)が、父親が分からないため、彼女はその子を乳母《うば》に渡して捨てさせた。その子が捨てられると、牝馬がやってきて乳を与えた。その牝馬の後からやってきたある羊飼いが幼児をみつけて拾い上げた。彼が王族の産着《うぶぎ》に包まれたその子を小屋に連れ帰ると、別の羊飼いが自分にその子供をくれるように頼んだ。羊飼いは産着なしでその子を第二の羊飼いに与えた。しかし、その子を受け取った羊飼いが自由民の印である産着を要求したのに、最初の羊飼いがそれを渡さなかったので、彼らの間で争いが起きた。争う二人は王ケルキュオーンの前に出て申し立てを始めた。幼児を貰った羊飼いは印〔産着〕を求めた。その産着がはこばれてきて、それが自分の娘の衣服から切り取られたものであることをケルキュオーンが知ると、アロペーの乳母は恐れて、その幼児がアロペーの子供である旨を王に告げた。王は娘を牢に入れて殺せ、幼児は投げ捨てよ、と命じた。この子に再び牝馬が乳を与え、羊飼いたちが再び幼児をみつけて拾い上げた。彼らにはこの子が神々の配慮をかたじけなくしていることが分かっていたので、彼を養育し、ヒッポトオス〔ギリシャ語でヒッポスは馬の意〕という名を与えた。

テーセウスがトロイゼーンから旅してきてこの地を通りかかった折、ケルキュオーンを殺した。[3] ヒッポトオスはテーセウスのもとにやってきて、先祖の王国を返すように求めた。彼がポセイダーオーンの息子であることを知ると、みずからもポセイダーオーンの子であることを自認しているテーセウスは、喜んで彼に王国を与えた。アロペーの体をポセイダーオーンは泉に変えた。この泉はアロペーの名でよばれている。[4]

注(1)　ヘーパイストスの息子で、エレウシースを支配していた悪党。テーセウスに殺される（38話）。
(2)　パウサニアース、一・五・二。
(3)　アポロドーロス「摘要」一・三〜四。オウィディウス『変身物語』七・四三九。パウサニアース、一・三九・三。

（4） ヒュギーヌスがこの物語をどこから取材したのか不明。エウリーピデースには『アロペー』と題する散逸劇があるが、断片が僅少に過ぎ、関係は分からない。

188 テオパネー

ビサルテースの娘テオパネー(1)は類まれな美しい乙女であった。多くの求婚者が父親に彼女を求めたので、ポセイダーオーンは彼女を抱えあげてクルーミッサ島〔どこにあるのか不明〕に移した。求婚者たちは、彼女がそこに留まっていることを知ると、船の支度をしてクルーミッサに急ぎ始めた。ポセイダーオーンは彼らを欺くため、テオパネーをこよなく美しい牝羊に、自分自身は牡羊に、クルーミッサの住民を羊に変えた。そこに求婚者たちがやってきて、一人も人間を見出さなかったので、羊を殺し、それを食料として利用し始めた。羊に変えられた者たちが殺されるのをみると、ポセイダーオーンは求婚者たちを狼に変え、みずからは牡羊の姿のままでテオパネーと同衾《どうきん》した。この交合から金毛の牡羊が生まれたが、これがプリクソスをコルキスにはこんだ羊である(2)。その毛皮はアレースの神苑に置かれていたが、それをイアーソーンが持ち去ったのである。

注(1) テオパネーと彼女が生んだ黄金の毛の羊は3話に出ている。ビサルテースの名前はオウィディウス（『変身物語』六・一一七）も記しているが、詳細不明。

（2）　2、3話、他。

189　プロクリス

プロクリスはパンディーオーンの娘[1]であった。彼女をデーイオーンの息子ケパロスがめとった。彼らは深く愛し合っていたので、互いに別の人間と褥《しとね》をともにしないよう誓った。さて、狩りをすこぶる好むケパロスがある朝早く山に出かけると、ティートーノスの妻エーオース〔暁の女神〕が彼に恋慕して、自分と交わることを彼に要求した。ケパロスはプロクリスと約束を交わしていたのでこれを拒んだ。するとエーオースは、「彼女に先に誓いを破らせ、それからそなたも破ればよいではないか」といった。

そこでエーオースは彼を旅人の姿に変え、プロクリスにもっていくための素晴らしい贈り物を与えた。ケパロスは変えられた姿のままやってくると、プロクリスに贈り物を与え、彼女と寝た。そのあと、エーオースは彼から旅人の姿を取り去った。プロクリスはケパロスをみてプロクリスはエーオースに騙されたことに気づき、クレータ島に逃れた[2]。

ここはアルテミスが狩りをする場所であった。アルテミスは彼女をみて、「私とともに狩りをするのは処女たちである。汝は処女ではない。私たちのもとから去れ」といった。プロクリスは女神に自分の災いを訴え、自分がエーオースに欺かれたことを話した。アルテミスは憐憫《れんびん》の情にかられ、誰も避けることができない投げ槍と、いかなる野獣も追い払うことができない犬[3]ライラプスを彼女に与え、ケパロスと腕比べをしにいくよう、彼女に命じた。

プロクリスは女神の意向により、若者のように髪を刈り、ケパロスのもとにやってくると、彼に闘いを挑み、狩りで彼に打ち勝った。ケパロスは犬と投げ槍の力がかくも大きいことを知ると、自分の妻とは知らずに、その客人に投げ槍と犬を売ってくれるように乞うた。彼女は拒んだ。彼は王国の一部をも与えることを約束したが、彼女は拒み、「しかし、もしあなたがあくまでこれらを我が物にしたいといい張るなら、少年たちが与える慣わしになっているものを私に下さい」といった。ケパロスは投げ槍と犬への愛着に駆られて、それを与えるであろうと約束した。彼らが寝室にやってくると、プロクリスは下着を脱ぎ捨て、自分が女であり、彼の妻であることを示した。ケパロスは贈り物を受け取り、彼女と和解した。

それでもやはり彼女はエーオースがこわくて、夫を見張るためにそのあとをつけ、藪の中に身を隠した。その藪が揺れるのを見たケパロスは、何ぴとも避けることができない投げ槍を投げて自分の妻プロクリスを殺した[4]。ケパロスは彼女から息子アルケイシオスを得ていた。アルケイシオスから生まれたのがオデュッセウスの父ラーエルテースである。

注(1) プロクリスはふつうエレクテウスの娘とされる(アポロドーロス、三・一四・一)。ヒュギーヌスは253話ではプロクリスとエレクテウスを父娘として並べている。

(2) アポロドーロスもこの話を記している。しかしそこにはエーオースの介入はなく、プロクリスが別の男と寝たことが夫にばれたので、彼女はクレータへ逃れた、となっている(三・一五・一)。

(3) アポロドーロス、二・四・七。ここではプロクリスはこの犬をミーノースから貰い受けたことになっている。
（4）オウィディウスもこの二人の物語を伝えており、ヒュギーヌスと同じくプロクリスの純愛をつづっている（『変身物語』七・六九〇以下）。

190　テオノエー

予言者テストール[1]には、息子カルカースおよび、レウキッペーとテオノエーという娘があった。テオノエーが遊んでいると海賊たちが海からやってきて彼女をさらい、カーリア〔小アジア南部沿岸地域〕に連れていった。王イーカロスが彼女を自分の妾《そばめ》として買った。そこで、テストールはいなくなった娘を捜しに出発し、船が難破してカーリアの地にたどり着いた。彼はテオノエーも滞在しているこの地で鎖につながれた。

さて、レウキッペーは父と姉妹がいなくなったので、デルポイ〔の神〕に彼らを捜すべきかどうか問うた。するとアポローンは「私の祭司として諸国を歩け。そうすれば彼らを再び見出すであろう」といった。レウキッペーは神託を聞くと、頭を刈り、若い祭司として彼らを捜すために諸国を巡った。

カーリアに到着した彼女をみて、テオノエーはそれが祭司であると思い、彼に恋慕し、彼と閨《ねや》をともにするため、彼を自分のもとに連れてくるよう〔召し使いらに〕命じた。しかし、レウキッペーは、自分は女であるから一緒に寝ることはできないといった。怒ったテオノエーは祭司を寝室に閉じこめ、奴隷部屋から誰か祭司を殺しにいくようにと命じた。祭司を殺すために、老人のテストールが何も知らずに我が娘のもとに送られた。テオノエーは父とも知らずに剣を渡し、祭司を殺すよう命じた。

老人は剣をもって中に入ると、自分はテストールとよばれる者であり、レウキッペーとテオノエーという二人の娘が行方知らずとなり、あげくの果てに今また、自分が罪を犯すよう命じられるという災難に出遭った、といった。彼が剣を自分に向け、今まさにみずからを害さんとしたときに、父の名を耳にしたレウキッペーが彼から剣をもぎ取った。彼女は女王を殺しにいくために、父テストールに助力を求めた。テオノエーは父の名を聞くと、自分が彼の娘であることを告げた。このように認知[2]がなされたあと、王イーカロスは彼に贈り物を与えたうえ、祖国に送り返した[3]。

注(1) 『イリアス』一・六八。
(2) 発せられたことば（名前など）による人物相互の認知は、100話でも語られている。
(3) この親子三人の物語を伝えるのはヒュギーヌスだけらしい。

191 ミダース王

ミュグドーニア[1]の王ミダースは母なる女神[2]の息子であり、アポローンがマルシュアース[3]あるいはパーンと笛の技を競ったとき、トモーロスによって〈審判に〉選ばれた。トモーロスが勝利をアポローンに与えたとき、ミダースはむしろマルシュアースに与えられるべきであったといった。そのため、腹を立てたアポローンはミダースに向かい「審判したときにもっていた心にふさわしい耳を、汝はもつことであろう」といった。この言葉が発せられるや否や、彼はロバの耳をもつことになった。(4)

そのころ、ディオニューソスが軍隊を率いてインドに行った〔131話〕とき、はぐれたシーレーノス(5)をミダースは大いに歓待し、彼に案内者をつけてディオニューソス一行のもとに送り届けた。これに感謝したディオニューソスは、望む物を何でも自分に求めて良いという特権をミダースに与えた。ミダースは触れた物がすべて黄金になるように神に願った。この願いが認められ、彼が王宮に戻ると、触れた物はすべて黄金になった。しかし、今度は飢えに苦しむようになったので、(6)ミダースはディオニューソスに、この特別な贈り物を取り去るように懇願した。ディオニューソスは彼にパクトーロス川で体を洗えと命じた。彼の体が水に触れると、水は金色になった。このリューディアの川は、今はクリューソルロアース〔黄金が流れる川〕とよばれている。

注(1)　古代地図では三地方にみられる地名だが、ここではプリュギアの一地方らしい。ミダースはふつうプリュギア王といわれる。
(2)　大地母神キュベレーのこと〔274話〕。ミダース王の父親はヘーロドトスがゴルディアスとよんでいる〔八・一三八〕。
(3)　年老いたサテュロスの一人。年老いたサテュロスは一般にシーレーノスとよばれた。

(4) ミダースのロバの耳についてはオウィディウスが詳述している(『変身物語』一一・八五～一四五)。
(5) これは前出のマルシュアースのことらしい。
(6) オウィディウスの記述、「手でパンに触れると、固くなっている。がつがつと、料理を歯で嚙み砕こうとすると、歯の当たった食べ物を、まばゆい金箔が蔽うのだ。葡萄酒を、水で割る。と、見れば、溶けた黄金が口へ流れこんでいる」(『変身物語』一一・一二一～一二六、中村善也訳)。

192 ヒュアース

アートラース〔巨人〕はプレーイオネーとのあいだに、あるいはオーケアノスの娘とのあいだに、十二人の娘と息子ヒュアースをもうけた。ヒュアースは猪またはライオンに殺され、姉妹たちはこれを嘆き悲しみ、悲嘆のあまり世を去った。娘たちのうち、最初の五人が星の世界に送り出され、牡牛座の二つの角の間に位置を占めている。これらはパイシュレー、アンブロシア、コローニス、エウドーラ、ポリュクソーである。

彼女たちは兄弟の名によりヒュアデスとよばれる。ラテン語ではスクラエと称される。ある者たちは、彼女たちがϒ〔ユープシーロン〕の文字の形に配置されているので、そうよばれるのだという。(1) また、彼女たちが天に現れるとき雨をもたらすので、そうよばれるのだという者もいる(雨が降るのはギリシャ語でヒュエインというからである)。彼女たちが星座に加えられたのは、彼女たちがディオニューソスの乳母《うば》だったからだ、と考える者もいる。

彼女らはリュクールゴスによってナクソス島から追い出されていた。(2)

のちに、他の姉妹たちは悲しみのために死んで星座になった。多数なので、彼女たちはプレイアデスといわれる。つながり合っていたからであると考える者もある。そうよばれるのは、彼女たちがつながり合っているというので。そのうえ、彼女たちはきわめて近接しているので、一つ一つ分けて数えることがほとんどできず、また、六つなのか七つなのか、誰の目にも確かでない。

彼女たちの名前は次のとおりである。エーレクトレー、アルキュオネー、ケライノー、メロペー、ステロペー、ターユゲテー、マイア。このうち、エーレクトレーは、ダルダノス〔エーレクトレーの息子〕が死に、さらにトロイアが〔ギリシャ軍に〕奪われたため、姿をみせないのだといわれる。(3)

他の姉妹が神々を夫にしているのに、メロペーは人間の男(4)と結婚したので、顔を赤らめているようにみえると考える人々がいる。そのため、彼女は姉妹たちの歌舞隊から追い払われ、悲しみに髪を乱している。彼女はほうき星とよばれたり、あるいは、長々と横たわるのでロンゴデス〔語形不明〕、あるいは剣の切っ先の形をしているのでクシピアース〔剣の形をした、という意味のことば〕といわれたりする。また、この星は悲嘆の前兆でもある。

注(1)　ギリシャ語のϒはふつう帯気音で「ヒュ」と発音されるからか?

(2)　このくだりは意味不明。リュクールゴスはトラーケーの王であり、ナクソス島との関連が分からない。原文が継ぎはぎされた結果だろう。

（3）クイントゥスはエーレクトレーが姿をみせないのは、トロイア陥落の悲運を嘆くほかに、プリアモスの娘ラーオディケーの死を悼《いた》んでとも付け加えている（一三・五四四以下）。
（4）冥府で業罰に苦しんでいるシーシュポスのこと。

193　ハルパリュコス

アミュムナエイー人の王、トラーケーのハルパリュコス(1)には、ハルパリュケー(2)という娘があった。妻を失ったあと、彼は牝牛、牝馬の乳房で娘を育て、彼女が成長するにおよび、やがて自分の王国の後継者とするために、彼女に武芸を教えた。娘は父の期待を裏切らなかった。彼女は親の危難を救うほどの戦士になったからである。というのは、トロイアから帰国するネオプトレモス〔アキレウスの遺児〕がハルパリュコスを襲い、彼に重い傷を負わせたとき、彼女は激しい襲撃をかけて瀕死の父を救い、敵を敗走させたのである。しかし、のちにハルパリュコスは市民たちの謀反によって殺された。ハルパリュケーは父の死を堪え忍んで森に逃れたが、そこで家畜小屋を荒らしたため羊飼いたちに襲撃され、殺された。

注（1）テオクリトスはポーキスの町パノテウスの人としてハルパリュコスの名前を挙げ、ヘーラクレースに格闘技を教えた人物と記している（二四・一一一以下）が、ここでヒュギーヌスが語るハルパリュコスと同一人物ではないようだ。
（2）この女性のことをウェルギリウスは「馬を攻め、南西風《エウルス》より速く駆けるトラーケーの女ハルパリ

ュケー」と述べている（『アエネーイス』一・三二六〜三二七）。彼女は252話では獣の乳で育った者として、また254話では忠実な女性として、その名前が挙げられている。

194　アリーオーン

メーテュムナ〔レスボス島の町〕のアリーオーンは竪琴の技に優れていたので、コリントスの王ピューラントス(1)は彼をこよなく愛した。彼は王に懇願して国中を巡り、自分の技を示した。こうして彼が大きな富を得ると、彼の従僕たちは船乗りたちと共謀して彼を殺そうとした。アポローンが彼の夢に現れ、詩人の服装と冠を着けて歌うように、そして彼を援護するためにきた者たちに身をゆだねるように、といった(2)。

従僕と船乗りがまさに彼を殺そうとしたとき、彼はその前に歌わせてほしいと頼んだ。しかるに、竪琴の音と彼の歌声を聞いて、イルカたちが船の回りに集まってきた。彼らの姿をみてアリーオーンは真っ逆さまに海中に飛び込んだ。イルカたちは彼を背に乗せてコリントスへ、王ピューラントスのもとにはこんでいった。一頭のイルカが陸地までやってきた。旅を続けたかったアリーオーンは、このイルカを海に戻さなかったので、イルカはそこで死んだ。

彼が自分の災難をピューラントスに語り終えると、王はそのイルカを埋め、そのために記念碑を建てるよう命じた。間もなくピューラントスのもとに、アリーオーンが乗っていた船が嵐のためにコリントスに漂着したという知らせが届いた。〔王は〕彼ら〔乗組員ら〕を自分の前に連れてくるよう命じた。王がアリーオーンのことを尋問すると、彼らは彼が死んだので埋葬したと答えた。彼らに向かって王は「明日、イルカの記念碑の前でそのことを誓うように」といった。このために王は彼らを閉じ込めるよう命じ、アリーオーンには海に飛び込んだときと同じ服装をして翌朝イルカの記念碑近くに身を隠すよう指示した。

さて、王が彼らを連れていって、イルカの霊にかけて、アリーオーンが死んだことを誓うよう命じたとき、アリーオーンが記念碑から身を現した。彼らは仰天して、いかなる神によって彼が守られたのかと不思議がり、口を利《き》くことさえできなかった。王は彼らをイルカの記念碑の前で磔《はりつけ》にするよう命じた。一方、アポローンは竪琴の妙技のためにアリーオーンとイルカを星座に加えた(3)。

注(1) 同じ話をヘーロドトスが記しているが、そこではこの王の名前はペリアンドロスである(一・二三)。またこの歴史家は、アリーオーンがディテュランボス(ディオニューソス讃歌)を発明、命名したという(同所)。

(2) ヘーロドトスの記述では、楽人はアポローンを讃える歌はうたうが、神がお告げをするとは記されていない(一・二四)。

(3) この話はオウィディウスにもある(『祭暦』二・七九～一一八)。ここにはコリントス王は出てこない。

195　オーリーオーン

ゼウス、ポセイダーオーン、ヘルメースはトラーケーのヒュリエウス王[1]のもとに客となった。神々は彼から惜しみない歓待を受けたので、彼に望む物があれば何でも与えようと約束した。王は子供たちを望んだ。ヘルメースは、ヒュリエウスが神々自身のために犠牲に供した牡牛から、皮をはぎ取ってきた。神々はその中に放尿し、それを大地に埋めると、そこからオーリーオーンが生まれた。彼はアルテミスを犯そうとしたので、[2]彼女によって殺された。のち、ゼウスにより星の列に加えられた。人々はこの星をオーリーオーンとよぶ。

注(1) オウィディウスは貧しい老人といっている（『祭暦』五・四九三〜五四四）。
(2) オウィディウスは、彼がアルテミスに不遜なことをいったから、としている（同所）。

196　パーン

エジプトで、神々[1]が、怪物テューポーン〔ガイアとタルタロスの子〕を恐れているので、パーン〔牧神〕はより容易にテューポーンを欺くため、神々に野獣の姿に変身するよう命じた。のちにゼウスはテューポーンを雷霆《らいてい》で殺した。神々はパーンの忠告によってテューポーンの暴力から逃れることができたので、パーンは彼らの意志により星の列に加えられた。当時パーンは山羊の姿に変身していたので、〔この星はギリシャ語で〕山羊座《アイゴケロース》とよばれた。これを我々〔ローマ人〕は山羊座《カプリコルヌス》といっている。

注(1) アポロドーロスによれば、これはオリュンポスからエジプトへ逃げたギリシャの神々(一・六・三)。なおアポロドーロスの『ギリシア神話』では、パーンはアイギパーン(山羊の蹄をもつパーン)とよばれている。

197 アプロディーテー

エウプラーテース川に天から驚くべき大きさの卵が落ち、これを魚たちが岸まで転がしていき、その上に鳩たちが座り、温められた卵が孵《かえ》ってアプロディーテーが生まれたといわれる。のちに彼女はシュリア・デア〔シリアの女神〕とよばれた。彼女が正義と正直さにおいて他の神々を凌《しの》いでいたので、ゼウスの好意によって、彼女の願いどおりに魚たちは星の列に加えられた。このためシリア人たちは魚と鳩を神とみなし、それらを食べることもない。(1)

注(1) オウィディウス『祭暦』では、アプロディーテー(ディオーネー)が、誕生するのではなく、テューポーンを恐れて、エロースとともに逃げ、エウプラーテースにたどり着き、川に逃げて魚に助けられる、と語られている(二・四六〇以下)。『ポエティカ・アストロノミカ』でもオウィディウスと同様に述べられているが、ここでは二柱の神は魚に変身する(二・三〇、グラントの訳本の付録になっている訳文から)。アプロディーテーが海中に没したウーラノスの男根から生じたという

別の神話は周知されている。

198　ニーソス

アレースの息子、あるいは別の者たちがいうところではデーイオーンの息子(1)であるニーソスは、メガラ〔ギリシャ本土とペロポンネーソス半島を結ぶ地峡にある町〕の王であった。彼は紫の頭髪の房(2)をもっていたといわれる。その房を保つ限り彼は王国を支配するであろう、という神託が彼にあった。ゼウスの息子ミーノースが彼を攻めてきたとき、ニーソスの娘スキュルラは、アプロディーテーに煽《あお》られてミーノースに恋慕し、彼を勝者とするために、父親が寝ているときにその運命の髪の房を切り取った。かくしてニーソスはミーノースに打ち破られた。

ミーノースがクレータに戻るとき、彼女は、約束したとおり一緒に連れていくよう、彼にせがんだ。彼は、クレータはこの上もなく神聖であり、かかる悪業を受け入れないであろう、と告げた。彼女は〔父親の〕追跡を避けるべく、我が身を海に投げた(3)。しかし、ニーソスは娘を追ううち、尾白鷲《おじろわし》――これは海の鷲である――に、娘スキュルラはキーリスといわれる魚(4)に姿が変わった。今日でも、もし、かの鳥が、かの魚が泳いでいるのをみると、水中に飛び込んでつかみ、かぎ爪で引き裂くのである。

注(1)　アポロドーロスではパンディーオーンの息子（三・一五・八）。

（2）アポロドーロスは「頭髪の房」ではなく「一本の毛」といっている（同所）。
（3）アポロドーロスは「ミーノースはメガラをくだし、かの娘をばその足を船の艫につないで溺死させた」（岩波文庫、高津春繁訳）という。なお運命の髪の毛の話は、アンピトリュオーンについても伝えられている。アンピトリュオーン（アルクメーネーの夫）がタポス島の王プテレラーオスを攻めたとき、王女コマイトーがアンピトリュオーンに恋慕し、父プテレラーオスの頭から黄金の毛をむしりとってその死を招いた。むろん彼女自身も殺された（二・四・七）。
（4）キーリス（ciris）は白鷺《しらさぎ》という鳥を意味することば。尾白鷲が白鷺を追いかけてもおかしくないのに、なぜかヒュギーヌスはこれを魚といっている。

199　もう一人のスキュルラ

クラタイイース川(1)の娘スキュルラは、類なく美しい処女であったといわれる。彼女をグラウコス(2)が愛し、その一方、グラウコスをヘーリオス〔太陽神〕の娘キルケーが愛した。スキュルラはいつも海で泳ぐ習慣であったので、ヘーリオスの娘キルケーは嫉妬から薬で水を汚した。スキュルラが海に降りると、彼女の下腹部から犬どもが生まれ、彼女は怪物になった(3)。彼女は受けた侮辱の報復をした。というのは、船で通り過ぎるオデュッセウスから仲間たちをさらったのである(4)。

注（1）プリーニウスは、南部イタリアはブルッティウムを流れる川として挙げ、「伝説ではスキュルラの母」と説明している（『博物誌』三・五・七三）。『オデュッセイア』では川の言及はなく、クラ

タイイースをスキュルラの母とよんでいる（一二・一二四～一二五）。
（2）オウィディウスは、このグラウコスを、エウボイアはアンテードーンの住人だったのが海の神になったものという（『変身物語』一三・九〇四～九〇六）。
（3）スキュルラの怪物ぶりは『オデュッセイア』でつぶさに述べられている（一二・七三～一〇〇）。
（4）125話。トロイア戦争後、帰郷の途上、オデュッセウスはキルケーの島に上陸し、一年間滞在し、その間に一子テーレゴノスを得た。その後海上で岩礁スキュルラの報復を受ける。『オデュッセイア』一二・二四五～二四六。オウィディウス、前掲書、一三・八九八～一四・七四。

200　キオネー

アポローンとヘルメースは同じ夜に、ダイダリオーン(1)の娘キオネー、あるいは他の詩人たちのいうところではピローニス、と閨《ねや》をともにしたといわれる。彼女はアポローンからはピランモーンを、ヘルメースからはアウトリュコス〔オデュッセウスの祖父〕を生んだ。のちにキオネーは、狩りでアルテミスについてあまりにも傲慢な口をきいた。そのため女神により矢で殺された。しかし、父ダイダリオーンは一人娘のために泣き悲しんだので、アポローンによってダイダリオーン、つまりハイタカに変えられた(2)。

注（1）オウィディウスによれば、暁の明星の子ケーユクスの兄（『変身物語』一一・二七〇～二七三）。ケーユクスは、罪を犯したペーレウス（アキレウスの父）が故郷を捨てて頼っていった相手（オウ

イディウス『変身物語』一一・二六六以下)。
(2) オウィディウス『変身物語』一一・三〇一~三四五。ここで、キオネーは女神アルテミスの美貌をけなしたために女神の矢で舌を射られ、絶命したと語られる。

201 アウトリュコス

ヘルメースはキオネーに生ませたアウトリュコスに、贈り物として比類ない盗みの技をもつことを許した。そのため彼は盗みをしても捕らえられることなく、盗んだ物をいかなる形にも――白い物を黒い物に、あるいは黒い物を白い物に、角のある動物を角のない動物に、角のない動物を角のある動物に――変えることができた。彼がシーシュポスの家畜をたえず盗み、しかも捕まえられなかったとき、シーシュポスは盗んだのはアウトリュコスだと考えた。それは相手の家畜の数が増えるのに、自分のほうは減ったからである。

彼を捕らえるため、シーシュポスは家畜のひづめに印をつけた。アウトリュコスがいつものように盗みをはたらいたとき、シーシュポスは彼のところにきて、彼が盗んだ家畜をひづめで捜し当てて、連れ帰った。アウトリュコスの家にいたとき、シーシュポスはアウトリュコスの娘アンティクレイアを犯した。彼女はのちにラーエルテースに妻として与えられた。この結婚から生まれたのがオデュッセウスである(1)。それゆえ、著作家の中には彼をシーシュポスの子孫とよぶ者もある。オデュッセウスの狡猾さはこの家系のゆえである。

注(1)　『オデュッセイア』ではアンティクレイアが男児を生んだとき、アウトリュコスがイタケーを訪れて名前を与えたことになっている（一九・三九五〜四一二）。

202　コローニス

プレギュアース〔オルコメノスの王〕の娘コローニスを身ごもらせると、アポローンは誰かが彼女を犯さないように、烏《からす》を護衛として与えた。彼女はエラトスの息子イスキュスと閨《ねや》をともにした。そのためにイスキュスはゼウスにより雷霆《らいてい》で殺された。アポローンは身ごもったコローニスを叩き殺した。彼は彼女の子宮から取り出したアスクレーピオス〔医神〕を養育し(1)、見張り役だった烏の色を白から黒に変えた(2)。

注(1)　アポローンは死んだ女の体内から取り出した子供をケイローン（半人半馬の賢人）のもとへはこんだともいわれる（オウィディウス『変身物語』二・五四二〜六三二）。
(2)　アスクレーピオスの母はコローニスまたはアルシノエーの二説があったことをアポロドーロスが伝えている（三・一〇・三）。

203　ダプネー

アポローンがペーネイオス川の娘、処女ダプネーを追いかけたとき、彼女は大地母神に保護を求めた。女神は彼女を受け入れ、月桂樹〔ギリシャ語でダプネー〕に変えた。(1) アポローンはその枝を折り取って頭にのせた。

注(1) オウィディウス『変身物語』一・四五二〜五六七。ここではダプネーは父親であるペーネイオス川に飛び込んでから月桂樹に変身したと語られる。大地母神はかかわらない。

204 ニュクティメネー

レスボスの王エポーペウスの娘ニュクティメネーは、類なく美しい処女であったといわれる。父エポーペウスは情欲に駆られて彼女を犯した。彼女は恥じ入って森に身を隠した。アテーネーは彼女を哀れんで梟《ふくろう》に変えた。この鳥は恥のため、昼の光の中に出てこないで、夜、姿を現す。(1)

注(1) ニュクティメネーの話はオウィディウスも書いている(『変身物語』二・五八九〜五九五)。

205 アルゲー

女狩人のアルゲーが鹿を追っていたとき、鹿に次のように述べたと伝えられる。「おまえが太陽の駆け足に劣らないとしても、私はおまえに追いつくだろう。」ヘーリオス〔太陽神〕は怒って彼女を鹿に変えた。(1)

注(1)　女狩人アルゲーの名前はヒュギーヌスにしかみられないとグラントは指摘している。

206　ハルパリュケー

アルカディア王スコイネウスの息子クリュメノスは、情欲にとらわれて娘のハルパリュケーと閨《ねや》をともにした。彼女は男児を生むと、祝宴のとき〔この子供を殺して〕その肉を父に供した。父クリュメノスはこれを知るとハルパリュケーを殺した。(1)

注(1)　クリュメノス、ハルパリュケー親娘の犯罪（近親相姦、子殺し、人肉嗜食、娘殺し）は以後、238、239、246、253の四話でもくりかえし語られる。しかしノンノスは、父親に子供を食らわせたあと、ハルパリュケーは鳥に変身して飛び去る、とつづっている（『ディオニューソス物語』一二・七二〜七五）。

207―218　欠落

219　アルケラーオス

テーメノスの息子アルケラーオス〔アルゴスの王〕は兄弟たちに追い払われ、マケドニアのキッセウス王のもとにやってきた。王は隣国から攻められていたので、もしアルケラーオスが彼を敵から守ってくれたなら、彼に王国を与え、娘と結婚させるであろうと約束した。というのも、彼の父テーメノスはヘーラクレースの息子であり、アルケラーオスはヘーラクレースの子孫に当たるからである。

アルケラーオスは一度の戦闘で敵を敗走させ、王に約束したことを求めた。王は友人たちに助言されて思い止まり、約束を反古《ほご》にし、彼を策略によって殺そうとした。そこで、穴を掘り、多量の炭を投げ入れ、火をつけ、細い木の枝で覆うように命じ、アルケラーオスがきたらそこに落ちるようにした。これを王の奴隷のひとりがアルケラーオスに注進した。アルケラーオスは密計を知ると、王と内密に話がしたいといい、証人になりそうな者たちを遠ざけたあと、王を捕らえて穴に投げ入れ、このようにして王を殺した。彼はアポローンの神託により、山羊にみちびかれてそこからマケドニアに逃げ、(1)町を建設し、山羊にちなんでこれをアイガイと名づけた。(2)アレクサンドロス大王は彼の子孫であるといわれている。(3)

注(1) マケドニアの王を(十中八九マケドニアで)殺害したあと、マケドニアに逃げるというのはどうもおかしいが、よく分からないので原文のままにしておく。
(2) ギリシャ語で山羊ということばはアイクス、アイゴス……と変化する。なお山羊にみちびかれて町を建設する話は、(牝)牛にみちびかれてテーバイを建てたカドモスの物語に共通する(178話)。
(3) この物語はエウリーピデースの散逸作品『アルケラーオス』を要約したものらしい。その断片(二二八a)では、ヘーラクレース→ヒュロス→テーメノス→アルケラーオスという王統がつづられている。

220　クーラ

ある川を渡っているとき、クーラ[1]は粘土状の泥をみつけ、思いに耽《ふけ》りつつそれを取り上げ、こねて人間を作り始めた。自分は一体何を作ったのかと彼女が考えていると、ユッピテル〔ローマ神話の主神。ゼウスに対応〕が現れた。像に生命を与えるよう、クーラが願うと、ユッピテルはすぐにその願いをかなえた。クーラが自分の名前をその像に与えようとすると、ユッピテルはこれを禁じ、自分の名前がその像に与えられるべきであるといった。名前のことでクーラとユッピテルがいい争っていると、テルルス〔大地の女神、ガイアに対応〕が立ち上がり、自分が体を提供したのであるから、自分の名前が付けられるべきであるといった。

彼らはサートゥルヌス〔クロノスに対応〕を審判にした。サートゥルヌスは彼らを公正に[2]裁いたようにみえる。「汝ユッピテルは生命を与えたのだから、〔欠文〕体を受け取るように。クーラは初めて彼を作ったのだから、彼が生きているあいだはクーラが彼を所有するように。しかし彼の名前をめぐって論争があるのであるから、彼をホモー〔人間、homo〕とよべばよい。何となれば彼はフムス〔土、humus〕から作られたと思われるからである。[3]」

注（1）「配慮」という意味のラテン語。この概念を神に見立てたもの。
（2）マーシャル本の aequus に従う。

（3）ローマの神々にまつわる神話なので、ラテン語の神名を用いた（クーラ、ユッピテル、テルルス、サートゥルヌス）。この物語集で純粋なローマものはこの話だけである。なお、ハイデッガーは前存在論的な証言として、この寓話《ファーベル》を『存在と時間』に引用している（桑木務訳、岩波文庫、中・一三六〜一三八頁）。

221　七賢人

ミテュレーネー〔レスボス島の町〕のピッタコス、コリントスのペリアンドロス、ミーレートス〔小アジアのカーリア地方の港町〕のタレース、アテーナイのソローン、ラケダイモーン〔スパルタ〕のキーローン、リンドス〔ロドス島の町〕のクレオブーロス、プリエーネー〔カーリア地方の港町〕のビアース。彼らの警句は次のとおり。

節度は最上である、とリンドスの住人クレオブーロスはいう。

エピュラ〔コリントスの古称〕のペリアンドロスよ、汝は、熟慮すべきことにゆっくり時間を割《さ》けと教える。

好機を知ることを学べ、とミテュレーネー生まれのピッタコスはいう。

たいていの人間は悪人であると、かのプリエーネーの人ビアースは主張する。

そしてミーレートスのタレースは、保証人に損失を警告する。

汝自身を知れ、とラケダイモーン生まれのキーローンはいう。

ケクロピア〔アテーナイのこと〕のソローンは何事も度を超すなと命じた(1)。

注(1)　221、222（タイトルのみ）、223話と連続する三項目は神話ではない。

222　七人の抒情詩人

〈タイトルのみで、本文は欠落〉

223　七不思議

アレースの妻、アマゾーンの女王オトレーレーが建てたエペソス〔小アジアのカーリア地方の港町〕のアルテミスの神殿。

パロス島産の大理石で作られたマウソーロス王の記念碑、高さ八十フィート、周囲千三百四十フィート。

ロドス島の太陽神《ヘーリオス》(1)の青銅像。これは巨大な像で、高さ九十フィート。

オリュンピアのゼウスの像。これはピーディアス〔前五世紀、アテーナイの彫刻家〕が象牙と黄金で作った座像で、高さ六十フィート。

エクバタナ(2)のキューロス王の宮殿(3)。これはメムノーンが黄金で繋ぎ合わせたまだら状の白い石で建てたものである。

バビュローニア〔現在のイラク地域〕の城壁。これはデルケティスの娘セミーラミス〔アッシリアの女王〕が、焼いた煉瓦と瀝青《れきせい》から作り、鉄で繋ぎ合わされている。幅二十五フィート、高さ六十フィート、周囲三百スタディウム〔一スタディウムはおよそ六百六フィート〕。

エジプトのピラミッド。その陰はみえない。高さ六十フィート。

注(1) ペロポンネーソス半島のエーリス地方の町。古代オリンピア競技発祥の地として名高い。なおオリュンポス山はこの町とは無関係。
(2) 小アジアのメーディア地方の町。
(3) これに代わってバビュローンの吊り庭園を挙げるほうが多い。

224 神になった人間たち

ゼウスとアルクメーネーの息子ヘーラクレース。

ゼウスとセメレーの息子ディオニューソス。

ゼウスとレーダの息子であり、ヘレネーの兄弟であるカストールとポリュデウケース〔二人まとめてディオスクーロイ〕。

ゼウスとダナエーの息子ペルセウスは星になった。

ゼウスとカリストーの息子アルカスは天にはこばれて星になった。

ミーノースとパーシパエーの娘アリアドネーを、ディオニューソスはリーベラ〔ラテン語で「ディオニューソスの妻」〕と名づけた。

リュカーオーンの娘カリストーは天にはこばれて大熊座《セプテントリオース》に据えられた。

ゼウスの乳母《うば》キュノスーラは別の熊星座〔小熊座〕に据えられた。

アポローンとコローニスの息子アスクレーピオス〔医神〕。

ヘルメースとペーネロペー(1)の息子パーン。

パーンとエウペーメーの息子にして学芸女神《ムーサ》たちの乳兄弟であるクロトスは、射手座となった。

イーカロス(2)とその娘エーリゴネーは星になった。イーカロスは牛飼い座、エーリゴネーは乙女座に。

アッサラコスの息子ガニュメーデース〔ゼウスにさらわれた〕は十二の星の水瓶座になった。

カドモスの娘イーノーはレウコテアになった。この女神を我々〔ローマ人〕はマーテル・マートゥータとよぶ〔2話〕。

アタマースの息子メリケルテース〔右記のイーノーとアタマースとのあいだに生まれた〕は神パライモーンになった〔2話〕。

ヘルメースとテオブーレーの息子ミュルティロス(3)は御者座になった。

注(1)　ペーネロペーはオデュッセウスの妻と同人らしい。古典古代でこの女性の貞淑は周知されてい

た。同女が百二十九人の求婚者と立て続けに同衾《どうきん》し、その結果パーンが生まれたとする奇怪な話は、神話に猟奇を求めることがしきりとなった紀元後の時代のものであろう。
（2）130話と243話ではイーカリオスだが、ここではイーカロス。
（3）ミュルティロスはオイノマオス王の御者で、ペロプスがヒッポダメイアを勝ち取るのに手を貸した。84話。

225 神々の神殿を最初に建てた者たち

オリュンピアのゼウスのために最初にアルカディアに神殿を建てたのは、トリオパースの息子ペラスゴス(1)である。

テッサロスは、今マケドニアにある、ドードーネー〔エペイロス地方の町〕のゼウスの神殿をモロッソイ人〔エペイロス地方の住民〕の地に建てた。

エレウテールは初めてディオニューソスの像を建て、それがどのように祀《まつ》られるべきかを示した。

イーナコスの息子ポローネウス(2)は、アルゴスでヘーレーのために神殿を初めて建てた。

アレースの妻、アマゾーンのオトレーレー(3)は、エペソスでアルテミスのために神殿を初めて建てた。これはのちに〔欠文〕王により再建された。

ペラスゴスの息子リュカーオーン〔176話〕は、キュレーネー〔北アフリカのリビアの町〕

のヘルメースのために、アルカディアで初めて神殿を建てた。

ピーエリアの［欠文］。


注（1）145話に出ているのと同一人物らしい。ただしパウサニアースは彼を、アルゴスからアテーナイにやってきた女神デーメーテールを自分の館に歓迎した人物と述べている（一・一四・二）。
（2）143話でヘーレー祭祀を始めた功により、ゼウスから最初の王権を授けられたと語られている人物。
（3）アマゾーンの女王ペンテシレイアの母（112話）。

226―237　欠落

238　自分の娘を殺した者たち

アトレウスの息子アガメムノーンは、イーピゲネイアを殺したが、アルテミスが彼女を守った〔98話〕。

同じ者が[1]、籤引《くじび》きで当たったエウボイアの娘カリステネーを、祖国を守るために〔殺した〕。

スコイネウスの息子クリュメノスは、〔娘〕ハルパリュケーを殺した。それは彼女が自分

の息子〔の肉〕を宴会で彼に供したからである。(2)

スパルタ人のヒュアキントスは、娘アンテーイスを、神託に従って、アテーナイ人のために殺した。(3)

パンディーオーンの息子エレクテウス〔アテーナイ王〕は、籤引きで当たったクトニアをアテーナイ人のために殺した。(4)彼女の姉妹たちは自害した。

ヘーパイストスの息子ケルキュオーンは、ポセイダーオーンと姦淫したアロペーを殺した〔187話〕。

アイオロスは、兄弟マカレウスとの姦淫を認めた〔娘〕カナケーを殺した。(5)

注(1)「同じ者」とは誰なのか不明。この部分はマーシャルのテキストのまま訳したが、ボリオとグラントは以下のように処理している。「すなわち、籤を引き当てたエウボイアの娘カリステネーを、祖国を救うために」(ボリオ)、「同人は、エウボイアのカリステネースが、神託に従って、祖国のためにわが娘を殺害した」(グラント)。カリステネー(女)、カリステネース(男)のいずれもギリシャ神話ではみられない名前で、したがって、「同じ者」がアガメムノーンを指すことはあり得ないと思う。

(2)この息子は父親が実の娘ハルパリュケーを犯した結果生まれた。239、246話。

(3)クレータのミーノースがアテーナイを攻め、この町が苦境にあったときの話(アポロドーロス、三・一五・八)。アポロドーロスによればヒュアキントスはスパルタ出身でアテーナイに住んでいた。

(4)46話では、エレクテウスが戦争でポセイダーオーンの息子を殺したため、ポセイダーオーンに強要求されて娘を犠牲にささげたと語られている。

（5）243話ではカナケーは自殺したことになっている。オウィディウス『ヘーロイデース』では父親が娘に剣を送りつけ、彼女はこれで自害することになる（一一・九七～一〇〇）。

239　息子を殺した母たち

アイエーテースの娘メーデイアは、イアーソーンとのあいだに生まれた息子たちメルメロスとペレースを殺した〔25話〕。

パンディーオーンの娘プロクネーは、アレースの息子テーレウスとのあいだに生まれたイテュスを殺した〔45話〕。

カドモスの娘イーノーは、アイオロスの息子アタマースから逃れるとき、彼とのあいだに生まれたメリケルテースを殺した。(1)

テスティオスの娘アルタイエーは、ポルターオーンの息子オイネウスとのあいだに生まれたメレアグロスを殺した。それはメレアグロスが彼女のおじたちを殺したからである〔174話〕。

ヒュプセウスの娘テミストーは、アイオロスの息子アタマースとのあいだに生まれたスピンキオスとオルコメノスを、カドモスの娘イーノーにけしかけられて殺した〔1話〕。

サルモーネウスの娘テューローは、アイオロスの息子シーシュポスとのあいだに生まれた二人の息子を、アポローンの神託に従って殺した〔60話〕。

カドモスの娘アガウェーは、エキーオーンとのあいだに生まれた息子ペンテウスを、ディオニューソスにけしかけられて殺した〔184話〕。

クリュメノスの娘ハルパリュケーは、父の邪心のため我が意に反して父と閨《ねや》をともにし、そのとき身ごもった息子を殺した〔206話、他〕。


注(1) 2、4話では、イーノーはメリケルテースを道連れに海に飛び込んだと語られている。

240 夫を殺した女たち

テスティオスの娘〔14、78話では孫〕クリュタイムネーストレーは、アトレウスの息子アガメムノーンを殺した〔117話〕。

ゼウスとレーダの娘ヘレネーは、プリアモス〔トロイア王〕の息子デーイポボス[1]〔パリス没後、ヘレネーの夫になった〕を殺した。

アガウェーは、王国を父カドモスに与えるため、イリュリアのリュコテルセース[2]を殺した。

オイネウスの娘デーイアネイラは、ゼウスとアルクメーネーの息子ヘーラクレースを、ネッソスにそそのかされて〔服に毒を塗って〕殺した〔36話〕。

プリアモスの娘イーリオネーは、トラーケー人の王ポリュムネーストールを殺した〔109

話）。

セミーラミスはバビュローニアのニノス王を殺した。

注（１）トロイアでパリス没後ヘレネーの夫になっていた。ヘレネーが直接手をくだしたのではなく、デーイポボスの死の原因になったということ。実際に手にかけたのは、以前の夫メネラーオスである（クイントゥス、一三・三五四以下）。

（２）正気を失ったアガウェーがわが子ペンテウスを八つ裂きにしたあと、イリュリアに逃れ、この地で結婚した王（184、254話）。

241　妻を殺した者たち

ゼウスの息子へーラクレースは精神錯乱に陥ってクレオーンの娘メガレーを殺した（32話）。

アイゲウスの息子テーセウスは、アレースの娘であるアマゾーン族のアンティオペーを、アポローンの神託により殺した。(1)

デーイオーンあるいはヘルメースの息子ケパロスは、パンディーオーンの娘プロクリスを殺した（189話）。

注（１）テーセウスによるアンティオペー殺しはオウィディウスも述べているが、この神託については言及がない（『ヘーロイデース』四・一一七～一二〇）。

242　自殺した者たち

ポセイダーオーンの息子アイゲウス〔テーセウスの父〕は海に身を投げた。そのためこの海はアイゲウスの海〔エーゲ海〕といわれる〔43話〕。

ヘーラクレースの息子エウエーノスは、リュコルマース川に身を投げた。この川は今クリューソルロアース〔黄金の流れる川〕とよばれている。[2]

テラモーンの息子アイアースは、武具判定で〔オデュッセウスに〕負けたために自殺した。

ドリュアースの息子リュクールゴスは、ディオニューソスのために狂を発して自殺した。[4]

アイオロスの息子マカレウスは、姉妹カナケーを愛したために自殺した〔238話〕。

ポルターオーンの息子アグリオスは、ディオメーデース〔トロイアで戦った英雄〕により王国から追放され、自殺した〔175話〕。

エラトスの息子カイネウスは自殺した。[5]

イオカステー〔オイディプースの母〕の父メノイケウスは、テーバイの疫病のため城壁から身を投げて死んだ〔67話〕。

アレースの息子ニーソスは、生命にかかわる髪の房を失ったため、自殺した。[6]

スコイネウスの息子、アルカディア王のクリュメノスは、娘〔ハルパリュケー〕と同衾《どうきん》したため自殺した[7]。

パポスの息子、アッシリア人の王キニュラースは、娘スミュルナと閨《ねや》をともにしたために自殺した[8]。

ゼウスの息子ヘーラクレースは火中に飛び込んだ[9]。

アドラストスとその息子ヒッポノオスは、アポローンの神託のために火中に身を投げた[10]。

バビュローンのピューラモスは、ティスベーへの愛のために自殺した[11]。

ラーイオスの息子オイディプースは、母親イオカステーゆえに、おのれの両眼を抉《えぐ》りとり、自殺した[12]。

注(1)　アポロドーロスではアレースの息子。ヒュギーヌスは162話でもこれをヘーラクレースの子としている。アイトーリアの王で、娘マルペッサをイーダースに奪われたとき、これを追ったが、追いつけなかったのでリュコルマース川に身を投げた。爾来《じらい》この川はエウエーノスとよばれた（アポロドーロス、一・七・七〜八）。まさしくこの川でヘーラクレースはネッソスを殺した。

(2)　クリューソルロアース川はミダース王が憑《つ》き物《もの》となった黄金を洗い流した川（191話）。この物語では、この川の名はエウエーノスとするのがふつうである。ソポクレース『トラーキーニアイ』では、ネッソスがエウエーノス川で人をはこんで稼いでいたと述べられている（五五八〜五五九）。

(3)　トロイアでアキレウスが戦死したあと、その武具を誰が継承するかで、大アイアースとオデュッセウスが争った（107話）。この経緯はクイントゥス第五巻で詳述されている。

(4)　132話では、ディオニューソスがリュクールゴスをロドペー山で豹《ひょう》の餌食《えじき》にしたと記されている。

(5)　カイネウスはアルゴー船隊員の一人で、その性転換の話は14話にある。ただし彼が自殺したということは知られていない。アポローニオスは、カイネウスはケンタウロスたちに樅《もみ》の木で叩かれて大地の中に沈んだ、と述べている（一・五七〜六四）。

（6）198話では、自殺ではなく、娘を追いかけるうちに尾白鷲《おじろわし》に変身したとされている。

（7）このクリュメノスは206、238、239、246、253の五話に登場するが、自殺したとは語られていない。

（8）58話ではキニュラースの死は話題になっていない。

（9）飛び込んだというより、火葬壇にはこび上げられたとするのがふつう。

（10）アドラストスがテーバイ攻めの七将の一人と同一人物なのかどうか不明。だとしてもその息子ヒッポノオスという名前は知られていない。七将の一人のアドラストスは、パウサニアースによれば、エピゴノイの闘いでテーバイから帰還する途中、息子アイギアレウスを失った悲しみのあまり、メガラで客死した（一・四三・一）。

（11）オウィディウス『変身物語』四・五五〜一六六。オウィディウス以後この二人の物語はほとんど取り上げられていないので、ヒュギーヌスの手本はオウィディウスらしいとグラントはいう。

（12）ふつう、オイディプースは、盲目《めしい》になったあとテーバイを去り、放浪ののちアッティカのコローノスで死んだとされる。

243 自殺した女たち

キッセウスあるいはデュマースの娘でプリアモスの妻であるヘカベーは、海に身を投げた。彼女は犬〔キュオーン〕の姿に変えられていたので、この海はキュネイオス海〔犬の海。ヘッレスポントスのこと〕とよばれる〔111話〕。

カドモスの娘イーノーは息子メリケルテースとともに海に身を投げた〔2話〕。

アウトリュコスの娘でオデュッセウスの母であるアンティクレイアは、オデュッセウスについての誤った知らせを聞いて自殺した[1]。

イーオバテースの娘で、プロイトスの妻であるステネボイアは、ベッレロポーンへの愛のため自殺した〔57話〕。

ピュラコスの娘エウアドネー[2]は、テーバイで死んだ夫カパネウスのために、同じ火葬壇に身を投げた。

ピッテウスの娘アイトレーは、息子たちが死んだために自殺した[3]。

オイネウスの娘デーイアネイラは、ヘーラクレースのために自殺した。彼女がネッソスに騙されて送ったチュニカ〔ガウンに似た服〕を着たヘーラクレースが、焚死《ふんし》したからである〔36話〕。

アカストスの娘ラーオダメイアは、夫プローテシラーオスを思慕するあまり自殺した〔104話〕。

オイノマオスの娘、ペロプスの妻ヒッポダメイアは、自分がそそのかした結果〔彼女の継子〕クリューシッポス[4]が殺されたために自殺した〔85話〕。

アウトリュコスの娘ネアイラは、息子ヒッポトオスが死んだので自殺した。

ペリアースの娘アルケースティスは、夫アドメートスのために身代わりになって死んだ〔51話〕。

プリアモスの娘イーリオネーは、両親の不運のため自殺した。(5)

ヒュプセウスの娘テミストーは、イーノーにけしかけられて息子たちを殺したために自殺した（1話）。

イーカリオスの娘エーリゴネーは、父の死のためにみずから縊《くび》れて死んだ（130話）。

ミーノースの娘パイドラは、自分の継子ヒッポリュトスを愛したため、みずから縊れて死んだ（47話）。

ピュルリスは、テーセウスの息子デーモポーンのためにみずから縊れて死んだ（59話）。

アイオロスの娘カナケーは、兄弟マカレウスへの愛のために自殺した（238話）。

ミーレートスの娘ビュブリスは、兄弟カウノスへの愛のために自殺した。(6)

アートラースの娘カリュプソーは、オデュッセウスへの愛のために自殺した。(7)

ベーロスの娘ディードーは、アイネイアースへの愛のために自殺した。(8)

メノイケウスの娘イオカステー〔オイディプースの母〕は、息子たちの死と自分の罪業《ざいごう》のため自殺した。(9)

オイディプースの娘アンティゴネーは、ポリュネイケース〔アンティゴネーの兄〕を埋葬したために自殺した（72話）。

テュエステースの娘ペロピアは、父の背徳〔娘を犯したこと〕のため自殺した（88話）。

バビュローンのティスベーは、ピューラモスが自殺したために、自分も自殺した（242話）。

バビュローンのセミーラミスは、馬を失ったとき火葬壇に身を投じた。[10]

注(1) アンティクレイアの死は彼女自身のことば（『オデュッセイア』一一・二〇〇～二〇三）、および豚飼いエウマイオスのことば（同書、一五・三五八～三六〇）で語られるが、オデュッセウスに関する虚報での死は後世の創作らしい。

(2) エウアドネーはふつうイーピスの娘（アポロドーロス、三・七・一）。

(3) アイトレーの息子はふつうテーセウス一人である。またアイトレーが自殺したという話はヒュギーヌス以外ではみられない。

(4) オデュッセウスの祖父と同名であるが、彼にネアイラという娘がいた話は知られていない。

(5) イーリオネーは109話に登場するが、そこで彼女の死は言及されない。

(6) 二人の恋はオウィディウスが長々とつづっている（『変身物語』九・四五〇以下）。

(7) カリュプソーは女神で不死身である。

(8) カルターゴーの女王ディードーの父は、ベーロスに非ず、テュロスの王ムートー。女王の死はウエルギリウス『アエネーイス』第四巻で述べられる。

(9) イオカステーの最期は二様に語られる。オイディプースの罪業が明らかになったとき（ソポクレース『オイディプース王』一二三四以下、縊死《いし》）、テーバイで二人の子供が相打ちで果てたとき（エウリーピデース『ポイニッサイ』一四五五以下、剣で喉を突く）。

(10) ヒュギーヌス以外には知られていない話であるとグラントは指摘している。

244　親族を殺した男たち

アイゲウスの息子テーセウスは、兄弟ネーレウスの息子［欠文］パルラスを殺した。[1]

アンピトリュオーンは、ペルセウスの息子エーレクトリュオーンを殺した。[2]

オイネウスの息子メレアグロスは、スコイネウスの娘アタランテーのために、自分のおじプレークシッポスとアゲーノールを殺した〔174話〕。

ヘーラクレースの息子テーレポスは、自分の祖母ネアイラの息子ヒッポトオスとケーペウスを殺した。[3]

アイギストスは、アトレウス〔自分のおじ〕とその息子アガメムノーンを殺した〔88、117話〕。

オレステース〔アガメムノーンの息子〕は、テュエステースの息子アイギストスを殺した〔119話〕。

プロイトスの息子メガペンテースは、父の死ゆえに、ゼウスとダナエーとの息子ペルセウスを殺した。[4]

リュンケウスの子アバースは、父親のためにメガペンテースを殺害した。[5]

アルペイオス〔川の神〕の息子ペーゲウスは、自分の娘アルペシボイアの娘〔つまり孫娘〕を殺した〔この話は不明〕。

テーレウスの息子アンピーオーンは、自分の祖父の息子たち〔自分のおじたち〕を殺した〔この話も不明〕。

ペロプスの息子アトレウスは、テュエステース〔アトレウスの弟〕の幼い息子タンタロスとプレイステネースを〔殺し、料理して〕祝宴の料理としてテュエステースに供した〔88話〕。

ヘーラクレースの息子ヒュロスは、曾祖父エーレクトリュオーンの兄弟のステネロスを殺した[6]。

アイゲウスの息子メードス[7]は、アイエーテース〔メードスの祖父〕の兄弟で太陽神《ヘーリオス》の息子であるペルセースを殺した〔27話〕。

エウパラモスの息子ダイダロスは、自分の姉妹の息子ペルディクスの技術をねたんで、これを殺した〔39話〕。

注(1)　テーセウスはパンディーオーンの子パルラスを殺したが、ネーレウスという兄弟はなかった。

(2)　アポロドーロス、二・四・六。

(3)　テーレポスの母アウゲーの兄弟。

(4)　メガペンテースとペルセウスは従兄弟どうしで、互いに支配国（ティリュンスとアルゴス）を交換した。しかし前者が後者を殺害したという話はここ以外では不明。

(5)　パウサニアースはリュンケウス、アバース、メガペンテースを語りつないでいるが、この殺害はみられない（二・一六・一～三）。

(6)　ヒュロスの話はここ以外ではみられないとグラントは指摘する。

（7）アイゲウス（テーセウスの父）がメーデイアとの間にもうけた子供。

245 舅や婿を殺した者たち

アイソーンの息子イアーソーン〔アルゴー船隊長〕は、プレギュオナを(1)［欠文］。タンタロスの息子ペロプスは、アレースの息子オイノマオスを殺した〔84話〕。婿を殺した者たち。〔川の神〕アルペイオスの息子ペーゲウスは、アンピアラーオスの息子アルクマイオーンを殺した。(2) 彼はまたエウリュピュロスも殺した。ヘーリオス〔太陽神〕の息子アイエーテースは、アタマースの息子プリクソスを殺した〔3話〕。

注（1）男女いずれの人名としても確認できない語形。テキストでは星印つきなので原形が崩れたらしい。

（2）ふつうはペーゲウスの息子らが手を下したとされる。

246 わが子の肉を祝宴で食べた男たち

アレースの息子テーレウスは、プロクネーとのあいだに生まれたイテュスを食べた〔45話〕。

ペロプスの息子テュエステースは、アーエロペーとのあいだに生まれたタンタロスとプレイステネースを食べた〔88話〕。

スコイネウスの息子クリュメノスは、娘ハルパリュケーから生まれた自分の息子を食べた〔206話〕。

247　犬に食い殺された男たち

アリスタイオスの息子アクタイオーン〔180、181話〕。

アポローンの祭司であるアニオスの息子、デーロス島〔レートーがアポローンを生んだ島〕のタシオス(1)。そのためデーロスには犬はいない。悲劇作家エウリーピデースは神殿で〔犬に〕食べられてしまった。

注(1)　オウィディウスはタソスとよんでいる（『イービス』四七八）。

248　猪に突かれて死んだ男たち

キニュラースの息子アドーニス(1)〔58、251話〕。

リュクールゴスの息子アンカイオスは、カリュドーンの猪に殺された(2)〔173話〕。

アポローンの息子イドモーン。彼はリュコス王のもとに滞在中、アルゴー船隊員たちとともにまぐさ刈りにいっ〔て猪に殺され〕たのであった〔14、18話〕。

アートラースとプレーイオネーとの息子ヒュアースは、猪あるいはライオンに殺された〔192話〕。

注(1) アドーニスが猪に突かれて死んだ話はアポロドーロス、三・一四・四にある。

(2) オウィディウス『変身物語』八・三九一〜四〇二。

249 破滅の松明《たいまつ》

キッセウスあるいはデュマースの娘ヘカベーが生んだと考えられた松明。[1]

ギリシャ人たちが〔トロイアから帰郷する途中〕難破したとき、カペーレウス岬でナウプリオス[2]〔パラメーデースの父〕がかかげた烽火《のろし》。

ヘレネーが城壁からかかげてトロイアを裏切った烽火。[3]

メレアグロスを殺したアルタイエーの燃え木。[4]

注(1) 91話で語られる。ヘカベーがパリスを生む直前にみた夢に出てきたもの。トロイア滅亡の予兆となった。

(2) 116話。他にクイントゥス、一四・六一一〜六二八。

(3) テネドス島に待機していたギリシャ軍への合図。ヘレネーはトロイア王子デーイポボスの妻だった。彼女は自分の寝室から松明をかかげたともいわれる（トリピオドーロス『トロイア落城』五一二〜五二二）。

（4）　アルタイエーがメレアグロスを生んだとき、この子の運命の予兆として宮殿に現れた（174話）。

250　御者を死なせた四頭立て二輪戦車

太陽神《ヘーリオス》がクリュメネーに生ませた息子パエトーン（152A、154話）。

イーロスがレウキッペーに生ませた息子ラーオメドーン(1)。

アレースがアートラースの娘アステリエー(2)に生ませた息子オイノマオス（84話）。

アレースが同女(3)に生ませた息子ディオメーデース（トラーケーの王、30話）。

テーセウスがアマゾーンのアンティオペーに生ませたヒッポリュトス（47話）。

オイクレースがテスティオスの娘ヒュペルメーストレーに生ませたアンピアラーオス(4)。

シーシュポスの息子グラウコスを、ペリアース（イオールコスの王）の葬礼競技で、彼の牝馬たちが食い殺した(5)。

ゼウスがアートラースの娘エーレクトレーに生ませたイーアシオーン(6)。

サルモーネウスは戦車に乗り、雷霆《らいてい》を真似ていたが、戦車もろとも（ゼウスにより）雷霆に撃たれた（61話）。

注（1）　トロイア王。アポロドーロスは、ヘーラクレースが彼の娘ヘーシオネーを救ったとき、馬を与える約束を果たさなかったため、ヘーラクレースに殺されたという（二・五・九）。

（2）84話ではアステロペーとなっている。
（3）ヒュギーヌスが誰のことを指しているのか不明。アポロドーロスはこのディオメーデースの母をキュレーネーとよんでいる（二・五・八）。
（4）テーバイ攻めの七将の一人。敗走中、戦車もろとも大地に飲み込まれた（68話）。
（5）273話。パウサニアースは、アカストスが自分の父（ペリアース）を弔って競技会を開いた際、グラウコス（ベッレロポーンの父親）は馬たちのため最期をとげたといっている（六・二〇・一九）。
（6）イーアシオーンはトロイアの祖先ダルダノスの兄弟。

251　運命女神《モイラ》たちの許しを得て冥界から戻った者たち

デーメーテールは娘ペルセポネーを捜しまわった〔146話〕。
ディオニューソスは、カドモスの娘である母セメレーを捜して〔冥府に〕降りた。[1]
ゼウスの息子ヘーラクレースは、〔冥府の番〕犬ケルベロスを地上へ引き出すために〔30話〕。
アポローンとコローニスの息子アスクレーピオス。[2]
ゼウスとレーダの息子たちカストールとポリュデウケースは、交互の死によって〔交代で〕地上に戻った〔80話〕。
イーピクロスの息子プローテシラーオスは、アカストスの娘ラーオダメイアのために〔103

話〕。

ペリアースの娘アルケースティスは、夫アドメートスのために〔51話〕。

アイゲウスの息子テーセウスは、ペイリトオスのために。[3]

テーセウスの息子ヒッポリュトスは、アルテミスの意志によって。彼はのちにウィルビウスとよばれた。[4]

オイアグロスの息子オルペウスは、妻エウリュディケーのために。[5]

キニュラースとスミュルナの息子アドーニスは、アプロディーテーの意志によって。[6]

ミーノースの息子グラウコスは、コイラノスの息子ポリュエイドスによってよみがえった〔136話〕。

ラーエルテースの息子オデュッセウスは、祖国のために。[7]

アンキーセースの息子アイネイアースは、父親のために。[8]

マイアの息子ヘルメースは、しょっちゅうそこへ旅をした。[9]

注(1)　アポロドーロス、三・五・三。パウサニアース、二・三一・二。

(2)　医神アスクレーピオスはゼウスの雷で打たれて死んだあと、星（神）になった。地上によみがえったわけではない。

(3)　テーセウスは友人ペイリトオスの嫁さらいに協力して冥府へ降り、許されて地上へ戻った、ということらしい。79話ではヘーラクレースの尽力で二人とも無事地上に戻ったとされている。ふつうはペイリトオスは永劫に冥府にいるものとされる。

(4)　49話では、（グラウコスとともに）アスクレーピオスによってよみがえったとなっている。故国を追われコリントス近傍で死んだヒッポリュトスが、イタリアでよみがえりウィルビウスとなった経緯はオウィディウスが語っている（『変身物語』一五・四九二～五四六）。

（5）蛇に嚙まれて死んだ妻エウリュディケーを取り戻すべくオルペウスは黄泉《よみ》の国へ降りたが、ハーデースとの約束を破って、地上に達する直前に振り返ったため、再びエウリュディケーを失った。オウィディウス『変身物語』一〇・一～六三。ウェルギリウス『ゲオルギカ』四・四五三～五〇六。

（6）オウィディウスはアドーニスの死を語っているが、その再生については無言（『変身物語』一〇・二九八以下）。これはプロペルティウスの作品でも同じ（『エレギーア』二・五三～五六）。

（7）『オデュッセイア』第一一巻で詳述されている。

（8）ウェルギリウス『アエネーイス』第六巻で詳述されている。

（9）死者を冥府にみちびくのはヘルメースの役割の一つ。

252　野獣の乳で育てられた者たち

ヘーラクレースとアウゲーの息子テーレポスは、牝鹿によって〔99話〕。

テュエステースとペロピアの息子アイギストスは、山羊によって〔87、88話〕。

ポセイダーオーンとメナリッペー〔メラニッペーとも〕の息子アイオロスとボイオートスは、牝牛によって〔186話〕。

ポセイダーオーンとアロペーの息子ヒッポトオスは、牝馬によって〔187話〕。

マルスとイーリア（1）の息子ロームルスとレムス〔双子の兄弟でローマ建国の祖〕は、牝狼によって（2）。

イーデー山で捨てられたネストール（3）の息子アンティロコスは、牝犬によって。

アミュムナエイー人の王ハルパリュコスの娘ハルパリュケーは、牝牛と牝馬によって〔193話〕。

ウォルスキー人〔ローマの一民族〕の王メタブスの娘カミラは、牝馬によって（4）。


注（1）マルスはアレースに対応する古代ローマの戦神。イーリアは「トロイアの女」という意味の名前で、リーウィウスはこれをレア・シルウィアとよんでいる（一・三）。
（2）リーウィウス、一・三～四。
（3）ネストールはペロポンネーソス半島の南西部の町ピュロスの王。息子を捨てるべく、彼なり召し使いなりがはるばるトロイアに近いイーデー山まできたとは考えられない。アンティロコスは後にトロイアの戦野で討ち死にする。
（4）ウェルギリウス『アエネーイス』一一・五七〇～五七二。

253　背徳の交わりをした者たち

イオカステーは息子オイディプースと〔67話〕。

ペロピアは父テュエステースと〔87、88話〕。

ハルパリュケー〔252話の同名女性とは別人〕は父クリュメノスと〔206話〕。

ヒッポダメイアは父オイノマオス[1]と。

プロクリスは父エレクテウスと。この情交からアグラウロス〔娘〕が生まれた[2]。

ニュクティメネーはレスボスの王である父エポーペウスと〔204話〕。

メネプローン[3]は、アルカディアで娘キュレーネーと、また自分の母ブリアースと。


注(1) この父娘の話はよく知られているが、オイノマオスが娘を容易に結婚させようとしなかった一つの理由として、父親が娘に懸想《けそう》したから、とまでは述べられているものの、二人が床をともにしたという話はここ以外では知られていない（アポロドーロス「摘要」二・四）。
(2) プロクリスの父との近親相姦を語るのはヒュギーヌスだけだとグラントは指摘している。
(3) オウィディウス『変身物語』七・三八六にみられる人物らしいが、それ以外は不明。

254 この上なく肉親に忠実な者たち

オイディプースの娘アンティゴネーは、兄弟ポリュネイケースの葬礼を行った〔72話〕。

アガメムノーンの娘エーレクトレーは、弟オレステースのために〔117、122話〕。

プリアモスの娘イーリオネーは、〔弟〕ポリュドーロスと両親に対して〔109話〕。

テュエステースの娘ペロピアは父のために。彼女は父の復讐を果たそうとした〔88話〕。

トアースの娘ヒュプシピュレーは父のために。彼女は父の命を奪わなかった〔15話〕。

アイエーテースの娘カルキオペー〔3話〕は、父が王国〔コルキス〕を失ったときも父を見捨てなかった(1)。

ハルパリュコスの娘ハルパリュケーは、戦のとき父を守って敵を敗走させた〔193話〕。

イーカリオスの娘エーリゴネーは、父が死んだとき、みずから縊《くび》れて死んだ〔130話〕。

カドモスの娘アガウェーは、イリュリアで王リュコテルセースを殺し、父に王国を与えた〔240話〕。

ミュコーンの娘クサンティッペーは、牢に閉じ込められた父に、命をつなぐ食物として自分の乳を与えた(2)。

サルモーネウスの娘テューローは、父のために自分の息子たちを殺した〔60話〕。

シキリアでエトナ山が燃え始めたとき、ダーモーンは母を火から救い出し、同様にピンティアースは父親を救い出した(3)。

同様にアイネイアース(4)はイーリオン〔トロイア〕で父アンキーセースを肩にかつぎ、息子アスカニオスをも一緒に戦火から救い出した(5)。

キューディッペーの息子たち、クレオプスとビティアース(6)。アルゴスのヘーレーの女祭司キューディッペーが、牡牛たちを牧場に送りだしたが、この牛どもが死んで、山中のヘーレーの神殿で犠牲の儀式を挙行すべき刻限までに現れない、という事態になった。犠牲が定められた刻限にささげられなかった場合、女祭司は殺されたものであった。騒動のさなか、クレオプスとビティアースは牡牛に代わってみずからを軛《くびき》につなぎ、母親と犠牲に使用する道具類を乗せて祭壇へとはこんできた。供犠が済むと、キューディッペーはヘーレーに、もし自分が供犠を敬虔《けいけん》に行ったならば、もし息子たちが女神に対して敬虔であったのであれば、人間が得ることのできる最高の幸せを、自分の息子たちに与えてくれるよう、祈願した。祈願が終わり、息子たちは母を荷車に乗せて家に連れ帰り、疲れて眠りについた。しかし、キュ－ディッペ－は、人間にとって死より良いものはないことを、賢明にも知っており、そのため彼女はみずから望んで死んだ。

注（1）アイエ－テ－スは兄弟ペルセ－スに王権を奪われたが、人知れず帰国していたメ－デイア（カルキオペ－の姉妹）の働きで復権を果たした（アポロド－ロス、一・九・二八）。カルキオペ－の行動は不明。

（2）ウァレリウス・マクシムス、五・四（外国篇）。この著者はクサンティッペ－をペ－ロ－とよんでいる。

（3）ダ－モ－ン、ピンティア－スは、257話でモエロス、セリ－ヌ－ンティオスに代わるべき人物で、なぜここに二人が登場するのか不明とグラントはいっている。

（4）エトナ山噴火が話題であるここに、「同様に」という繋ぎでアイネイア－スの話があるのは意味不明。グラントは改竄者の加筆と推測している。

（5）戦火のどさくさの中、英雄が父を肩にかつぎ息子ユ－ルス（アスカニオス）の手を引いてイ－デ－山へ脱出するくだりはウェルギリウスが語っている（『アエネ－イス』二・七〇七以下）。他にクイントゥス（一三・三一七～三二四）。

（6）へ－ロドトス（『歴史』一・三一）およびウァレリウス・マクシムス（五・四、「外国篇」）が伝える話では、この二人の名前はクレオビスとビト－ンとなっている。

255　極悪非道の女たち

ニーソスの娘スキュルラは父を殺した〔198話〕。

ミーノースの娘アリアドネーは、兄弟を［欠文］そして息子たちを殺した。(1)

パンディーオーンの娘プロクネーは息子を殺した〔45話〕。

ダナオスの娘たちは、夫たちと父方の従兄弟たちを殺した〔168話〕。

レームノス島の女たちは父たちと息子たちを殺した〔15話〕。

クリュメノスの娘ハルパリュケーは、父との交わりによって生まれた息子を殺した〔206話〕。

ローマのトゥリアは父の死体の上に馬車を駆り立てた。「悪逆通り」〔ウィクス・スケレラートゥス〕はこれから名づけられた。(2)


注(1)　テキストに欠損があり、「殺した」のが誰なのか不明。
(2)　リーウィウス、一・四八・五。セルウィウスは王政期ローマの六代目の王、クーデタで殺害された。トゥリアはその娘。

256　この上なく貞淑な女たち

イーカリオスの娘でオデュッセウスの妻のペーネロペー。

ピュラコスの娘でカパネウスの妻のエウアドネー（243話）。

アカストスの娘でプローテシラーオスの妻のラーオダメイア（103、104話）。

キッセウスの娘でプリアモスの妻のヘカベー。

テストールの娘テオノエー[1]。

ペリアースの娘でアドメートスの妻のアルケースティス（51話）。

ローマ人の中では、ルクレーティウスの娘でコラーティーヌスの妻のルクレーティア[2]。


注（1）テオノエーは190話に登場するが、ここにみられる彼女の振る舞いは決して貞淑ではない。
（2）リーウィウス、一・五八。オウィディウス『祭暦』二・七四一〜八五二。

257　刎頸《ふんけい》の交わりを結んだ者たち

ストロピオスの息子ピュラデースは、アガメムノーンの息子オレステースと（119、120話）。

イクシーオーンの息子ペイリトオスは、アイゲウスの息子テーセウスと（79話）。

ペーレウスの息子アキレウスは、メノイティオスの息子パトロクロスと〔ともにトロイアで活躍〕。

テューデウスの息子ディオメーデースは、カパネウスの息子ステネロスと〔ともにトロイアで活躍〕。

アイアコスの息子ペーレウス〔アキレウスの父〕は、アミュントールの息子ポイニクス(1)と。

ゼウスの息子ヘーラクレースは、ポイアースの息子ピロクテーテースと。(2)

ハルモディオスとアリストゲイトーンは兄弟のように。(3)

シキリアでは、暴君ディオニューシオスがこの上もなく残虐であり、市民たちを責め殺したので、モエロスは暴君を殺そうとした。衛兵たちが武装している彼を捕らえ、王のもとに連行した。彼は尋問されると、王を殺そうとしたと答えた。王は彼を磔《はりつけ》にするよう命じた。モエロスは姉妹の結婚のために三日の猶予を王に求め、自分が三日目に戻ってくる保証人として、友人であり仲間であるセリーヌーンティオスを王に差し出した。(4)王は彼に姉妹の結婚のための猶予を認め、もしモエロスが定められた日までに戻ってこなければ、その友が同じ罰を受けるのだとセリーヌーンティオスに宣告してモエロスを釈放した。彼が姉妹を結婚させて戻るときに、突然雨嵐が生じ、歩いて渡ることも泳ぎ渡ることもできないほど川が増水した。モエロスは川岸に座り込み、友が自分の身代わりに死ぬのではないかと泣きはじめた。

さて、既に三日目の六時間が過ぎたのにモエロスが戻ってこないので、パラリス(5)がセリーヌーンティオスを磔にするよう命じると、セリーヌーンティオスはまだ三日目は過ぎていないと答えた。既に九時間が過ぎたので、王はセリーヌーンティオスを磔柱《はりつけばしら》まで引いていくよう命じた。彼が引かれてくると、やっとのことで、ついにモエロスが川を渡り、刑吏に追いついて遠くから叫んだ。「役人よ、待て！　彼が保証してくれた者はここにいる。」

このことが王に知らされると、王は二人を自分の前に連れてこさせ、彼らに自分を友として受け入れるように懇願し、モエロスの一命を助けた。

ハルモディオスとアリストゲイトーン(6)。同じくシキリアで、この同じパラリスをハルモディオスが暗殺しようと望んでいた。彼は見せかけのため、子豚をもつ母豚を殺し、血刀を下げて友人のアリストゲイトーンのもとにやってきて、母を殺したと告げ、匿《かくま》ってくれるよう彼に懇願した。匿われると、彼はアリストゲイトーンに、出かけていって母親に関する噂《うわさ》を自分に知らせてくれるように頼んだ。いかなる噂もなかった。

二人は夕方まで、二人のうちどちらが、相手のためにより良く働けるかを知ろうとして、口論を続けた。ところがアリストゲイトーンは、ハルモディオスが母親を殺したことを責めようとしなかった。ハルモディオスは彼に、自分は子もちの母豚を殺したので、母を殺したといったのだ、と打ち明けた。そして彼に、王を殺したいと思っていることを告げ、自分を援助してくれるよう懇願した。

王を殺しにやってきたとき、彼らは武器をもっているところを衛兵たちに捕らえられた。

暴君の前に連行される途中で、アリストゲイトーンは衛兵の手から逃れた。さて、ハルモディオスはひとり王の前に引き出され、王から仲間は誰だったのか尋問されると、友を裏切ることがないように、自分の歯で舌を嚙みきって、それを王の顔に吐きつけた。

ニーソスはエウリュアロスの親友であり、彼のために死んだ[7]。

注(1)　アキレウスのお目付け役として、ともにトロイアへ出征した。

(2)　確かにヘーラクレースは火葬壇に火をつけてくれたことを多として、ピロクテーテースに弓矢をくれたが、両者の間の友情云々はギリシャ神話ではみられない。

(3)　この二人は、次の話（モエロスとセリーヌーンティオス）が済んだところで再び取り上げられる。ヒュギーヌスの本文に改竄、加筆の手が加えられたことがはっきりみてとれる部分である。

(4)　モエロス、セリーヌーンティオスを、ウァレリウス・マクシムスはダーモーン、ピンティアースとよんでいる（四・七「外国篇」）。キケローも二人をダーモーン、ピンティアースとよび、ピタゴラス派の学徒だったという（『義務について』三・四五）。キケローおよびウァレリウス・マクシムスによると、友情の奇跡が生じたあと、暴君ディオニューシオスは、自分もその友情の仲間に加えるよう求めた。ヒュギーヌスはダーモーン、ピンティアースという名前をまったく異なる話の主人公たちにあてている（254話）。ついでながら太宰治の小説で三人の人物の名前はメロス、セリヌンティウス、（暴君）ディオニスとなっている。

(5)　上でディオニューシオスとよばれているのに、なぜかここでこの名前になっている。ちなみにパラリスはアグリゲントゥムの暴君の名前である。次の話のパラリスと同様に「暴君」の意味で用いられたようだ。

(6)　歴史上の人物としてのハルモディオスとアリストゲイトーンはヒッパルコス（ペイシストラトス

の子）を暗殺した。ヘーロドトス、五・五五。トゥーキューディデース、一・二〇。
（7）この二人は、トロイアを去ってイタリアにきたアイネイアースの若い部下で、ともにルトゥリー人に殺される（ウェルギリウス『アエネーイス』九・一七六～四四五）。

258　アトレウスとテュエステース

アトレウスとテュエステースの兄弟は反目しつつも、互いに相手を害することができなかったので、和解するふりをした。その折、テュエステースは兄の妻と密通した。しかし、アトレウスは弟の息子を〔殺し、〕料理して彼に供した。太陽はこの出来事に穢《けが》されぬように逃げ去った。しかし、真相はこうである。アトレウスがミュケーナイで最初に日蝕を確認した。これをねたんでテュエステースは城市を去った[1]〔88話〕。

注（1）グラントは258話から261話までをセルウィウスの作品であるとして、その翻訳から削除している。

259　リュンコス

リュンコスはシキリア〔ボリオ本ではスキュティア〕の王であった。彼は、人間たちに穀物を教えるためデーメーテールによって遣《つか》わされたトリプトレモス〔147話〕を迎え入れて歓待したが、かくも偉大な名誉を自分のものとするため、彼を殺害する計画を立てた。デーメ

ーテールはこれを知って怒り、彼がさまざまに変わる心の持ち主だったので、彼をさまざまな色になるヤマネコに変えた。(1)

注(1)　オウィディウス『変身物語』五・六四二～六六一。ここでオウィディウスはリュンコスをスキュティアの王とよんでいる。

260　エリュクス

エリュクスは、アプロディーテーとブーテースの息子(1)であった。彼はヘーラクレースに殺された。彼は自分の埋葬により山〔シキリアにあるエリュクス山〕に名を与えたが、この山にアイネイアースはアプロディーテーの神殿を建てた。(2)さて、この山にはアンキーセース〔アイネイアースの父〕も葬られている。もっとも、カトー〔古代ローマの作家〕に従えば、アンキーセースはイタリアまでいった。(3)

注(1)　アプロディーテーが母だから、アイネイアースとは異父兄弟である。ウェルギリウス『アエネーイス』五・二四。ディオドーロス、四・八三・一。

(2)　ディオドーロスは、エリュクス自身がエリュクスという町の一番高いところ（つまりこれがエリュクス山）に母アプロディーテーの神殿を建てたといっている（前掲箇所）。さらにエリュクスはここでヘーラクレースと格闘して敗れ、国土を譲りわたした（同、四・二三・二）。

(3)　ウェルギリウスはアンキーセースがシキリアで死んだという（『アエネーイス』三・七〇八以下）。

261　知らずにアルテミスの牝鹿を殺したアガメムノーン

ギリシャ人たちが、ギリシャ〔各地〕からアウリス〔ボイオーティアの港町〕へ集結したとき、アガメムノーンは知らずにアルテミスの牝鹿を殺したので、女神は怒り、風を遠ざけてしまった。そのため、彼らは出帆することができず、疫病に苦しんだので、神託を求めると、アガメムノーンの血によってアルテミスがなだめられなければならない旨が告げられた。

それゆえ、オデュッセウスによって結婚を口実にイーピゲネイアがよびよせられ、そのイーピゲネイアがまさに犠牲に供されようとしたとき、女神の憐れみによって彼女は天に引き上げられ、牝鹿がその身代わりになった。(1) 彼女はタウリケーの地に連れられていき、トアース王に引き渡された〔120話〕。彼女は神官にされ、アルテミス・ディクテュンナ〔網で猟をする女神〕のために定められた慣習に従い、人間の血によって女神をなだめていた。

あるとき、彼女は弟のオレステースをみかけた。彼は、自分の正気を回復するための神託(2)を受けると、友人ピュラデースとともにコルキス人の国へおもむき、そしてトアースを殺害した。それから彼は、松明《たいまつ》がその象徴となることで有名な（ゆえにアルテミスはルーキフェラ「光をもたらすもの」ともよばれる）アルテミスの神像をはこび出した。彼はそれを薪束《ファスキス》の中に隠し（このことからアルテミスはファスケリスとよばれる）、これを〔ラティウムの〕アリーキアに持ち込んだ。

しかし後になって、犠牲に供されるのが奴隷たちであるとはいえ、犠牲の残酷さがローマ人たちに不快感を与えたので、アルテミス〔の像〕はスパルタへ移された。ここでは若者を鞭打つという形での犠牲の習慣が守られていた。この儀式はボーモネイカイとよばれていた。何故《なぜ》なら、祭壇〔ボーモス〕の上にのせられた者のうち、誰がより多くの鞭打ちに堪え得るかを競った〔ネイコス、競争〕からである。

しかし、オレステースの骨はアリーキアからローマに移され、サートゥルヌス〔ギリシャの神クロノスに対応〕の神殿の前に埋葬された。その場所はカピトーリウムの丘の前、コンコルディア〔結合の女神〕の神殿の近くにある。(3)

注(1)　ギリシャ軍のために犠牲にされるイーピゲネイアの物語はエウリーピデース『アウリスのイーピゲネイア』で詳述されている。

(2)　ボリオのテキストでは「姉の失踪にかかわる神託」と読んでいる。

(3)　イーピゲネイアのことは98、120話などで語られている。ここはおおむねボリオの解釈に従った。

262―268　欠落

269　この上なく高名な者たち

［欠文］ゼウスとエウローペーの息子。アレースのもう一人の息子であるキュクノス。彼もヘーラクレースによって殺された。

270　この上なく美しかった男たち

コリュトスの息子イーアシオーン。デーメーテールによって愛されたといわれる。[1] これは歴史にあるので、本当のことだと思われる。

パポスの息子でアッシリア人たちの王キニュラース。[2]

アッサラコスの息子アンキーセース〔アイネイアースの父〕。彼はアプロディーテーに愛された〔94話〕。

プリアモスとヘカベーの息子アレクサンドロス・パリス。ヘレネーは彼の妻となった〔91、92話〕。

カロポスの息子ニーレウス。[3]

パンディーオーンの息子ケパロス。[4] 彼は暁《エーオース》の女神に愛された〔189話〕。

ラーオメドーン〔トロイア王〕の息子で暁《エーオース》の女神の夫たるティートーノス〔189話〕。

メレアグロスとアタランテーの息子パルテノパイオス〔99話〕。

ペーレウスとテティスの息子アキレウス〔96話〕。

メノイティオスの息子パトロクロス〔アキレウスの無二の親友〕。

ヘレネーを愛したイードメネウス(5)。

アイゲウスとアイトレーの息子テーセウス。彼はアリアドネー〔ミーノースの娘〕に愛された〔42話〕。


注(1)『オデュッセイア』五・一二五〜一二八。
(2) 通説ではキニュラースはキュプロス島の王〔アポロドーロス、三・一四・三、『イリアス』一一・一五以下〕。ヒュギーヌスは58、242話でもアッシリア王としている。
(3) シューメー島の王で、ヘレネー求婚者の一人〔81話〕。
(4) ケパロスの父親としては、デーイオーン〔48、189、273話〕、パンディーオーン〔この270話〕、ヘルメース〔160話〕、デーイオーンまたはヘルメース〔241話〕と四説あり、テキスト継承に混乱がみられる。
(5) クレータ島の王で、デウカリオーンの息子。ヘレネー求婚者の一人で、トロイアで活躍する。

271　この上なく美しい若者たち

キニュラース(1)とスミュルナの息子で、アプロディーテーが愛したアドーニス〔58話〕。

アイトーロスの息子で、セレーネー〔月の女神〕が愛したエンデュミオーン。

エリクトニオスの息子で、ゼウスが愛したガニュメーデース。(2)

オイバロスの息子で、アポローンが愛したヒュアキントス。(3)

ケーピーソス川の神の息子で、自分自身を愛したナルキッソス。(4)

ヘルメースとアプロディーテーの息子で、ヘルマプロディートス〈両性具有神〉といわれたアトランティウス。(5)

テイオダマースの息子で、ヘーラクレースが愛したヒュラース。(6)

ペロプスの息子で、競技場からテーセウスが誘拐したクリューシッポス。(7)

注(1) ふつうはアエトリオスとされる。グラントはこれをヒュギーヌスの過誤としている。
(2) 224話ではアッサラコスの息子とある。もともとガニュメーデースの父親については説が多い。
(3) オウィディウス『変身物語』一・一六二～二一九。アポロドーロス、三・八・三。
(4) パウサニアース、九・三一・七～八。オウィディウス『変身物語』三・三三九以下。
(5) オウィディウス『変身物語』四・二八八～三八八。ただ、ここではアトランティウスという名前は出てこない。
(6) 英雄とともにアルゴー船に乗り込んだが、ミューシアでニュンペーらにかどわかされる（14話）。
(7) ラーイオスが誘拐したとするのがふつうの形（85話）。

272 アレイオスパゴスで裁判にかけられた親族殺害者たちに対する判決

〔タイトルだけで物語は欠落〕

273　最初の競技大会設立者たち、十五番目のアイネイアースまで

〔欠文〕五番目は、アルゴスの町でベーロスの息子ダナオスが設立した競技で、彼の娘たちの婚礼を祝う歌をともなった。そこからこの歌はヒュメナイオス〔祝婚歌〕とよばれた。

さて、六番目は再びアルゴスでアイギュプトスの息子リュンケウスが、アルゴスの〔女神〕ヘーレーのために行った競技。これはアスピス・エン・アルゲイ〔アルゴスの円い盾〕とよばれている。この競技では勝利者は冠の代わりに円い盾を受け取る。というのは、リュンケウスとヒュペルメーストレーとの息子アバースが、両親にダナオスが死んだことを知らせると、リュンケウスは、ダナオスが若いころ携《たずさ》え、のちにヘーレーに奉納した円い盾をアルゴスのヘーレーの神殿からもち去り、それを息子アバースに贈り物として与えたからである〔170話〕。この競技では、一度勝利を博し、再び競技場に降り立つ者は、再び勝たない限り罰せられるので、同じ者が出場することはあまりない。

さて、七番目に、ゼウスとダナエーの息子ペルセウスが、自分の養育者ポリュデクテースのために、セリポス島で葬礼競技を行った。彼は競技中に祖父アクリシオスを打ち殺した〔63話〕。従って、彼が自分の意志で望まなかったことが、神々の意志によってなされたのである。

八番目、ヘーラクレースはタンタロスの息子ペロプスのために、オリュンピアで競技大会を設立した。この競技でヘーラクレースみずから、アカレウス相手にパムマキオン[1]の試合をした。我々〔ローマ人〕はこれをパンクラティウムとよんでいる。

九番目、ネメアで、リュコスとエウリュディケーの息子アルケモロスのために競技大会が行われた。テーバイ攻めにおもむいた七将がこの大会を行った。この競技大会では、のちに、イアーソーンとヒュプシピュレーとの息子、エウネオースとデーイピュロスが競走で勝利を博した。この競技大会でも、ピューティア[2]を演奏するフルート奏者は、七人の役者を率いていた。役者らは声だけで歌った。そのため、のちにフルート奏者はコラウレース[3]とよばれた。

十番目、イストミアの競技大会〔2話〕を、アタマースとイーノーとの息子メリケルテースのために、エラトクレースが設立した。テーセウスの名前を挙げる詩人たちもある。

十一番目はアルゴー船隊員たちが、イアーソーンがそれと知らずに夜、海岸で殺してしまったプロポンティスのキュジコス王〔16話〕とその息子のために行ったもので、跳躍、格闘、槍投げの試合があった。

さて、十二番目はアルゴス人のために、ペリアースの息子アカストスが設けた競技である。この大会では、ボレアース〔北風神〕の息子ゼーテースが長距離走で、同じボレアースの息子カライスが往復徒歩競走《ディアウロス》で、ゼウスの息子カストールがふつうの徒歩競走で、同じくゼウスの息子ポリュデウケースが籠手《こて》を用いた拳闘で、アイアコスの息子テラモーン〔大アイアースの父〕が円盤で、同じアイアコスの息子ペーレウス〔アキレウスの父〕が格闘で、ゼウスの息子ヘーラクレースがパムマキオンで、オイネウスの息子メレアグロスが槍投げで勝った。アレースの息子キュクノスはディオドトスの息子ピーロスを武器で殺した。ベッレロポーン〔ベッレロポンテース〕は馬くらべで勝った。四輪戦車競技ではイーピクロスの息子イオラーオスがシーシュポスの息子グラウコスを破った。グラウコスを馬たちが嚙んで八つ裂きにした〔250話〕。ヘルメースの息子エウリュトスは弓術で、デーイオーンの息子ケパロスは投石器で、マルシュアースの弟子オリュンポス〔165話〕は笛で、オイアグロスの息子オルペウスは竪琴で、アポローンの息子リノスは歌で、ポセイダーオーンの息子エウモルポス〔46話〕はオリュンポスの笛に合わせ、声で勝った。

十三番目、イーリオン〔トロイア〕でプリアモスは、自分が殺すように命じた息子、パリスのために記念碑を建て、競技大会を催した。この競技で競走に出場したのは、ネーレウスの息子ネストール、プリアモスの息子ヘレノス、同じくプリアモスの息子デーイポボス、同じくポリーテース、ヘーラクレースの息子テーレポス、ポセイダーオーンの息子キュクノス、ゼウスの息子サルペードーン、まだ認知されていないプリアモスの息子、羊飼いのアレクサンドロス・パリスである。しかし、パリスが勝ち、プリアモスの息子であることが明らかになった〔91話〕。

十四番目、アキレウスがパトロクロスのために葬礼競技を行った。この競技では大アイアースがレスリングで勝ち、賞として黄金の大釜を受け取った。ついでメネラーオスが槍投げで勝ち、賞として黄金の槍をもらった。この競技が終わると、アキレウスはプリュギア〔トロイア〕の十二人の捕虜と馬と犬をパトロクロスの火葬壇に投げ入れた(4)。

十五番目、アプロディーテーとアンキーセースの息子アイネイアースが、シキリアで彼を歓待したアケステース、すなわちクリーミーソス川神の息子のもとで行った競技。ここでアイネイアースは、父の葬儀をにぎにぎしく執り行い、娯楽と試合で祖霊を慰めた。この競技大会では最初にボートレースが行われた。メネステウスはピストリス丸、ギュアースはキマイラ丸、セルゲストスはケンタウロス丸。さて、勝ったのはスキュルラ丸のクロアントスで、彼は賞として銀一タラントン〔古代ギリシャ・ローマの通貨単位〕、および紫の糸でガニュメーデース像が織り込まれた、金の刺繍のある外套を受け取った。メネステウスは甲冑を手に入れた。ギュアースは鉢と銀の象眼の酒杯をもち去った。セルゲストスは二人の息子を連れた、ポロエーという名の女捕虜を受け取った。

次いで第二の試合の競走に出場したのはニーソス、エウリュアロス、ディオーレース、サリオス、エリュモス、パノペウス。エウリュアロスが勝ち、賞として見事な馬飾りをつけた馬を勝ち取り、二位エリュモスはアマゾーンの箙《えびら》を、三位ディオーレースはアルゴリスの兜を受け取った。アイネイアースは、サリオスにライオンの皮を、ニーソスにディデュマーオーン作の円い盾を与えた。

第三の試合では、ダレースとエンテロスが籠手を用いた拳闘をした。エンテロスが勝ち、賞として牡牛を受け取った。ダレースには兜と剣が与えられた。

第四の試合ではヒッポコオーン、メネステウス、アケステース、エウリュティオーンが弓術の技を競った。エウリュティオーンは賞として兜を受け取った。それは彼が判定者〔アイネイアースのこと〕に差し向けられた予兆を理解して、アケステースに名誉を譲ったからである。(5)

第五の試合ではアスカニオス〔アイネイアースの息子〕を指揮者として少年たちが騎馬模擬戦《トロイア》を行った。(6)

注(1) レスリングと、素手および籠手《こて》を用いるボクシングからなる試合。

(2) 大蛇ピュートーンと格闘するアポローンを讃える歌。

(3) コーラス隊にフルートで伴奏する楽人。

(4) 『イリアス』二三巻で語られている。

(5) アケステースの投げた槍が空中で真っ赤に燃え、これをアイネイアースは重要な予兆とみた。ウェルギリウス『アエネーイス』五・五一九〜五四二。

(6) この模擬戦は、ウェルギリウス『アエネーイス』五・五四八〜六〇二で述べられているものを指しているらしい。

274　誰が何を発見・発明したか

ケラソスなる者が、葡萄酒にアイトーリアのアケローオス川の水を混ぜた。このことから混ぜることは〔ギリシャ語で〕ケラサイといわれる。さて、我が民族〔ローマ〕の昔の人々は食事用寝椅子〔古代ギリシャ・ローマの宴席では横臥して食事した〕で柱に子ロバの頭を葡萄蔓《ぶどうづる》で結びつけていた。これは、ロバが葡萄のおいしさを発見したことを表している。さて、山羊が先端を嚙みきった葡萄蔓はより多くの果実をもたらした。それで人々は剪定《せんてい》をも発見した。

ペレトロニオスは馬の手綱と鞍を最初に発明した。

ベロネーは最初に針を発明した。針はギリシャ語でベロネーとよばれる。

アゲーノールの息子カドモスは、テーバイで最初に青銅を発見し生産した。

ゼウスの息子アイアコスは、パンカーイアのタソス山〔所在不明〕で黄金を最初に発見した。

スキュティアのインドス王は銀を最初にみつけた。それをエリクトニオス〔アテーナイの初期の王の一人〕が最初にアテーナイにもたらした。

ペロポンネーソスにある都市エーリスで、四頭立て二輪戦車の試合が最初に行われた。

キュベレー〔大地母神〕の息子、プリュギアのミダース王は白と黒の鉛を最初に発見した。

アルカディア人は最初に神々を祀《まつ》った。

イーナコス〔川の神〕の息子ポローネウスは、最初にヘーレーのために武器を作った(1)。彼はこのために最初の支配権を与えられた。

クロノスの息子、ケンタウロス〔半人半馬の一族〕のケイローンは、初めて薬草を使った外科手術を始めた(2)。アポローンは目の医術を最初に行った(3)。三番目に、アポローンの息子アスクレーピオスが臨床医術を発明した。

昔は産婆がいなかったので、女たちが羞恥心のために死んだ。というのは、アテーナイ人たちは奴隷と女に医術を学ばせようとしなかったからである。あるハグノーディケーという少女が医術を学ぶことを切望した。彼女は熱望のあまり、髪を切り男の服装をしてヘーロピロス(4)という者の弟子になった。医術を修め、ある女が分娩しようとしていることを聞くと、彼女はその女のもとにいった。女は彼女を男だと思って信用しようとしなかったので、彼女は下着をもち上げて、自分が女であることを示した。彼女はこのようにして女たちの世話をした。医者たちは、自分らが女たちのところに招かれないことを知ると、ハグノーディケーを非難し始め、「彼は女たちの稚児《ちご》であり、誘惑者である。女たちは病気のふりをしているのだ」といった。最高法院の会議が開かれると、会員たちはハグノーディケーの非難を始めた。彼らに対し、ハグノーディケーは下着をもち上げ、自分が女であることを示した。すると、医者たちはますます非難の度を強めた。そこで主立った女たちが法院に集まってきていった。「あなた方は夫ではなく敵である。なぜなら、私たちに安全をみつけだした彼女をあなた方は非難しているのだから。」そこで、アテーナイ人たちは自由民の女が医術を学べるように法律を改めた(5)。

ダイダロスの姉妹の息子ペルディクスは、魚の骨からコンパスと鋸《のこぎり》を考え出した〔39話〕。

エウパラモスの息子ダイダロスは神々の像を最初に作った。

カルダイア〔広い意味でバビュローニアのこと〕で、海からやってきたといわれるオアンネスは天文の解釈を創始した。

リューディア人は、サルデイス〔小アジアのリューディア地方の首都〕で羊毛を、のち、同じく糸を染めた。

パーンは牧者の笛の音楽を初めて作った。

シキリアでデーメーテールが初めて穀物を発明した。(6)

ヘーラクレースの息子テュレーノス(7)は次の理由から、初めてラッパを発明した。彼の仲間たちが人肉を食べるというので、その残酷さのために付近の住人たちは逃げ出した。そこで彼らのうちの誰かが死んだとき、テュレーノスは穴のあいた巻き貝を吹いて村人たちをよびあつめ、自分たちは死者を埋葬するのであり、食べるのではないことを誓った。そのため、ラッパはテュレーノスの旋律といわれている。この習慣をこんにちでもローマ人は守っており、誰かが死ぬと、その者が毒薬や刀剣で殺されたのではないことを証明するために、ラッパが吹き鳴らされ、友人たちがよびあつめられるのである。

さて、船乗りたちは角笛を発明した。

アフリカ人とエジプト人は棍棒で戦った。のち、ポセイダーオーンの息子ベーロス(8)は剣を用いて闘った。戦争をベッルム〔ラテン語〕というのはこれからきている。(9)

注(1)　ポローネウスは女神ヘーレーを初めて祀った（143話）、この女神の神殿を初めに建造した（225

話）なども語られている。
(2) プリーニウス、七・一九七。薬草で外科手術をするのはいかにも神話的である。
(3) プリーニウスは前掲箇所でアポローンを医術一般の発明者の一人と数えている。
(4) 前四～前三世紀にこの名前の医学者が実在した。
(5) グラントはこのハグノーディケーの物語は民話らしいという。ヘーロピロス以前にアテーナイで産婆がいなかったはずはないというのがその理由である。またボリオは、この物語の種本は古典にはないとの説を紹介している。
(6) プリーニウスもケレース（デーメーテール）が穀物を発見したという（『博物誌』七・一九一）。
(7) テュレーノスはヘーラクレースとリューディアの女王オンパレーとの息子とされる（ハリカルナッソスのディオニューシオス、一・二七～二八）。パウサニアースは彼がサルピンクス笛なる楽器を発明したと記しているが、その発明のきっかけは述べていない（二・二一・三）。
(8) ベーロスの名前は124話などいくつかの項目で出てくるが、ヒュギーヌスは詳しい物語を伝えていない。
(9) この語源説はあてにできない。

275　誰がどの都市を建設したか

ゼウスはインドでテーバイを建設した〔133話〕。町の名は乳母《うば》テーバイス(1)に由来する。この町は百の門をもっているので、ヘカトンピュライ〔百の門〕と称される。

アテーネーはカルキス(2)にアテーナイを建設し、自分の名前を付けた。

ゼウスの息子エパポスは、エジプトでメンピスを建設した[3]。

ゼウスの息子アルカスは、アルカディアでトラペズースを建設した〔176話〕。

ゼウスの息子アポローンはアルナイ〔カルキディケー地方の町〕を建設した。

ヘルメースの息子エレウシーノスはエレウシースを建設した[4]。

ゼウスの息子ダルダノスはダルダニア〔小アジア北西部の町。トロイアに近い〕を建設した。

アゲーノールの息子アルゴスはアルゴスを建設した。

アゲーノールの息子カドモスは〔ボイオーティア地方に〕テーバイ、またの名でヘプタピュライを建設した。この町は七つの門〔ヘプタピュライ〕をもっていたといわれる。

ゼウスの息子ペルセウスはペルセーイス[5]を建設した。

ゼウスの息子カストールとポリュデウケースは、ディオスコリスを建設した〔この双子の兄弟はまとめてディオスクーロイとよばれた〕。

アイゲウスとメーデイアの息子メードスは、エクバタナ〔メーディア地方の首都〕にメーダを建設した[6]。

ヘーリオスの息子カメイロスは、カメイロスを建設した[7]。

ディオニューソスはインドにアムモーンを建設した[8]。

オーケアノスの娘、ニュンペーのエピュラは、エピュラを建設した。のちにこの町はコリントスとよばれた。

ステネロスの娘サルドーはサルデイス〔小アジアのリューディア地方の町〕を建設した。パポスの息子キニュラースは、町をこしらえ、娘の名をとってスミュルナ〔サルデイスに近い港町〕とした〔58話〕。

ゼウスの息子ペルセウスはミュケーナイを建設した。

デルケトー〔シリアの女神〕の娘セミーラミスは、シリアにバビュローンを建設した。

注(1)　ゼウスの乳母でテーバイスという女性は知られていない。グラントは町の名前から逆に作られたと指摘している。

(2)　カルキスはエウボイア島、アイトーリア、エーリスなどにある町の名。アテーナイは無論アッティカの首都の名前。

(3)　エパポスの母はイーオーで、彼女はヘーレーに追われてエジプトへ逃れた（145、149話）。

(4)　147話では、エレウシーノスにはトリプトレモス（乳母はデーメーテール）という息子がおり、この息子が、父の支配地を、父の死後その名にちなんでエレウシースと名づけた。

(5)　ペルセーイスをじっさいに建設した歴史上の人物は、マケドニア王ペルセウス。

(6)　27話では、メーデイアはメーディア地方に自分の名前を与えたことになっている。

(7)　カメイロスはヘーリオスのおじともいわれる。同名の町はロドス島にあった。

(8)　133話ではアムモーンは神殿の名前。

276　きわめて大きな島々

マウレーターニア(1)は太陽の没するあたり〔西方〕にあり、周囲七十六スタディウム(2)〔一スタディウムは約百八十五メートル〕。

エジプト(3)は南東の方向にあり、ネイロス〔ナイル〕川に取り巻かれ、周囲〔欠文〕スタディウム。

シキリアは三角の形で、周囲三万五百七十〔ボリオによる〕スタディウム。

サルディニアは周囲一万二百五十〔ボリオによる〕スタディウム。

クレータは長さが〔欠文〕、どちらの側にも百の町がある。周囲八十スタディウム。

キュプロスはエジプトとアフリカのあいだにあり(4)、ガリアの盾に似ている。周囲四万千百スタディウム。

ロドス(5)は丸い形で周囲二万百スタディウム。

エウボイア(6)は弓形に湾曲しており、周囲二万二百スタディウム。

コルキューラ(7)は良い土地で、周囲二万百スタディウム。

シキュオーンは良い土地で、周囲千百スタディウム。

テネドスはトロイアに近い島で、周囲千二百スタディウム。

コルシカはきわめてやせた土地で、周囲千百二十スタディウム。

キュクラデス諸島は九島である。すなわち、アンドロス、ミュコノス、デーロス、テーノス、ナクソス、セリポス、ギュアロス、パロス、レーネイア。

注(1) マウレーターニアは島ではなく、アフリカ北部の地方。
(2) この項目で記されている数字はいいかげんなものである。
(3) エジプトは島ではない。
(4) この位置づけはおかしい。
(5) ボイオーティア地方に隣接する大島。
(6) ギリシャ本土に隣接してイオーニア海に浮かぶ島で、現在のコルフ。
(7) シキュオーンは島ではなく、コリントスの北西に隣接する町。

277　物事の最初の発明者

運命女神《モイラ》たち、すなわちクロートー、ラケシス、アトロポスがギリシャ語の七文字を発明した。A、B、H、T、I、Υ［欠文］。鶴は飛ぶとき文字の形を表現するので、ヘルメースが鶴の飛翔からギリシャ文字を作ったという者もいる。(1)

同様に、ナウプリオスの息子パラメーデースも十一文字を作った。(2)

同様にシモーニデースはΩ、E、Z、Φの四文字(3)を、シキリア人エピカルモスはΠとΨの二文字を作った。(4)

さて、これらのギリシャ文字をヘルメースが最初にエジプトにもたらしたといわれている。

カドモスがエジプトからギリシャに、それを亡命者エウアンドロス(5)がアルカディアかイタリアにもたらし、それを彼の母カルメンタがラテン語の十五文字に変えた。

アポローンは竪琴を弾いて他の文字をつけ加えた。

同じく、ヘルメースは格闘競技を最初に人間たちに教えた。

デーメーテールは〔人類に〕牡牛を飼い馴らすことを教え、養子のトリプトレモスに穀物の種をまくことを教えた〔147話〕。彼が種をまくと、彼が植えたものを豚が掘り返したので、トリプトレモスは豚をつかまえてデーメーテールの祭壇に連れていき、その頭に穀物を載せて、犠牲として女神にささげた。これが、犠牲獣の体に塩づけした粗挽《あらび》き小麦を置く方式の端緒となった。

イーシス〔エジプトの女神〕は最初に帆を発明した。すなわち、息子のハルポクラテースを捜すとき、彼女は筏《いかだ》に帆をかかげた(6)。

アテーネーは舳先《へさき》が二つある船を初めて建造した。それはダナオスのためで、彼はこれに乗って兄弟アイギュプトスから逃れたのであった〔168話〕。

注(1) プリーニウスは、ヘルメース(メルクリウス)がエジプトで文字(ギリシャ文字とは限定していない)を発明したとする説を紹介している(七・一九一)。

(2) プリーニウスによれば、パラメーデースがトロイア戦争の最中に発明したのはZ、Ψ、Φ、Xの四文字（七・一九二）。

（3）プリーニウスによると、抒情詩人シモーニデースはΥ、Ξ、Ω、Θの四文字を追加した（同所）。

（4）プリーニウスによれば、パラメーデースが発明したというΨとZは、むしろエピカルモスによって追加された可能性のほうが高いという（同所）。

（5）アルカディアで父親を殺害してイタリアの地へ亡命したとされる人物。トロイアを捨ててイタリアへきたアイネイアースを援助した。ウェルギリウス『アエネーイス』八・一〇二以下。

（6）イーシスが探したのはハルポクラテースではなく、闇の神セートに殺された夫オシリスである。

解説

私たち訳者は原典の一部を伝えているとされる数少ない写本をじかに目にする機会に恵まれなかった。その代わり、校訂本はきわめて信頼度の高い最新の本を二種類利用することができた。以下のとおりである。

1　*HYGINI FABVLAE*, EDIDIT PETER K. MARSHALL, STVTGARDIAE ET LIPSIAE IN AEDIBVS B. G. TEVBNERI　MCMXCIII

2　*HYGIN FABLES*, TEXTE ETABLI ET TRADUIT PAR JEAN-YVES BORIAUD, PARIS, LES BELLES LETTRES　2003

翻訳に関しては次の本を参照することができた。

The Myths of Hyginus, Translated and Edited by Mary Grant, University of Kansas Press, 1960

ここではこの二つの校訂本および訳本の序文をたよりに、著者のことや、写本、この神話集のもちうる意味などを簡略に紹介したい。

一　著者について

昔から『ギリシャ神話集』(Fabulae) の著者として、ガイウス・ユーリウス・ヒュギーヌスという名前が取り沙汰されてきた。三つぞろえの立派なローマ人の名前であるが、これがこの本の著者であるとは確言できない。伝統的にヒュギーヌスの作品と名指されてはいるが、これはいわば便宜的な方法にすぎず、このヒュギーヌスがどんな人物だったかというと、まるで謎につつまれたままなのである。

『ギリシャ神話集』が初めて校訂本として世に出されたのは、一五三五年バーゼルでのことである。編集者はヤコブス・ミキュルス（ドイツ名はヤーコプ・モルスハイム／メルツァー）である。この最初の刊本ですでにヒュギーヌスという人物の素姓の難しさが論じられていたそうで、それ以来、その困難はいささかも減じていない、とボリオは語っている。じじつ、古代の文人として数人のヒュギーヌスが知られている。クライネ・パウリは語学者（または歴史家）一人、神話作家を二人、測量学者一人を挙げている。

全体として最も可能性が高いとされるのは、スエトーニウスが示唆する、皇帝アウグストゥスの図書係 Caius Iulius Hyginus である。この人物は『天文論』の著者であるとされる。スペインもしくはアレクサンドレイア出身で、いずれにしろ奴隷であった者が、ユーリウス・カエサルによってローマへ連れられてきた。このヒュギーヌスはローマでアレクサンデル・ポリュヒストールの講義を聴講し、やがて奴隷身分から解放され、パラティーヌス図書館長に任じられた。おそらくこの職務に就いたことが機縁で、彼は詩人オウィディウスの友情をかちえたらしい。しかし元奴隷の幸運は続かず、やがて皇帝の不興をこうむって貧窮をなめたが、それでも前の執政官クラウディウス・リキニウスの援助を受けた。従って、図書館長を務めたこのヒュギーヌスは、学者であり、権力の中枢に近づいた人物であった。

　ところが、今日に残されている証言によると、コルメラ、アウルス・ゲッリウス、セルウィウス、およびマクロビウスのテキストに、あるガイウス・ユーリウス・ヒュギーヌスという人物の名前が記されていたということである。この人物は、当時、現在では間接的伝承でしか知られていない数々の作品の著者とされていた。その作品は以下のごとくである。『模範』、『イタリアの諸都市』、『トロイアの家系について』、『蜜蜂論』、『農業論』、『神々の性格について』、『家の守護神について』、『著名人の生涯および事績について』。このヒュギーヌスが『ギリシャ神話集』または『天文論』(Astronomica) の著者であるとは、どこにも示されてはいないものの、彼が神話レヴェルの問題にいたく興味を抱いていたことは上記の作品名からうかがうことができる。これらの作品から分かるように、このヒュギーヌスは語学が達者で、注釈もよくした人物である。このような学者が、欠陥のあるラテン語文体と基礎からしてなっていないギリシャ語の知識をもって、この『ギリシャ神話集』を自分の作品として公表しえたであろうか、というのは古典学者ネーブルングの呈する疑問である。

　解放奴隷のほうはその作中(『天文論』一・一二)で次のように記している。「しかし悲劇詩人アイスキュロスが『ポルキュスの娘たち』でいっているように、グライアイはゴルゴーンらの見張り役だった。このことについて私(＝ヒュギーヌス)は、『系譜』の第一巻で書いた」と。この『系譜』が問題である。というのは、ここに訳出した『ギリシャ神話集』の序の部分がまさに「神々の系譜」になっているからだ。しかし解放奴隷ヒュギーヌスは、『系譜』の第一巻で扱ったといっているので、二つの本が別物であることは自明である。私たちのヒュギーヌスは、『ギリシャ神話集』の冒頭を「序（Praefatio）」（この小見出しは彼自身が付けたものとは思えない）という形にしており、系譜（genealogia）といった見出しはない。なにより、ここに訳した本は、ご覧のとおり、巻分けされていないのである。さらに三老婆グライアイの話はどこにも見当たらない。

マーシャルはヒュギーヌスの名前を確認できる他の文献をいくつか紹介している。まずギリシャ語とラテン語で書かれた *Hermeneumata Leidensia* という文書で、これは某ドシテオスのものとされている。「私は最良の友マクシムスとアペルのために、九月十一日、あまねく知られているヒュギーヌスの『系譜』を書写した。その中で、多くの物語（ヒストリアイ）が説明されるはずだ」と述べている。ここにはいくつかの物語の抜粋がみられるが、マーシャルによれば、部分的にこの『ギリシャ神話集』と似ているのもある反面、多くの場合全く異なっているとのことである。M・D・リーヴによると、この文書はギリシャ語とラテン語が対応しているテキストで、その中の一つに、二〇七年という年号を記した序文がついていて、このテキストがヒュギーヌスの作品を利用しているとのことである。この二〇七年という年号が、この作品が二世紀末から三世紀初頭にかけての作品であるという、一つの年代考察の根拠をなしている。

おそらく五世紀に作成されたと思われるスタティウス注釈の中に、この『ギリシャ神話集』の痕跡がうかがえるとのことである。スタティウスは後一世紀の人で、『シルウァエ』、

『テーバイス』などの作品を残した詩人であるが、この注釈はラクタンティウス・プラキドゥスなる者の作品である。多くの点でこの『ギリシャ神話集』のことばに似ているものの、プラキドゥスが自分の注釈をこしらえるために直接『ギリシャ神話集』を引用したと考えさせるほど類似しているわけではない、という。

この他にまだいくつもの作品や、幾人もの作家が挙げられ、原著者ヒュギーヌスの人物像をあぶり出すための資料として論じられるが、結局は確定的なことは誰にも分からない。以上をまとめると、いつと確認できない時代に（おおむね二世紀とされる）、誰とも確認できない作家（おそらくヒュギーヌスという名前の人）によって、ギリシャ神話物語の寄せ集めがつくられた、というあたりで、現状における著者論とせざるを得ないようである。この時期（二世紀）以降、原著者がこしらえたパピルスによる原本（この時代すでに羊皮紙がこのような文芸作品のために利用されていたかどうか、私たち訳者には不明）が、追加されたり、補充されたり、あるいはさまざまな方法で手直しされたりという経歴を経たあと、九〇〇年ごろにΦ写本（マーシャル）が作られるに至ったのである。

二　写本について

先に述べたように私たちは写本（ごく僅かしか残されていないが）をみることはできなかった。しかし上に挙げた二つの校訂本にはいずれもアパラートゥス・クリティクス（異文などの原典批判資料）が完備されており、特定の部分について異なる読みがある場合、このアパラートゥス・クリティクス欄でこれを確認し、参考にすることができた。諸家の挙げる写本は以下のごとくである。ここにみられるとおり、写本で確認できる物語はごく僅少にすぎない。

1　一五三五年、ヤコブス・ミキュルスが、史上初めてこの『ギリシャ神話集』を出版したが、そのさい彼が利用した写本は、フライシングの図書館に蔵されていて、著者としてヒュギーヌスの名前が記載されていた。M・D・リーヴは、この写本は九〇〇年ごろベネヴェント書体（主に南部イタリアで用いられた中世の字体）で書かれていたと述べている。ミキュルスはこの書体についてロンバルディア風の文字といっている。

2　マーシャルによれば、この写本についてミキュルスは次のように述べている。「この本は外国風の文字、およびロンバルディア風の文字で書かれていた。この本をラテン語で書き写した写字生に助けられて、われわれ（ミキュルス）は、この手本を、糸を手繰《たぐ》るように読み進めた。しかしこの本では、単語そのものがひどく乱雑に書き写されていた。ことばとことばが互いに妨げになっていたのである。ある単語は分割し、別の単語は削除しなくてはならなかった。一語の語頭を先行する語の末尾につなぎ、また逆に、先行する語の末尾を後続する語の語頭にくっつける、といった作業が要求された。要するに、時代を経るにつれて、多くの文字が抹消され、削除され、むしばまれたのである。そういう文字の中のあるものを、われわれは評価と推測にもとづいて復元したし、また、何か確実な証拠によって跡をたどることのできない場合は、これをまったく手付かずのままに放置した。さらに、曖昧なことばのうちギリシャの詩人たち、もしくはローマの詩人たちの作品によって確認の取れなかったものは、どれも変更を加えず、その場所から動かすこともしなかった。この場合、原文に添えて、可能な異なる読み方を併記するにとどめた。」

3　このミキュルスの発言を読んで、マーシャルはおおむね以下のごとく述べている。以上で、ミキュルスの目前には二つの写本があったことが分かる。ミキュルス自身が発見した写本および、この写本をさらに某写字生がラテン語でコピーしたもう一つの写本である。マーシャルは、ミキュルスがあまりにも易々と修正欲に身をゆだねたこと（リーヴはミキュルスが写本を筆写するさいの怠慢が非難を招いた、と記している）、さらに、この『ギリシャ神話集』の大部分にわたって、原文の証拠を残しているのは、ほとんど唯一、このミキュルスの版本しかないことを嘆いている。ミキュルスがみつけ出した写本は、やがてこの世から消え去ったからである。

4　ミキュルスが写本をもとにこしらえた本（一五三五年）がこの『ギリシャ神話集』の本体を構成する。それに二つの原文断片が加わった。これはΦと称される写本から復元された。

一つは、一八六四年レーゲンスブルクにあったある本の表紙の中から発見された。ボリオによると、その本の裏張りから五枚の紙がみつかり、約百行のものであった。これらの断片は、C・ハルムがミュンヘンの図書館のために入手し、コラム六四三七として整理された。一八七〇年、これをハルムが公刊し、さらにG・D・ケルログが多数の補足、修正を加えた。この断片の文字をみると、なぜミキュルスがあれほど苦闘を強いられたかが分かるそうである。ここに（一部または全体が）保存されたヒュギーヌスの物語は、17、18、20、21、25〜30、35〜38である。もう一つの断片シリーズは、一九四二年、B・ビショッフによってミュンヘンでみつけ出されたもので、八百番という番号で当地の大司教図書館に収められているそうである。この断片を抱えていた本は、ミキュルスの版本をばらして、一五五八年の何かの職務記録を記入するための帳面として作り直されたものであるらしい。そこには[Registrum offitii oblay de anno 1558]と記されているからである。ここで（一部または全体を）読むことのできる物語は、1、2、14、171〜176、180〜184である。

5　さらにマーシャルは、以上の断片集に、五世紀に作られたパリンプセスト写本（もともと書かれていた文字を消して、その上に新たに文字を記入した、いわば再利用写本。パピルスないし羊皮紙）を加えるべきだとしている。ここには、67、70、71の物語が記されている。これらはしかし、他の写本の物語とは食い違っていたり、たいてい短縮された形になっている。このような事態についてマーシャルは「ヒュギーヌスのこの作品は石に刻まれて固定していたのではなく、多くの世紀を経るうちに、あれこれ異なる形を取るに至ったのだ」と結論している。このパリンプセスト写本についてリーヴは簡略に、元の文書は五世紀のものので、その文面の上に八世紀ごろ、おそらくロルヒあたりで、上記三つの物語が重ね書きされた、とまとめている。

三　『ギリシャ神話集』の役割

この作品の本体になっている物語部分は教育的な使命を帯びている、というのはボリオの評言である。ヒュギーヌスは明らかにギリシャ語の語源に不慣れなラテン語読者のために書いている。ヒュギーヌスの物語はほとんど体系的に神々や英雄らの名前の「語源的」存在理由を示している。例を挙げよう。７話ではゼートスという名前の語源。52話、ギリシャ語myrmicesによるミュルミドネス（アキレウス配下の軍勢）の説明。66話、オイディプースの名前の由来。89話、プリアモスという名前の語源。99話、テーレポスとパルテノパイオスという名前の語源。111、243話、ヘカベーが身を投げた海の名前の由来。125話、Utisというでっちあげられた名前の語源。142話、パンドーラの名前の語源。143話、ヘルメーネウテス（通訳）というギリシャ語の語源。145話、Bosphorus（ボスポロス）という地名の語源。164、275話、アテーナイという名前の説明。166話、エリクトニオスという名前の説明。170、273話、アルゴスの競技に帰せられた「アルゴスの円い盾」aspis《アスピス》 en《エン》 Argei《アルゲイ》という名称の説明。178話、ボイオーティアの名前の語源。179話、ディオニューソスの名前の由来。191話、クリューソルロアース川の名前の由来。219話、Aegeae（＝アイガイ）という地名の語源。271話、ヘルマプロディートスという名前の語源。

語源が暗示的な形で示されることもある。19話のSymplegades《シュンプレーガデス》の説明、84話でのPeloponnesus（ペロポンネーソス）の説明、91話におけるHerceus（ヘルケイオス）というゼウスの異名の説明などがある。

一般的にヒュギーヌスはローマ人としての立場に身を置く。その意図するところは、ギリシャ語でローマ的な事物を説明すること、そして、ギリシャ語からラテン語への翻訳を可能にすることである。たとえば、2話で、Leucotheam……nos Matrem Matutam dicimus（レウコテアを、われわれ《ローマ人》はマーテル・マートゥータとよんでいる）、53話では、Ortygiam quam nos coturnicem dicimus（鶉《うずら》をわれわれ《ローマ人》はコートゥルニクスとよんでいる）。87話ではなぜアイギストスがこの名前でよばれたのかをギリシャ語で説明している。92話では、ギリシャ語のエリス（闘争）にラテン語のディスコルディア（不和）を対応させている。118話、hecatombe Graece dicitur, cum centum armenta occiduntur（百頭の大型家畜が殺されるのでギリシャ語で百獣犠牲と称される）というヘカトンベーの説明。129話ではオイネウスという人物名をオイノス（葡萄酒）ということばの語源に当てている、等々。

むろん語源説明がこの本の第一義だったわけではなく、原著者が神話作家として純粋にギリシャ神話をローマ大衆に紹介する目的が原点としてあった、と考えてもよいのである。そして執筆する過程で語源解釈がより大きな位置を占める結果になったのかもしれない。じっさいのところ、原著者ヒュギーヌスの発言はないので、このあたりは推測の域を出ない。

この作品の序文になっている「系譜」は、むろんギリシャにモデルがあるが、ここには数多くのラテン語がみられる。翻訳できるギリシャ語はすべてラテン語に訳そうとの試みの結果である。従ってヒュギーヌスの方法は明白である。ラテン語には通じているものの、ギリシャの文物には馴染みがなく、ギリシャ語をほとんど読めないローマ大衆にギリシャの神話的世界を説明しようとする方法である。結果的に現代のわれわれは、純粋に物語（きわめて短縮されたものではあるが）を読む楽しみを得ることができるし、同時に、今では失われてその形骸をうかがうよすがもないと思われていたギリシャ・ローマ悲劇の可能的な姿を、この作品に収められたあれやこれやの話から推測することもできるのである。

四　ヒュギーヌスが用いた資料

この項は訳注に示した出典をまとめただけであるが、繰り返しを恐れずに書けば以下のとおりである。

われわれのヒュギーヌスが後二世紀ごろの人物であるとするならば、それまでに世に現れていた作品はすべて彼の目に触れた可能性がある。

ホメーロス作とつたえられる二作品、『イーリアス』と『オデュッセイア』。ヘーシオドスの二作品、『神統記』、『仕事と日』。この叙事詩の系列では、トロイア戦争を中心にしてつづられたとされる「叙事詩圏《キュクロス》」（上記ホメーロスの二作品も含む）という作品群も彼の視野にあったかと推測されるが、われわれ訳者はこれがそうだ、と明確に指摘することはできない。このあたりは、「叙事詩圏《キュクロス》」の詳細な研究を待たねばならないと考えている。

ギリシャ語作品で叙事詩について（もしくはそれ以上に）ヒュギーヌスに材料を提供した

のは、ギリシャ古典盛期の悲劇作品であろう。もちろんアイスキュロス、ソポクレース、エウリーピデースの三人である。この中で特に目立つのはエウリーピデースの作品である。ヒュギーヌスは悲劇作品の文言をそのまま引用することはなく、作品の主旨にそって常に長い物語を短くまとめている。繰り返しになるが、ギリシャ悲劇をこのように手みじかに要約したものは、ギリシャ語を読めず、しかも悲劇の内容を知りたいと欲求する人々にとっては、いかにも役に立ったであろうと思われる。ローマ悲劇はギリシャ悲劇を翻訳、翻案して成立したジャンルであるが、ここから取材した痕跡もいくらかうかがえる。

神話を述べるという大枠があるから、歴史作品から材料を求めることは多くはないが、それでもヒュギーヌスがヘーロドトスやトゥーキューディデース（ともに前五世紀）をひもといたらしいと思わせる項目もいくつかある。歴史、神話を取り混ぜて語ったシキリアのディオドーロス（前一世紀）もヒュギーヌスの大事な取材源の一つだが、これはむしろ神話材料のほうをより多く提供したようだ。

アポローニオスの『アルゴナウティカ』は、むろんイアーソーンを隊長とする「アルゴー船の遠征」にまつわるあれこれのエピソードをつづるのに役立っている。アポローニオスは前三世紀の作家とされる。

アポロドーロスはこれよりかなり後の時代の人（後一〜二世紀、高津春繁の説）であるが、ヒュギーヌスはこの作家の『ギリシア神話』を、ギリシャ神話の全体像を俯瞰《ふかん》するのに利用できたはずである。もちろん個々の神話を述べるに際しても大いに役立ったであろう。

これはしかしヒュギーヌスの作品が二世紀末から三世紀初めにかけて現れたとするクロノロジーの上に成り立つ論ではあるが。

ローマの作家ではオウィディウスをはずすことはできない。この作家の特徴は恋愛主調の物語を流麗に長々とつづることである。おそらくヒュギーヌスはオウィディウスの作品を短くする作業を大いに楽しんだかもしれない。

ローマの叙事詩はウェルギリウスの『アエネーイス』(前一世紀)にとどめをさす。炎上するトロイアを脱出した英雄アイネイアース(ラテン語でアエネーアース)がイタリアにたどり着き、この地でローマの礎《いしずえ》を築いたとする壮大な物語で、民族意識を盛り上げるのに大いに力を発揮したようである。トロイア戦争に関する物語で記述が重なり合うのは当然の仕儀である。むしろ、トロイアの物語はあまねく知悉されていたから、誰が誰の記述を借用した、といった出自探索はかえってわずらわしい感もある。

パウサニアースは『ギリシャ記』という旅行案内の本を残した。彼は後二世紀後半の人とされており、ヒュギーヌスと生存年代がほとんど重なるので、貸借関係は簡単にいうことはできない。わたしたちが頻繁に訳注で名前をだしたのは、スミュルナのクイントゥスである。ただし彼は後三世紀ごろの作家(フランシス・ヴィアンの説)で、ヒュギーヌスより少し後の時代であるから、どちらかといえばクイントゥスがヒュギーヌスを参考にしたかもしれない。しかしクイントゥスはトロイア戦争について語っていて、このテーマについて貸し借りを云々するのはさして意味がない。

最後にマーシャルの序文について一言申し添えたい。これは何世紀にもわたって闇に埋もれていた写本がみつかったとか、あるいは写本が消え失せてしまった、という古い時代のことをラテン語でつづった文章である。部分的に解釈のむずかしいところもあり、もしそのあたりで誤解があるとすれば、ひとえにこの項の筆者（松田）ひとりが責めを負わねばならない。識者のご指摘をいただければこの上なく幸甚である。

松田　治

参考文献

マーシャルおよびボリオの校訂本の序文

グラント女史の翻訳本の序文

M.D.Reeve, HYGINUS, Fabulae, in *Texts and Transmission* ed. by L.D. Reynolds (Oxford, 1983), pp.189-190

D.Neblung, Hygin, in *Metzler Lexikon Antiker Autoren*, herausg. von Oliver Schütze, 1997

箕輪成男『パピルスが伝えた文明――ギリシア・ローマの本屋たち』（出版ニュース社、二〇〇二年）

その他

訳者あとがき

ヒュギーヌスの本については「訳者まえがき」および「解説」であれこれ述べたので、ここでは本文の欄外の注に引用した書物を列挙し、併せてわたしたち訳者の作業をきわめて容易にしてくださった諸先達の学恩に感謝申し上げたい。翻訳自体は単純な作業であるが、西洋古典（ギリシャ・ローマもの）の場合は時代が古いゆえの困難が常につきまとう。そこに生じる不安や惧《おそ》れを軽減してくれるのが、明治時代以来こんにちに至るまで地道に積み重ねられた諸先学の学問業績である。わたしたちはすでに翻訳されている古典の作品については、必ずその翻訳を参照し、裨益《ひえき》するところは多大なものがあった。ここに挙げる場合、作者名や表題の表記（母音の長短など）は訳者のそれを尊重した。また、まだ翻訳されていない作品については欧米の表記のままにした。

アイスキュロス「アガメムノーン」久保正彰訳『ギリシア悲劇全集』（1）（岩波書店）
アポロドーロス『ギリシア神話』高津春繁訳（岩波文庫）
　この本の後半は「摘要」となっている。この本を引用する場合、本文なら書名を割愛し、「摘要」部分なら「摘要」と記した。
アポロニオス『アルゴナウティカ』岡　道男訳（講談社文芸文庫）

ウァレリウス・マクシムス（『功業名言録』）
Valerius Maximus, *Memorable Doings and Sayings*, D.R. Shackleton Bailey (The Loeb Classical Library)

ウェルギリウス
『アエネーイス』岡　道男・高橋宏幸訳（京都大学学術出版会）
『ゲオルギカ』*Géorgiques*, texte établi et traduit par E. de Saint-Denis (Les Belles Lettres)

エウリーピデース
以下はすべて岩波書店刊『ギリシア悲劇全集』（一九九〇－九三）所収。（　）の数字はこの全集の巻数。
「アルケースティス」（5）松平千秋訳
「メーデイア」（5）丹下和彦訳
「ヘカベー」（6）丹下和彦訳
「ヘーラクレース」（6）内田次信訳
「イオーン」（7）松平千秋訳
「トローアデス」（7）水谷智洋訳
「オレステース」（8）中務哲郎訳
「ポイニッサイ」（8）安西　眞訳

「アウリスのイーピゲネイア」(9) 高橋通男訳

オウィディウス

『変身物語』 中村善也訳 (岩波文庫)

『祭暦』 高橋宏幸訳 (国文社)

『ヘーロイデース』 *Héroïdes*, Henri Bornecque et Marcel Prévost (Les Belles Lettres)

『イービス』 *Contre Ibis*, par Jacques André (Les Belles Lettres)

カルリマコス

Callimachus, Lycophron, Aratus, with an English Translation by A. W. Mair, G. R. Mair (The Loeb Classical Library)

キケロー 『義務について』 泉井久之助訳 (岩波文庫)

クイントゥス 『トロイア戦記』 松田 治訳 (講談社学術文庫)

コルートス↓コルートス／トリピオドーロス

コルートス／トリピオドーロス 『ヘレネー誘拐・トロイア落城』 松田 治訳 (講談社学術文庫)

ソポクレース

以下はすべて岩波書店刊 『ギリシア悲劇全集』 所収。( ) の数字はこの全集の巻数。

「オイディプース王」(3) 岡 道男訳

「アンティゴネー」(3) 柳沼重剛訳

「エーレクトラー」（4）大芝芳弘訳
「トラーキーニアイ」（4）竹部琳昌訳
ディオドーロス（『世界史』）
　Diodorus of Sicily, *The Library of History*, Jeffrey Henderson (The Loeb Classical Library)
テオクリトス（『ブーコリカ』）
　The Greek Bucolic Poets, J.M. Edmonds (The Loeb Classical Library)
トゥーキューディデース『ヘロドトス・トゥキュディデス』世界の名著5所収、久保正彰訳（中央公論社）
トリピオドーロス→コルートス／トリピオドーロス
ノンノス（『ディオニューソス物語』）
　Nonnos de Panopolis, *Les Dionysiaques*, Francis Vian (Les Belles Lettres)
パウサニアス『ギリシア記』飯尾都人訳（龍溪書舎）
ピンダロス『祝勝歌集・断片選』内田次信訳（京都大学学術出版会）
プリーニウス『プリニウスの博物誌1〜3』中野定雄ほか訳（雄山閣）
プロペルティウス（『エレギーア』）
　Properce, *Elégies*, D. Paganelli (Les Belles Lettres)
ヘシオドス

『神統記』廣川洋一訳（岩波文庫）
『仕事と日』松平千秋訳（岩波文庫）
ヘロドトス『歴史』松平千秋訳（岩波文庫）
ホメロス
『イリアス』松平千秋訳（岩波文庫）
『オデュッセイア』松平千秋訳（岩波文庫）
『四つのギリシャ神話』（「ホメーロス讃歌」より）逸身喜一郎・片山英男訳（岩波文庫）
ティトゥス・リーウィウス（『ローマの歴史』）
Tite-Live, *Histoire romaine* (Les Belles Lettres)

なお、右記の書物の中ですでに邦訳があるのに、わたしたち訳者が知らずに見落としていることもありうるので、その場合はわたしたちの怠慢をお許し願うしかない。

わたしたち二人が東京教育大学で古典語（ギリシャ語、ラテン語）を学んでから幾星霜、親しく指導してくださった先生方先輩方は現在でも多数活躍しておられるが、少数の先生方がすでに鬼籍に入っておられるのは時のならいとはいえ、さびしいかぎりである。ここに二人して以上すべての方々に深く感謝申し上げるしだいである。

訳者の一人松田は以前講談社学術文庫から『トロイア戦記』と『ヘレネー誘拐・トロイア落城』の翻訳を上梓させていただいた。そのときは出版部の皆様、とりわけ相澤耕一氏にお世話になった。今回もまたすっかり同氏にお世話になり、ここに記して感謝申し上げる。世に知られることの薄い古典ギリシャ・ローマの作品の翻訳は、原稿に目を通してこれを理解してくださる編集者抜きでは成り立ち得ない。今回もわたしたちは大変に幸運であったといわねばならない。

平成十六年十一月

松田　治
青山照男

黒 海
トラーケー
ボスポロス海峡
プロポンティス
サモトラーケー島
ヘッレスポントス海峡
レームノス島
テネドス島
トロイア
プリュギア
アイガイア（エーゲ）海
イーデー山
クリューセー
スミンテイオーン
メーテュムナ
ミテュレーネー
ミューシア
レスボス島
スキューロス島
キオス島
スミュルナ
リューディア
カペーレウス岬
サモス島
エペソス
マイアンドロス川
ミーレートス
デーロス島
イカリア海
カーリア
シューメー島
ロドス島
クレータ島
ディーエー島
ミーレートス
イーデー山
クノッソス
0
200km

『ギリシャ神話集』関連地図
イリュリア
マケドニア
オリュンポス山
オッサ山
テッサリア
ペーリオン山
マグネーシア半島
イオールコス
エーペイロス
オイカリア
プティーア
オイテー山
アイトーリア
エウボイア島
イタケー島
パルナッソス山
ロクリス
エウエーノス川
デルポイ
ボイオーティア
アウリス
カリュドーン
ポーキス
テーバイ
アカイア
アッティカ
キタイローン山
シキュオーン
エリュマントス山
キュレーネー山
エレウシース
エーリス
メガラ
ネメア
コリントス
アテーナイ
ステュンパロス湖
ミュケーナイ
オリュンピア
アルカディア
サラミース島
ペロポンネーソス半島
アルゴス
アルゴリス
アイギーナ島
メッセーネー
レルネー湖
トロイゼーン
スパルタ
ピュロス
ラコーニケー
エウロータース川
ミュルトーオス海
タイナロン岬
(黒海周辺)
0
1000km
タウリケー・ケルソネーソス
(クリミア半島)
黒　海
コルキス
カウカソス山脈
ボスポロス

レムス　252
レルネー　30, 34, 151, 169, 169A
レルノス　14
ロートパゴス　125
ローマ　2, 80, 255, 256, 261, 274
ロームルス　252
ロクリス　116
ロドス　14, 223, 276
ロドペー　132

135
ラーオコオーン（ポルターオーンの息子） 14
ラーオダメイア 103, 104, 243, 251, 256
ラーオディケー 101
ラーオメドーン 31, 89, 91, 250, 270
ラーリッサ（ペラスゴスの娘） 145
ラーリッサ（町） 14
ラーレース 139
ライストリューゴネス 125
ライラプス 189
ラエトゥーサ 45
ラケシス 171, 277
ラケダイモーン→スパルタ
ラダマンテュス 178
ラティーノス 125, 127
ラテン語 125, 127, 192, 277
ラピタイ 33
ラブダコス 9, 66, 85
ランペティエー 154
ランポン 30
リーベラ 224
リーベル→ディオニューソス
リカース 36
リグリア 154
リノス 273
リビュエー（エパポスの娘） 149, 157
リビュエー（地方、リビア） 14, 31
リビュス 134
リューディア 88, 191, 274
リュカーオーン 176, 177, 224, 225
リュカバース 134
リュキア 151
リュクールゴス（テゲアの人） 14, 248
リュクールゴス（トラーケーの人） 132, 192, 242
リュコーペウス 175
リュコス（アンティオペーの夫） 7, 8, 15, 31, 32
リュコス（ネメアの王） 74, 273
リュコス（マリアンデューニアの王） 14, 18, 248
リュコテルセース 184, 240, 254
リュコメーデース 96
リュコルマース 242
リュンケウス（アパレウスの息子） 14, 80
リュンケウス（テスティオスの息子） 174
リュンケウス（トラーケーの王） 45
リュンケウス（ヒュペルメーストレーの夫） 168, 170, 244, 273
リュンコス 259
リリュバイオン 14
リンドス 221
ルーキフェラ 261
ルクレーティア 256
ルクレーティウス 256
レア 139
レアルコス 1, 2, 4
レウキッペー（イーロスの妻） 250
レウキッペー（テスティオスの妻） 14
レウキッペー（テストールの娘） 190
レウキッポス 80
レウコテア 2, 125, 224
レウコトエー 14
レーダ 14, 77〜79, 224, 240, 251
レートー 9, 53, 55, 140
レームノス 15, 102, 255
レオンテウス 62
レスボス 204, 253

ミュグドーニア　191
ミュケーナイ　30, 88, 119, 121, 122, 258, 275
ミュコーン　254
ミュコノス　276
ミュルティロス　84, 224
ミュルトーオン　84
ミュルミドーン　14
ミュルミドネス　52, 96
ムーサ→学芸女神
ムネーシマコス　70
メーダ　275
メーディア　27
メーデイア　3, 14, 21〜27, 239, 275
メーテュムナ　194
メードス　26, 27, 244, 275
メガペンテース　244
メガラ　198
メガレウス　185
メガレー　31, 32, 72, 241
メタブス　252
メタポンティオン　186
メタポントス　186
メッセーネー　14, 80, 137
メティディケー　70
メドゥーサ（ゴルゴーンの娘）151
メドゥーサ（ペリアースの娘）24
メドーン　134
メナリッペー　252
メネステウス　273
メネトス　14
メネプローン　253
メネラーオス　78, 88, 92, 95, 98, 107, 108, 112, 116, 118, 122, 123, 273
メノイケウス（クレオーンの父）25, 66, 67, 70, 72, 242, 243
メノイケウス（前項の孫）　68
メノイティオス　14, 257, 270
メノイテース　67
メノディケー　14
メムノーン（エチオピアの王）112
メムノーン（建築家）　223
メラース　134
メラス　3, 14, 21
メラニッペー　186
メラニッポス　69
メランティオス　126
メリエー　17
メリケルテース　1, 2, 4, 224, 239, 243, 273
メリボイア　14
メルポメネー　125, 141
メルメロス　25, 239
メレアグロス　14, 70, 99, 171, 172, 174, 239, 244, 249, 270, 273
メロペー（クレスポンテースの妻）　137
メロペー（パエトーンの姉妹）154
メロペー（パエトーンの母）　154
メロペー（プレイアデスの一人）　192
メロペー（メガレウスの妻）　185
メンピス　149, 275
モエロス　257
モプソス　14, 128
モロッソイ　225

〈ヤ　行〉

山羊座（カプリコルヌス）　196
ユースティティア　130

〈ラ　行〉

ラーイオス　9, 66, 67, 85, 242
ラーエルテース　95, 125, 189, 201, 251
ラーオコオーン（トロイア人）

80
ポエニー　178
ポーコス（アイアコスの息子）　14
ポーコス（カイネウスの息子）　14
ボーモネイカイ　261
ボーロス　140
北斗七星　177
ボスポロス　145
ポセイダーオーン　3, 10, 12, 14, 17, 18, 28, 31, 32, 37, 38, 46, 47, 56, 64, 76, 89, 125, 135, 139, 140, 151, 164, 166, 169, 169A, 186〜188, 195, 238, 242, 252, 273, 274
ポダルケース　89
ポダルゴス　30
ホドイドコス　14
ポラ　23
ポリーテース　273
ポリュエイドス　128, 136, 251
ポリュクセネー　110
ポリュクソー（アートラースの娘）　192
ポリュクソー（レームノスの女）　15
ポリュデウケース　14, 17, 77, 79, 80, 92, 224, 251, 273, 275
ポリュデクテース　63, 64, 273
ポリュドーロス（カドモスの息子）　179
ポリュドーロス（ヒッポメドーンの息子）　71
ポリュドーロス（プリアモスの息子）　109, 254
ポリュネイケース　67〜69, 72, 243, 254
ポリュペーモス（アルゴー船隊員）　14
ポリュペーモス（一眼巨人）　125
ポリュボス（アルゴス人）　14
ポリュボス（コリントスの王）　66, 67
ポリュムネーストール　109, 240
ポルターオーン（オイネウス、アグリオス兄弟の父。パルターオーン）　172, 175, 239, 242
ポルターオーン（ラーオコオーンの父）　14
ポルトゥーヌス　2
ポルバース　14, 18
ボレアース　14, 19, 53, 140, 273
ポロエー　273
ポローネウス　143, 145, 225, 274

〈マ　行〉

マーテル・マートゥータ　2, 125, 224
マイア　192, 251
マイラ　130
マウソーロス　223
マウレーターニア　276
マカーオーン　108
マカレウス　238, 242, 243
マグネーシア　14
マケドニア　219, 225
マラトーン　38
マルシュアース　165, 191, 273
マローン　116, 125
マントー　128
ミーノース　14, 39〜42, 44, 47, 136, 178, 198, 224, 243, 251, 255
ミーノータウロス　38, 40〜43
ミーレートス（ビュブリスの父）　243
ミーレートス（町）　14, 221
水瓶座　224
ミダース　191, 274
ミテュレーネー　221
ミニュアース　14
ミューシア　14, 71, 99〜101, 106, 121

ヘーリオス（太陽神） 3, 14, 22, 27, 40, 125, 148, 152A, 154, 199, 205, 223, 244, 245, 250, 275
ペーリオン 28
ヘーリケー 177
ペーレウス 14, 54, 92, 96, 257, 270, 273
ヘーレー 2, 5, 13, 21, 22, 30, 32, 52, 55, 62, 75, 92, 102, 139, 140, 143, 145, 150, 165〜167, 170, 177, 179, 225, 254, 273, 274
ベーロス 168, 243, 273, 274
ヘーロピロス 274
ヘカトンピュライ 275
ヘカベー 91, 93, 109, 111, 243, 249, 256, 270
ヘクトール 103, 106, 107, 109, 111, 112
ヘスペリス 30, 31, 151
ヘスペロス 65
ヘッレー 1〜3
ヘッレーン 125, 155
ヘッレスポントス 3, 111
ベッレロポーン 57, 243, 273
ベブリュキア 17
ペラスゴイ 16
ペラスゴス 145, 176, 225
ペリアース 12〜14, 24, 50, 51, 243, 250, 251, 256, 273
ペリアンドロス 221
ペリクリュメネー 14
ペリクリュメノス 10, 14
ペリボイア（テューデウスの母） 69, 70
ペリボイア（ポリュボスの妻） 66, 67
ヘルケイオス 91
ペルセウス 63, 64, 224, 244, 273, 275
ヘルセー 166
ペルセーイス 275
ペルセース 27, 244
ペルセオーン 14
ペルセポネー 79, 141, 146, 147, 167, 251
ペルディクス 39, 244, 274
ヘルマプロディートス 271
ヘルミオネー 122, 123
ヘルメース 8, 14, 32, 62, 64, 92, 103, 106, 125, 143〜145, 164, 179, 195, 200, 201, 224, 225, 241, 251, 271, 273, 275, 277
ペレース（アドメートスの父） 14
ペレース（イアーソーンの息子） 25, 239
ペレキューデース 154
ペレトロニオス 274
ヘレネー 77〜80, 92, 98, 118, 122, 224, 240, 249, 270
ヘレノス 128, 273
ベロエー 167, 179
ペーロロス 178
ベロネー 274
ペロピア（テュエステースの娘） 87, 88, 243, 252〜254
ペロピア（ペリアースの娘） 24
ペロプス 14, 82〜88, 243〜246, 271, 273
ペロポンネーソス 14, 84, 274
ペンテウス 184, 239
ペンテシレイア 112
ポイアース 14, 36, 102, 257
ボイオーティア 8, 14, 67, 151, 178, 186
ボイオートス 186, 252
ポイニクス（アゲーノールの息子） 178
ポイニクス（アミュントールの息子） 257
ポイベー（ヘーリオスの娘） 154
ポイベー（レウキッポスの娘）

ヒュリエウス　195
ヒュルミーネー　14
ピュルラ（アキレウス）　96
ピュルラ（パンドーラの娘）　142, 152A, 153
ピュルリス　59, 243
ピュレーイオン　14
ピュレモス　14
ピュローン　14
ヒュロス　244
ピュロス　10, 14, 70
ピラントス　145
ピランモーン　200
ピリュラ　138
ピローニス　65, 200
ピロクテーテース　14, 36, 102, 112, 257
ピロメーラ　45
ピンティアース　254
ブーシーリス　31, 56
ブーテース　14, 260
復讐女神（エリーニュス）　73, 79, 119, 120
プティーア　14
ブリアース　253
プリアモス　89, 91, 93, 101, 105, 106, 108～111, 128, 240, 243, 254, 256, 270, 273
プリーアソス　14
プリーウース　14
ブリーセウス　106
ブリーセーイス　106
プリエーネー　221
プリクソス　1～3, 12, 14, 21, 22, 188, 245
プリュギア　30, 80, 105, 135, 273, 274
プルートー　82
プレイアデス　192
プレイステネース（アトレウスの息子）　86
プレイステネース（テュエステースの息子）　88, 244, 246
プレーイオネー　192, 248
フレーウィア　14
プレークシッポス　174, 244
プレギュアース　202
プレギュオナ　245
プロイトス　57, 243, 244
プロータイ　14
プローテウス　118, 128
プローテシラーオス　103, 104, 243, 251, 256
プロギオス　14
プロクネー　45, 239, 246, 255
プロクリス　189, 241, 253
プロクルーステース　38
プロニオス　14
プロポンティス　14, 16, 18, 186, 273
プロメーテウス　31, 54, 142, 144
プロンティス　3, 14, 21
ペイシディケー　24
ペイリトオス　14, 33, 79, 251, 257
ペイレシア　14
ペーガソス　57, 151
ペーゲウス　244, 245
ヘーシオドス　154
ヘーシオネー　31, 89
ペーネイオス　203
ペーネロペー　125～127, 224, 256
ヘーパイストス　38, 106, 140, 142, 148, 166, 238
ヘーラクレース　10, 14, 15, 29～36, 38, 51, 54, 69, 72, 79, 89, 99～102, 144, 151, 219, 224, 240～244, 251, 252, 257, 260, 271, 273, 274
ヘーリアデス　154
ヘーリエー　154

パロス　223, 276
パンカーイア　274
パンダロス　112
パンディーオーン（アイゲウスの父）26, 37, 45, 48
パンディーオーン（ケパロスの父）270
パンディーオーン（プロクネー、エレクテウスの父）45, 46, 48, 238, 239, 255
パンディーオーン（プロクリスの父）189, 241
パンドーラ　142
パンドロソス　166
ビアース（賢人）221
ビアース（ペリアースの舅）14, 51
ピーエリア　225
ピーサ　14
ピーディアス　223
ピーネウス　14, 19, 20
ピーロス　273
ピサディエー　79
ビサルテース　188
ピストリス　273
ピッタコス　221
ピッテウス　14, 37, 79, 243
ヒッパイア　14
ヒッパソス　14
ヒッパルキモス　14
ヒッパルコス　84
ヒッポコオーン（アイネイアースの友）273
ヒッポコオーン（ネーレウスの父）10, 14, 31
ヒッポダメイア（アドラストスの娘）33
ヒッポダメイア（オイノマオスの娘）14, 84〜88, 243, 253
ヒッポテース　27
ヒッポトエー　24
ヒッポトオス（アロペーの息子）187, 252
ヒッポトオス（ネアイラの息子）243, 244
ヒッポノオス（アドラストスの息子）242
ヒッポノオス（カパネウスの父）70
ヒッポメドーン　70, 71
ヒッポメネース　185
ヒッポリュテー　30
ヒッポリュトス　47, 49, 243, 250, 251
ビティアース　254
ピテュオカンプテース　38
ヒュアース　192, 248
ヒュアキントス（オイバロスの息子）271
ヒュアキントス（スパルタ人）238
ピュータゴラース　112
ピューティア　140, 273
ピュートーン　53, 140
ピューラモス　242, 243
ピューラントス　194
ピュグマリオーン　56
ビュザンティオン　136
ヒュプシピュレー　15, 74, 120, 254, 273
ヒュプセウス　1, 239, 243
ビュブリス　243
ヒュペラーシオス　14
ヒュペルメーストレー（ダナオスの娘）168, 273
ヒュペルメーストレー（テスティオスの娘）70, 73, 250
ヒュペレーノール　178
ヒュラース　14, 271
ピュラコス　14, 243, 256
ピュラデース　119, 120, 122, 257, 261

169A, 249, 277
ナウボロス　14
ナクソス　134, 192, 276
ナサモーン　14
ナルキッソス　271
ニーソス（トロイア人）　257, 273
ニーソス（メガラの王）　198, 242, 255
ニーレウス　270
ニオベー（タンタロスの娘）　9～11, 14
ニオベー（ポローネウスの娘）　145
ニノス　240
ニューソス　131, 167, 179
ニュクティメネー　204, 253
ニュクテウス　7～9
ニュンペー　4, 14, 31, 71, 125, 154, 177
ネアイラ　243, 244
ネイロス（ナイル）　276
ネーレイデス　64, 106
ネーレウス（テーセウスの兄弟）　244
ネーレウス（テティスの父、海神）　54, 64, 96, 106
ネーレウス（ネストールの父）　10, 14, 31, 273
ネオプトレモス　108, 112, 122, 123, 193
ネストール　10, 252, 273
ネッソス　31, 34, 36, 240, 243
ネペレー　1～3, 33, 34
ネメア　30, 74, 85, 273

〈ハ　行〉

パーシパエー　14, 30, 40, 136, 224
ハーデース　79, 139, 146
パーン　191, 196, 224, 274
パイアケス　125
パイシュレー　192
パイドラ　43, 47, 243
ハイモーン　72
パエトーン　152A, 154, 250
パクトーロス　191
ハグノーディケー　274
バッコス→ディオニューソス
パドゥス　154
パトロクロス　106, 112, 257, 270, 273
パノペウス　273
バビュローニア　223, 240, 242
バビュローン　243, 275
パポス　242, 270, 275
パライモーン　2, 224
パライモニオス　14
パラメーデース　95, 105, 116, 117, 277
パラリス　257
パリス（アレクサンドロス）　91, 92, 98, 107, 110, 112, 270, 273
パルターオーン→ポルターオーン
パルテニオン　70, 99
パルテノパイオス　70, 71, 99, 100, 270
パルナッソス　4, 140, 185
ハルパリュケー（クリュメノスの娘）　206, 238, 239, 246, 253, 255
ハルパリュケー（ハルパリュコスの娘）　193, 252, 254
ハルパリュコス　193, 252, 254
ハルピュイア→鳥女
ハルポクラテース　277
ハルモディオス　257
ハルモニア　2, 6, 148, 179
パルラス　244
パルラス→アテーネー
パルラス・アテーネー→アテーネー
パレーロス　14

テオクリュメノス　128
テオノエー　190, 256
テオパネー　3, 188
テオブーレー　224
デクサメノス　31, 33
テスティオス（アルタイエーの父）14, 129, 171, 174, 239
テスティオス（クリュタイムネーストレーの父）240
テスティオス（ヒュペルメーストレーの父）70, 73, 250
テスティオス（レーダの父）14, 77, 78
テストール　128, 190, 256
テスプロートス　88
テスモポリア　147
デスモンテース　186
テッサリア　4, 14, 49
テッサロス　225
テッサンドロス　108
テティス　54, 92, 96, 106, 270
テネドス　108, 135, 276
テミストー　1, 4, 239, 243
テューデウス　69, 70, 175, 257
テューポーン　30, 67, 125, 151, 152, 196
テューロー　12, 60, 239, 254
テュエステース　84〜88, 117, 243, 244, 246, 252〜254, 258
デュマース　91, 111, 243, 249
テュレーノス　274
テュンダレオース　77〜80, 92, 117, 119
テュンブライオス　135
テラモーン　14, 89, 107, 242, 273
デルケティス　223
デルケトー　275
テルサノーン　14
テルサンドロス　69, 71
デルポイ　2, 67, 88, 120, 122, 123, 178, 190
テルモードーン　21
テルルス　220
テレオーン　14
トアース（アンドライモーンの息子）108
トアース（ヒュプシピュレーの父）15, 74, 120, 121, 254, 261
トゥリア　255
ドードーネー　225
トモーロス　191
トラーケー　14, 15, 19, 30, 45, 59, 109, 132, 138, 193, 195, 240
トラシオス　56
トラペズース　176, 275
トリートーン　14
トリオパース　145, 225
鳥女（ハルピュイア）14, 19
トリッケー　14
トリプトレモス　147, 259, 277
ドリュアース（テーレウスの兄弟）45
ドリュアース（リュクールゴスの父）132, 242
トレーシメネース　71
トロイア（イーリオン）10, 31, 69, 89, 92, 95, 96, 98, 101〜103, 106〜109, 116, 118, 121, 125, 135, 175, 192, 193, 249, 254, 273, 276
トロイア→騎馬模擬戦
トロイゼーン　14, 37, 41, 187
ドロピオーン　102
ドロペーイス　14

〈ナ　行〉

ナーリュケイア　14
ナイル→ネイロス
ナウシカアー　125, 126
ナウシダメー　14
ナウシトオス　125
ナウプリオス　14, 105, 116, 169,

ティーターン、ティーターネス　53, 150, 167
ティータロス　14
ディードー　243
ティートーノス　189, 270
ディーノス　30
ティーピュス　14, 18
ディオークシッペー　154
ディオーネー　9, 82, 83
ディオーレース　273
ディオスコリス　275
テイオダマース　14, 271
ディオドトス　273
ディオニューシオス　257
ディオニューソス（バッコス、リーベル）　2〜4, 7, 8, 14, 43, 129〜134, 166, 167, 179, 184, 191, 192, 224, 225, 239, 242, 251, 275
ディオメーデー　103
ディオメーデース（テューデウスの息子）　69, 98, 102, 108, 112, 175, 242, 257
ディオメーデース（トラーケー王）　30, 250
ディクテュス（エトルーリア人）　134
ディクテュス（漁師）　63
ディクテュンナ　261
ディスコルディア（不和の女神）　92
ティスベー　242, 243
ティテュオス　14, 55
ディデュマーオーン　273
ディルケー　7, 8
テイレシアース　67, 68, 75, 125, 128
デウカリオーン（プロメーテウスの息子）　152A, 153
デウカリオーン（ミーノースの息子）　14
テウクロス　89
テウトラース　99, 100
デーイアネイラ（オイネウスの娘）　31, 34〜36, 129, 174, 240, 243
デーイアネイラ（デクサメノスの娘）　31, 33
デーイオーン（ケパロスの父）　189, 241, 273
デーイオーン（ニーソスの父）　198
デーイオネウス　125
デーイダメイア　123
デーイピュレー　69, 175
デーイピュロス（イアーソーンの息子）　15, 273
デーイピュロス（ポリュムネーストールの息子）　109
デーイポボス　91, 110, 240, 273
テーセウス　14, 30, 37, 38, 40〜43, 47, 59, 79, 187, 241, 243, 244, 250, 251, 257, 270, 271, 273
テーテュース　177
テーノス　276
テーバイ　9, 14, 15, 67〜70, 72〜74, 131, 184, 242, 243, 273〜275
デーメーテール　83, 141, 146, 251, 259, 270, 274, 277
テーメノス　219
デーモーナッサ　14, 71, 102
デーモポーン　59, 243
デーモレオーン　14
テーラ　69
テーリマコス　31, 32, 72
テーレウス　244, 246
テーレゴノス　125, 127
テーレポス　99〜101, 244, 252, 273
テーレポンテース　137
テーレマコス　95, 125, 127
テーレモス　125, 128
デーロス　52, 53, 140, 247, 276

スキューロス　96
スキュティア　145, 165, 274
スキュルラ（テューポーンの娘）　125, 151, 199
スキュルラ（ニーソスの娘）　198, 255
スキュルラ（船）　273
スクラエ　192
スケイローン　38
スコイネウス　185, 206, 238, 242, 244, 246
ステネボイア　57, 243
ステネロス（エーレクトリュオーンの兄弟）　244
ステネロス（カパネウスの息子）　108, 175, 257
ステネロス（サルドーの父）　275
ステュンパーロス　20, 30
ステロペー　192
ストロパデス　14, 19
ストロピオス　117, 119, 120, 257
スパルタ（ラケダイモーン）　14, 123, 221, 238, 261
スパルトイ　178
スピンキオス　1, 239
スピンクス　67, 151
スミュルナ（アドーニスの母）　58, 242, 251, 271
スミュルナ（町）　275
スミンテウス　106
スミンテーオス　120
星辰論（パエノメナ）　14
セイレーン　14, 125, 141
ゼウクシッペー　14
ゼウス　2, 5, 7〜9, 14, 19, 29〜32, 41, 46, 49, 52〜55, 61〜63, 68, 75, 77, 79, 80, 82, 91, 92, 94, 106, 125, 133, 138〜140, 142〜146, 149, 150, 152, 153, 164, 166, 167, 176〜179, 185, 195〜198, 202, 223〜225, 240〜242, 244, 250, 251, 257, 271, 273〜275
ゼーテース　14, 19, 273
ゼートス　7〜9
セミーラミス　223, 240, 243, 275
セメレー　5, 9, 167, 179, 224, 251
セリーヌーンティオス　257
セリポス　63, 273, 276
セルゲストス　273
セレーネー　30, 271
ソローン　221

〈タ　行〉

ダーモーン　254
ターユゲテー　192
ダイダリオーン　200
ダイダロス　39, 40, 44, 244, 274
大地母神→ガイア
タイナロン　14, 79
太陽神→ヘーリオス
タウマース　14
タウリケー　15, 98, 120, 122, 261
ダスキュロス　14
タソス　274
ダナエー　63, 224, 244, 273
ダナオイ　96, 106〜108, 110, 116
ダナオス　14, 168, 169, 255, 273, 277
ダプネー　203
タラオス　69〜71, 73
ダルダニア　275
ダルダノス　192, 275
タルタラ　152
タルタロス　150, 152
タレース　221
ダレース　273
タンタロス（ゼウスの息子）　9, 82〜84, 245, 273
タンタロス（テュエステースの息子）　88, 244, 246
テアーノー　186
ディーエー　3, 14, 20, 21, 43

クレオプス　254
クレスポンテース　137
クロアントス　273
クロートー　171, 277
クローリス　9, 10, 14, 69
クロトス　224
クロノス　54, 138, 139, 150, 220, 274
クロミュオーン　38
ケイアース　69
ケイローン　14, 101, 138, 274
ケーピーソス　271
ケーペウス　14, 64
ケーユクス　65
ゲーリュオーン　30, 151
ケーリントス　14
ケクロピア　221
ケクロプス　166
ケパリオーン　14
ケパロス　125, 189, 241, 270, 273
ケライノー（ハルピュイア）　14
ケライノー（プレイアデスの一人）　192
ケラソス　274
ケリオーン　14
ケルキュオーン　38, 187, 238
ケルベロス　30, 151, 251
ケレオス　147
ケンクレーイス　58
ケンタウロス（半人半馬族）　14, 33, 62, 273
ケンタウロス（船）　273
コイラノス　128, 136, 251
コーカロス　40, 44
コートーネイア　147
コラーティーヌス　256
コリュトス　270
コリュネーテース　38
コリュバンテス　139
コリントス　24〜26, 67, 194, 221, 275
コルキス　3, 12, 14, 21, 23, 24, 26, 89, 151, 188, 261
コルキューラ　276
ゴルゲー　174
ゴルゴーン　64, 151
コルシカ　276
ゴルテューン　14
コローニス（プレギュアースの娘）　14, 202, 224, 251
コローニス（星）　192
コローノス　14
コンコルディア　261

〈サ　行〉

サートゥルヌス　220, 261
サテュロス　169, 169A
サモス　14, 128
サラミース　14
サリオス　273
サルデイス　274, 275
サルディニア　276
サルドー　275
サルペードーン　106, 112, 178, 273
サルモーネウス　60, 61, 239, 250, 254
シーシュポス　60, 61, 201, 239, 250, 273
シーモーン　134
シキュオーン　8, 88, 276
シキリア　40, 44, 125, 141, 146, 152, 153, 254, 257, 259, 273, 274, 276, 277
シドーン　178
シノーン　108
シビュルラ　128
シピュロス　9
シモーニデース　277
シュリア・デア　197
シュンプレーガデス　19, 21
シリア　197, 275

125
キュジコス　16, 273
キュプロス　276
キュベレー　274
キュリンドロス　3, 14, 21
ギュルトーネー　14
キュレーネー（ニュンペー）　14
キュレーネー（メネプローンの娘）　253
キュレーネー（町）　225
キュレーネー（山）　75
御者座　224
巨神族→ティーターン，ティーターネス
キリキア　178
ギリシャ　12, 52, 56, 67, 154, 172, 174, 177, 249, 261
ギリシャ語　59, 87, 96, 118, 139, 143, 147, 153, 166, 179, 192, 274, 277
キルケー　125, 127, 199
キンナ　145
クーラ　220
クーレーテウス　12
クーレーテス　139
クサンティッペー　254
クサントス（馬）　30
クサントス（トリオパースの息子）　145
クシュニアース　14
クティメノス　14
クトニア　46, 238
クトニオス　178
クノッソス　38
グラウケー　25
グラウコス（海の神）　199
グラウコス（シーシュポスの息子）　250, 273
グラウコス（ミーノースの息子）　49, 136, 251
グラウコス（リュキア人）　112
クラタイイース　199
クリアソス　145
クリーミーソス　273
クリューサーオール　30, 151
クリューシッポス　85, 243, 271
クリューセーイス　106, 121
クリューセース（神官）　106, 120, 121
クリューセース（前項の孫）　121
クリューソルロアース（エウエーノス）　242
クリューソルロアース（パクトーロス）　191
クリュタイムネーストレー　77, 78, 80, 98, 101, 117, 119, 122, 240
クリュティオス　14
クリュメネー（ニュンペー）　71
クリュメネー（パエトーンの母）　152A, 250
クリュメネー（ミニュアースの娘）　14
クリュメノス（イアーソーンの祖父）　14
クリュメノス（スコイネウスの息子）　206, 238, 239, 242, 246, 253, 255
クリュメノス（ヘーリオスの息子）　154
クルーミッサ　188
クレウーサ　25
クレータ　14, 20, 30, 38, 39, 42, 139, 177, 178, 189, 198, 276
クレオーン（コリントスの王）　25, 27
クレオーン（テーバイの王）　31, 32, 67, 70, 72, 241
クレオドクサ　69
クレオパトラ　19
クレオブーレー　14
クレオブーロス　221

123, 244, 254, 257, 261
オンパレー　32

〈カ　行〉

カーリア　190
ガイア（大地母神）　55, 140, 203
カイネウス　14, 242
カウカソス　54, 144
カウノス　243
学芸女神（ムーサ）　14, 125, 141, 165, 224
カサンドレー　91, 93, 108, 116, 117, 128
カスタリア　6, 178
カストール　14, 77, 79, 80, 92, 224, 251, 273, 275
カッシオペー　64, 149
カトー　260
カドモス　1, 2, 6, 178, 179, 224, 239, 240, 243, 251, 254, 274, 275, 277
カナケー　238, 242, 243
カニークラ　130
ガニュメーデース　224, 271, 273
カパネウス　68, 70, 175, 243, 256, 257
カピトーリウム　261
カピュス　135
カプリコルヌス→山羊座
カペーレウス　116, 249
カミラ　252
カメイロス　275
カライス　14, 19, 273
ガリア　276
カリステネー　238
カリストー　176, 177, 224
カリュドーン　14, 69, 70, 172, 174, 248
カリュプソー　125, 243
カリュブディス　125
カリュベス　14
カルカース　98, 128, 190
カルキオペー　3, 14, 21, 254
カルキス　275
カルコードニオン　14
カルダイア　274
カルメンタ　277
カルリオペー　14
カルリロエー（クリューサーオールの妻）　151
カルリロエー（ピラントスの妻）　145
カロポス　270
カンタ　23
カントス　14
キーローン　221
キオス　14
キオネー　200, 201
キケロー　14
キコネス　125
キタイローン　7, 8
キッセウス（ヘカベーの父）　91, 111, 243, 249, 256
キッセウス（マケドニアの王）　219
キニュラース　58, 242, 248, 251, 270, 271, 275
騎馬模擬戦（トロイア）　273
キマイラ　57, 151, 273
ギュアース　273
キュアネアイ　21
ギュアロス　276
キューディッペー　254
キューメー　128
キューロス　223
キュクノス（アレースの息子）　31, 273
キュクノス（ポセイダーオーンの息子）　273
キュクノス（リグリア王）　154
キュクラデス　276
キュクロープス（一眼巨人）　49,

エポーペウス（エトルーリア人） 134
エポーペウス（レスボスの王） 204, 253
エラトクレース 273
エラトス（アルカスの息子） 202
エラトス（エウアニッペーの父） 71
エラトス（テッサリア人） 14, 128, 242
エリーニュス→復讐女神
エリクトニオス（アテーナイ王） 166, 274
エリクトニオス（トロイア王） 271
エリス 92
エリピューレー 71, 73
エリボーテース 14
エリュクス 260
エリュマントス 30
エリュモス 273
エルギーノス 14
エルペーノール 125
エレウシース 275
エレウシーノス 147, 275
エレウテール 225
エレオーン 14
エレクテウス 14, 46, 238, 253
エンデーイス 14
エンデュミオーン 271
エンテロス 273
エンニウス 8
オアンネス 274
オイアクス 117
オイアグロス 14, 165, 251, 273
オイーレウス 14, 81
オイカリア 14, 29, 35
オイクレース 70, 73, 128, 250
オイディプース 66〜70, 242, 243, 253, 254
オイテー 36
オイネウス 14, 36, 69, 70, 129, 171, 172, 175, 239, 240, 243, 244, 273
オイノマオス 14, 84, 243, 245, 250, 253
オイバロス 14, 78, 271
牡牛座 192
オーギュギア 69
オーキュペテー 14
大熊座（セプテントリオー） 177, 224
オーケアノス 138, 143, 154, 177, 192, 275
オートス 28
オーリーオーン 14, 195
オーレイテュイア 14, 19
オゾメネー 14
オッサ 28
オデュッセウス 78, 95, 96, 98, 101, 102, 105, 107, 108, 111, 116, 125〜127, 141, 189, 199, 201, 243, 251, 256, 261
乙女座 130, 224
オトレーレー 30, 112, 223, 225
オピーテース（アルケモロス） 74
オピーテース（ヘーラクレースの息子） 31, 32, 72
オプンティア 14
オペルテース 134
オリュンピア 223, 225, 273
オリュンポス（マルシュアースの弟子） 165, 273
オリュンポス（山） 14
オルコメノス（アタマースの息子） 1, 239
オルコメノス（町） 14
オルテュギア 53, 140
オルペウス 14, 251, 273
オレーアス 145
オレステース 101, 117, 119〜

エウドクサ　11
エウネオース　15, 273
エウパラモス　39, 244, 274
エウプラーテース　197
エウペーメー　224
エウペーモス　14
エウボイア　14, 238, 276
エウポルボス　112
エウポレメイア　14
エウマイオス　126
エウモルポス　46, 273
エウリーピデース　4, 8, 247
エウリサベー　145
エウリュアロス　257, 273
エウリュクレイア　125, 126
エウリュステウス　30, 32, 38
エウリュダマース　14
エウリュティオーン（アイネイアースの友）273
エウリュティオーン（イーロスの息子）14
エウリュティオーン（ケンタウロス）31, 33
エウリュディケー（オルペウスの妻）251
エウリュディケー（リュコスの妻）273
エウリュトス（オイカリアの王）14, 31, 35
エウリュトス（ヘルメースの息子）273
エウリュノメー　69, 70
エウリュバテース　14
エウリュピュロス（テーレポスの息子）112
エウリュピュロス（ペーゲウスに殺された男）245
エウリュメドーン　14
エウリュモス　125, 128
エウリュロコス　125
エウロータース　77
エウローペー（アゲーノールの娘）41, 106, 178
エウローペー（ティテュオスの娘）14
エーエティオーン　123
エーオース（暁の女神）189, 270
エーゲ　14, 43, 242
エーリゴネー（アイギストスの娘）122
エーリゴネー（イーカリオスの娘）130, 224, 243, 254
エーリス　14
エーリダノス　14, 152A, 154
エーレクトリュオーン　14, 244
エーレクトレー（アガメムノーンの娘）109, 117, 122, 254
エーレクトレー（プレイアデスの一人）192, 250
エキーオーン（スパルトイの一人）178, 184, 239
エキーオーン（ヘルメースの息子）14
エキドナ　151
エクバソス　145
エクバタナ　223, 275
エジプト　31, 56, 116, 118, 145, 149, 196, 223, 274〜277
エテオクレース　67, 68, 72, 76
エトナ　146, 152, 153, 254
エトルーリア　134
エニーペウス　14
エパポス　7, 8, 145, 149, 150, 275
エピアルテース　28
エピカルモス　277
エピメーテウス　142
エピュラ（コリントスの古称）221, 275
エピュラ（ニュンペー）275
エペイオス　108
エペイロス　123
エペソス　14, 223, 225

イーカリオス（ペーネロペーの父） 256
イーカロス（カーリア王） 190
イーカロス（ダイダロスの息子） 40
イーシス 145, 277
イーダース 14, 80, 100
イーダイオス 174
イーデー 92, 165, 252
イードメネウス 270
イーナコス 143, 145, 225, 274
イーノー 1, 2, 4, 179, 184, 224, 239, 243, 273
イーピオネー 15
イーピクロス（アンピトリュオーンの息子） 14, 273
イーピクロス（テスティオスの息子） 14
イーピクロス（ピュラコスの息子） 14, 103, 251
イーピゲネイア 98, 120〜122, 238, 261
イーピトス（アドラストトスの祖父） 70
イーピトス（エウリュトスの息子） 14
イーピトス（ナウボロスの息子） 14
イーピマコス 102
イーピメデイア 28
イーリア 252
イーリオネー 109, 240, 243, 254
イーリオン→トロイア
イーロス（エウリュダマースの父） 14
イーロス（乞食） 126
イーロス（ラーオメドーンの父） 250
イオールコス 14
イオカステー 242, 243, 253
イオラーオス 14, 103, 273
イオレー 31, 35, 36
イクシーオーン 14, 33, 34, 62, 79, 257
イクシティオーン 14
イスキュス 202
イストミア 2, 273
イストリア 23
イスマロス 125
イスメーネー 67
イタケー 95, 125〜127
イタリア 125, 127, 141, 260, 277
イタロス 125, 127
射手座 224
イデューイア 25
イテュス 45, 239, 246
イドモーン 14, 18, 248
イリュリア 6, 184, 240, 254
インド 131, 133, 154, 191, 275
インドス 274
インブラソス 14
ウィルビウス 251
ウーダイオス 178
ウーティス（誰でもない） 125
ウォルスキー 252
牛飼い座 130, 224
運命女神（モイラ） 251, 277
エイドテア 118
エウアドネー（アルゴスの妻） 145
エウアドネー（カパネウスの妻） 243, 256
エウアニッペー 71
エウアレーテー 84
エウアンドロス 277
エウエーノス（川） 12, 13, 34
エウエーノス（ヘーラクレースの息子） 242
エウエーレース 68, 75, 128
エウクセイノス 21
エウソーロス 16
エウドーラ 192

239, 249
アルテミス　9, 24, 26〜28, 53, 79, 80, 98, 120〜122, 140, 146, 150, 172, 174, 180, 186, 189, 195, 200, 223, 225, 238, 251, 261
アルナイ　275
アルペイオス　244, 245
アルペシボイア　244
アレイオパゴス　272
アレイオン　57
アレース　3, 6, 12, 14, 22, 30, 31, 45, 84, 112, 148, 171, 178, 179, 188, 198, 223, 225, 239, 241, 242, 245, 246, 250, 273
アレーテー　23
アレーテース　122
アレーネー　14
アレオス（アウゲーの父）　99, 162
アレオス（アンピダマースの父）　14
アレクサンドロス（大王）　219
アレクサンドロス→パリス
アレストリデース　145
アローエウス　28
アロペー（ケルキュオーンの娘）　187, 238, 252
アロペー（町）　14
アンカイオス（ポセイダーオーンの息子）　14, 18
アンカイオス（リュクールゴスの息子）　14, 248
アンキーセース　94, 135, 251, 254, 270, 273
アンタイオス　31
アンティアネイラ　14
アンティオペー（アマゾーン族）　30, 241, 250
アンティオペー（ニュクテウスの娘）　7〜9
アンティオペー（ピュローンの娘）　14
アンティクレイア　125, 201, 243
アンティゴネー（オイディプースの娘）　67, 72, 243, 254
アンティゴネー（ペレースの娘）　14
アンティッポス　14
アンティパース　135
アンティパテース　125
アンティロコス　112, 252
アンテーイス　238
アントス　145
アンドロゲオース　41
アンドロス　14, 276
アンドロマケー　109, 123
アンドロメダ　64
アンピアラーオス　68, 70, 71, 73, 128, 250
アンピアロス　123
アンピーオーン（ゼウスの息子）　7〜10, 14, 69
アンピーオーン（テーレウスの息子）　244
アンピーオーン（ヒュペラーシオスの息子）　14
アンピダマース　14
アンピテミス　14
アンピトリュオーン　29, 244
アンピュクス　14, 128
アンブラキア　123
アンブロシア　192
イアーソーン　3, 12〜15, 16, 21〜25, 188, 239, 245, 273
イーアシオーン　250, 270
イーアシオス　70, 99
イーアペトス　142
イーオー　145, 149
イーオバテース　243
イーカリア　186
イーカリオス（アッティカ人）　130, 243, 254

アドリア　23
アトレウス　78, 84〜86, 88, 95, 122, 238, 240, 244, 258
アトロポス　171, 277
アナクシビエー　14, 51
アニオス　247
アバース　14, 244, 273
アパレウス　14, 80, 100
アピダノス　14
アプシュルトス　23, 26
アプソロス　23, 26
アブデーロス　30
アフリカ　14, 168, 178, 274, 276
アプロディーテー　6, 14, 15, 22, 40, 58, 92, 94, 112, 146, 148, 165, 179, 185, 197, 198, 251, 260, 270, 271, 273
アポローニオス　14
アポローン　9, 10, 14, 18, 19, 28, 32, 49〜51, 53, 60, 66, 69, 70, 89, 93, 101, 106, 107, 109, 112, 120, 121, 128, 130, 135, 136, 140, 141, 150, 165, 190, 191, 194, 200, 202, 203, 219, 224, 239, 241, 242, 247, 248, 251, 271, 273, 275, 277
アマゾーン　14, 30, 112, 223, 225, 241, 250, 273
アマルテイア　139
アミューモーネー　14, 169, 169A
アミュコス　17, 18
アミュムナエイー　193, 252
アミュントール　257
アムモーン　133, 275
アリアドネー　14, 42, 43, 224, 255, 270
アリーオーン　194
アリーキア　261
アリスタイオス　180, 247
アリストゲイトーン　257
アリストマコス　137
アルカス　176, 224, 275
アルカディア　14, 30, 70, 177, 206, 225, 253, 274, 275, 277
アルギオペー　6, 179
アルキノオス　23, 125, 126
アルキメデー　3, 13, 14
アルキメドーン　134
アルキュオネー（ケーユクスの妻）　65
アルキュオネー（プレイアデスの一人）　192
アルキュオネー（メレアグロスの妻）　174
アルクマイオーン　71, 73, 245
アルクメーネー　14, 29, 224, 240
アルゲイア（アドラストスの娘）　69, 71, 72
アルゲイア（アルゴー船隊員アルゴスの母）　14
アルゲイア（オーケアノスの娘）　143, 145
アルケイシオス　125, 189
アルゲー　205
アルケースティス　24, 50, 51, 243, 251, 256
アルケモロス　74, 273
アルケラーオス　219
アルゴー　14〜21, 89, 248, 273
アルコーン　14
アルゴス（アゲーノールの息子）　275
アルゴス（ゼウスの息子）　145
アルゴス（前項の孫）　145
アルゴス（ダナオスの息子）　14
アルゴス（プリクソスの息子）　3, 14, 21
アルゴス（町）　14, 23, 63, 70, 71, 96, 106, 120, 145, 168, 225, 254, 273, 275
アルゴス（見張り役）　145
アルゴリス　273
アルタイエー　14, 129, 171, 174,

アカストス　14, 24, 103, 104, 243, 251, 256, 273
アガニッペー　63
アカマース　108
アガメムノーン　78, 88, 95, 98, 101, 102, 105〜107, 109, 116, 117, 119, 121, 122, 238, 240, 244, 254, 257, 261
アカレウス　273
アキレウス　96, 98, 101, 106, 107, 110, 112, 121, 123, 257, 270, 273
悪逆通り（ウィクス・スケレラートゥス）　255
アクタイオーン　180, 247
アクトール（ヒッパソスの息子）　14
アクトール（メノイティオスの父）　14
アクトール（レームノス島の王）　102
アグラウロス　166, 253
アグリアノメー　14
アグリオス　175, 242
アクリシオス　63, 84, 273
アゲーノール（アルゴス人？）　145
アゲーノール（アルゴスの父）　275
アゲーノール（アンドロメダの婚約者）　64
アゲーノール（カドモスの父）　6, 64, 178, 179, 274, 275
アゲーノール（トロイア人）　112
アゲーノール（ピーネウスの父）　14, 19
アゲーノール（メレアグロスのおじ）　244
アケステース　273
アケローオス　31, 125, 141, 274
アコイテース　134
アスカニオス（アイネイアースの息子）　254, 273
アスカニオス（川）　14
アスクレーピオス　14, 49, 202, 224, 251, 274
アステュアナクス　109
アステュオケー　117
アステュクラーティア　69
アステュノメー（アンピーオーンの娘）　69
アステュノメー（タラオスの娘）　70
アステリエー（オイノマオスの母）　250
アステリエー（ポーロスの娘）　53
アステリオーン　14
アステロパイオス　112
アステロペー　84
アタマース　1〜5, 21, 224, 239, 245, 273
アタランテー　70, 99, 174, 185, 244, 270
アッサラコス　94, 224, 270
アッシリア　58, 242, 270
アッティカ　14, 46, 79, 122, 130, 164
アテーナイ　14, 26, 37, 39, 40, 41, 45, 46, 79, 130, 164, 221, 238, 274, 275
アテーネー　14, 23, 30, 37, 39, 63, 80, 88, 92, 107, 108, 116, 125〜127, 142, 146, 148, 150, 164〜166, 168, 178, 204, 275, 277
アドーニス　58, 248, 251, 271
アドメートス　14, 49, 50, 51, 243, 251, 256
アドラストス（アルゴス王）　68〜71, 73, 74, 242
アドラストス（ペイリトオスの舅）　33
アトランティウス　271

索　引

以下の各話はこの索引から除外した。序文、11, 48, 68 のあとのＡ，Ｂ，70 のあとのＡ，71 のあとのＡ，76, 81, 90, 97, 113～115, 124, 155～163, 170, 173, 173 Ａ，181～183, 269。なお、索引中の数字はページではなく、すべて話数を示している。

〈ア　行〉

アーエロペー　86, 246
アーソーポス　52
アートラース（巨人）　83, 84, 125, 150, 192, 243, 248, 250
アートラース（山）　30
アーピス　145
アイアース（オイーレウスの息子、小アイアース）　116
アイアース（テラモーンの息子、大アイアース）　97, 107, 112, 242, 273
アイアイエー　125, 127
アイアコス　14, 52, 54, 257, 273, 274
アイエーテース　3, 12, 14, 22, 23, 25, 27, 239, 244, 245, 254
アイオリア　186
アイオリス　119
アイオロス（風の神々の王）　125
アイオロス（ヘッレーンの息子）　1, 3, 5, 60, 61, 65, 125, 186, 238, 239, 242, 243
アイオロス（前項の孫）　186, 252
アイガイ　219
アイガイオス　14
アイギアレイア　65
アイギアレウス　71
アイギーナ（アーソーポスの娘）　52
アイギーナ（島）　14, 52
アイギストス　87, 88, 117, 119, 122, 244, 252
アイギュプトス　168, 273, 277
アイグレー　154
アイゲウス　14, 26, 27, 37, 43, 79, 241, 242, 244, 251, 257, 270, 275
アイゴケロース（山羊座）　196
アイソーン　3, 12～14, 245
アイタリデース（アルゴー船隊員）　14
アイタリデース（エトルーリア人）　134
アイテリエー　154
アイトーリア　137, 172, 175, 274
アイトーロス　271
アイトレー　14, 37, 79, 92, 243, 270
アイナーリア　125
アイネイアース　94, 112, 243, 251, 254, 260, 273
アウェルヌス　88, 125
アウゲイアース　14, 30
アウゲー　99～101, 252
アウトノエー　179, 180, 184
アウトリュコス　14, 200, 201, 243
アウリス　98, 261
アエロプース　14
アカイア　96, 98, 101～103, 108, 109
アガウェー　179, 184, 239, 240, 254

松田　治（まつだ　おさむ）

1940年、鹿児島県生まれ。東京教育大学文学部卒業。東京大学大学院修士課程修了（西洋古典学）。つくば国際大学教授等を歴任。著書に『ローマ神話の発生』など、訳書に『トロイア戦記』『ヘレネー誘拐・トロイア落城』などがある。2006年没。

青山照男（あおやま　てるお）

1949年、神奈川県生まれ。東京教育大学文学部卒業、同大学大学院修士課程修了（ラテン語学、言語学）。現在、いわき明星大学教授。主な論文に「部分の形容詞」「ラテン語の譬え」などがある。

講談社学術文庫

定価はカバーに表示してあります。

ギリシャ神《しん》話《わ》集《しゅう》

ヒュギーヌス／松《まつ》田《だ》 治《おさむ》・青山《あおやま》照《てる》男《お》 訳

2005年２月10日　第１刷発行
2024年６月24日　第18刷発行

発行者　森田浩章
発行所　株式会社講談社
東京都文京区音羽 2-12-21 〒112-8001
電話　編集（03）5395-3512
販売（03）5395-5817
業務（03）5395-3615

装　幀　蟹江征治
印　刷　株式会社広済堂ネクスト
製　本　株式会社国宝社
本文データ制作　講談社デジタル製作

ISBN4-06-159695-0

「講談社学術文庫」の刊行に当たって

これは、学術をポケットに入れることをモットーとして生まれた文庫である。学術は少年の心を養い、成年の心を満たす。その学術がポケットにはいる形で、万人のものになることは、生涯教育をうたう現代の理想である。

こうした考え方は、学術を巨大な城のように見る世間の常識に反するかもしれない。また、一部の人たちからは、学術の権威をおとすものと非難されるかもしれない。しかし、それはいずれも学術の新しい在り方を解しないものといわざるをえない。

学術は、まず魔術への挑戦から始まった。やがて、いわゆる常識をつぎつぎに改めていった。学術の権威は、幾百年、幾千年にわたる、苦しい戦いの成果である。こうしてきずきあげられた城が、一見して近づきがたいものにうつるのは、そのためである。しかし、学術の権威を、その形の上だけで判断してはならない。その生成のあとをかえりみれば、その根は常に人々の生活の中にあった。学術が大きな力たりうるのはそのためであって、生活をはなれた学術は、どこにもない。

開かれた社会といわれる現代にとって、これはまったく自明である。生活と学術との間に、もし距離があるとすれば、何をおいてもこれを埋めねばならない。もしこの距離が形の上の迷信からきているとすれば、その迷信をうち破らねばならぬ。

学術文庫は、内外の迷信を打破し、学術のために新しい天地をひらく意図をもって生まれた。文庫という小さい形と、学術という壮大な城とが、完全に両立するためには、なおいくらかの時を必要とするであろう。しかし、学術をポケットにした社会が、人間の生活にとってより豊かな社会であることは、たしかである。そうした社会の実現のために、文庫の世界に新しいジャンルを加えることができれば幸いである。

一九七六年六月

野間省一

西洋の古典

920
遊びと人間
R・カイヨワ著／多田道太郎・塚崎幹夫訳

超現実の魅惑の世界を創る遊び。その遊びのすべてに通じる不変の性質として、カイヨワは競争、運、模擬、眩暈を提示し、これを基点に文化の発達を解明した。遊びの純粋なイメージを描く遊戯論の名著である。 電 P

1073
言語・思考・現実
B・L・ウォーフ著／池上嘉彦訳

言葉の違いは物の見方そのものに影響することを実証し、現代の文化記号論を唱導したウォーフの主要論文を精選。「サピア＝ウォーフの仮説」として知られる言語と文化について鋭い問題提起をした先駆的名著。

1092
群衆心理
G・ル・ボン著／櫻井成夫訳（解説・穐山貞登）

民主主義の進展により群衆の時代となった今日、個人の理性とは異質な「群衆」が歴史を動かしている。その群衆心理の特徴と功罪を心理学の視点から鋭く分析する。史実に基づき群衆心理を解明した古典的名著。 電 P

1127
ガリア戦記
カエサル著／國原吉之助訳

ローマ軍を率いるカエサルが、前五八年以降、七年にわたりガリア征服を試みた戦闘の記録。当時のガリアとゲルマニアの事情を知る上で必読の歴史的記録として有名。カエサルの手になるローマ軍のガリア遠征記。 電 P

1234
内乱記
カエサル著／國原吉之助訳

英雄カエサルによるローマ統一の戦いの記録。前四九年、ルビコン川を渡ったカエサルは地中海を股にかけ政敵ポンペイユスと戦う。あらゆる困難を克服し勝利するまでを迫真の名文で綴る。ガリア戦記と並ぶ名著。

1276
プラトン対話篇 **ラケス** 勇気について
プラトン著／三嶋輝夫訳

プラトン初期対話篇の代表的作品、新訳成る。「勇気とは何か」「言と行の関係はどうあるべきか」を主題に展開される問答。ソクラテスの徳の定義探求の好例とされ、構成美にもすぐれたプラトン初学者必読の書。

文化人類学・民俗学

124
年中行事覚書
柳田國男著（解説・田中宣一）

人々の生活と労働にリズムを与え、共同体内に連帯感を生み出す季節の行事。それらなつかしき習俗・行事の数々に民俗学の光をあて、隠れた意味や成り立ちを探る。日本農民の生活と信仰の核心に迫る名著。

135
妖怪談義
柳田國男著（解説・中島河太郎）

河童や山姥や天狗等、誰でも知っているのに、実はよく知らないこれらの妖怪たちを追究してゆくと、正史に現われない、国土にひそむ歴史の事実をかいまみることができる。日本民俗学の巨人による先駆的業績。

484
中国古代の民俗
白川　静著

未開拓の中国民俗学研究に正面から取り組んだ労作。著者独自の方法論により、従来知られなかった中国民族の生活と思惟、習俗の固有の姿を復元、日本古代の民俗的事実との比較研究にまで及ぶ画期的な書。

528
南方熊楠《みなかたくまぐす》
鶴見和子著（解説・谷川健一）

南方熊楠――この民俗学の世界的巨人は、永らく未到のままに聳え立ってきたが、本書の著者による満身の力をこめた独創的な研究により、ようやくその全体像を現わした。〈昭和54年度毎日出版文化賞受賞〉

661
魔の系譜
谷川健一著（解説・宮田　登）

正史の裏側から捉えた日本人の情念の歴史。死者の魔が生者を支配するという奇怪な歴史の底流に目を向け、呪術師や巫女の発生、呪詛や魔除けなどを通して、日本人特有の怨念を克明に描いた魔の伝承史。

677
塩の道
宮本常一著（解説・田村善次郎）

本書は生活学の先駆者として生涯を貫いた著者最晩年の貴重な話――「塩の道」「日本人と食べ物」「暮らしの形と美」の三点を収録。独自の史観が随所に読みとれ、宮本民俗学の体系を知る格好の手引書。電P

文化人類学・民俗学

1085
仏教民俗学
山折哲雄著

日本の仏教と民俗は不即不離の関係にある。日本人の生活習慣や行事、民俗信仰などを考察しながら、民衆に育まれてきた日本仏教の独自性と日本文化の特徴を説く。仏教と民俗の接点に日本人の心を見いだす書。

1104
民俗学の旅
宮本常一著（解説・神崎宣武）

著者の身内に深く刻まれた幼少時の生活体験と故郷の風光、そして柳田國男や渋沢敬三ら優れた師友の回想など生涯にわたり歩きつづけた一民俗学徒の実践的踏査の書。宮本民俗学を育んだ庶民文化探求の旅の記録。

1115
憑霊《ひょうれい》信仰論
小松和彦著（解説・佐々木宏幹）

日本人の心の奥底に潜む神と人と妖怪の宇宙。闇の歴史の中にうごめく妖怪や邪神たち。人間のもつ邪悪な精神領域へ踏みこみ、憑霊という宗教現象の概念と行為の体系を介して民衆の精神構造＝宇宙観を明示する。

1378
蛇　日本の蛇信仰
吉野裕子著（解説・村上光彦）

古代日本人の蛇への強烈な信仰を解き明かす。注連縄・鏡餅・案山子は蛇の象徴物。日本各地の祭祀と伝承に鋭利なメスを入れ、洗練と象徴の中にその跡を隠し永続する蛇信仰の実態を、大胆かつ明晰に論証する。

1545
アマテラスの誕生
筑紫申真著（解説・青木周平）

皇祖神は持統天皇をモデルに創出された！　壬申の乱を契機に登場する伊勢神宮とアマテラス。天皇制の宗教的背景となる両者の生成過程を、民俗学と日本神話研究の成果を用いダイナミックに描き出す意欲作。

1611
性の民俗誌
池田弥三郎著

民俗学的な見地からたどり返す、日本人の性。一夜妻、一時女郎、女のよばい等、全国には特色ある性風俗が伝わってきた。これらを軸とし、民謡や古今の文献に拠りつつ、日本人の性への意識と習俗の伝統を探る。

外国の歴史・地理

1300 441
中国古代の文化
白川　静著

中国の古代文化の全体像を探る。斯界の碩学が中国の古代を、文化・民俗・社会・政治・思想の五部に分かち、日本の古代との比較文化論的な視野に立って、その諸問題を明らかにする画期的作業の第一部。

1127
ガリア戦記
カエサル著／國原吉之助訳

ローマ軍を率いるカエサルが、前五八年以降、七年にわたりガリア征服を試みた戦闘の記録。当時のガリアとゲルマニアの事情を知る上で必読の歴史的記録として有名。カエサルの手になるローマ軍のガリア遠征記。電P

1129
十字軍騎士団
橋口倫介著

秘密結社的な神秘性を持ち二百年後に悲劇的結末を迎えたテンプル騎士団、強大な海軍力で現代まで存続した聖ヨハネ騎士団等、十字軍遠征の中核となった修道騎士団の興亡を十字軍研究の権威が綴る騎士団の歴史。

1234
内乱記
カエサル著／國原吉之助訳

英雄カエサルによるローマ統一の戦いの記録。前四九年、ルビコン川を渡ったカエサルは地中海を股にかけ政敵ポンペイユスと戦う。あらゆる困難を克服し勝利するまでを迫真の名文で綴る。ガリア戦記と並ぶ名著。

1273
秦漢帝国
中国古代帝国の興亡
西嶋定生著

中国史上初の統一国家、秦と漢の四百年史。始皇帝が初めて中国全土を統一した紀元前三世紀から後漢末までを兵馬俑の全貌も盛り込み詳述。皇帝制度と儒教を軸に劉邦、項羽など英雄と庶民の歴史を泰斗が説く。

1300
隋唐帝国
布目潮渢《ちょうふう》・栗原益男著

三百年も東アジアに君臨した隋唐の興亡史。律令制の確立で日本や朝鮮の古代国家に多大な影響を与えた隋唐帝国。則天武后の専制や玄宗と楊貴妃の悲恋など、波乱に満ちた世界帝国の実像を精緻に論述した力作。

宗教

2229

密教とマンダラ

頼富本宏著

真言・天台という日本の密教を世界の仏教史のなかに位置づけ、その歴史や教義の概要を紹介。胎蔵界・金剛界の両界マンダラを中心に、その種類や構造、思想、登場するほとけたちとその役割について平易に解説。

2233

グノーシスの神話

大貫　隆訳・著

「悪は何処からきたのか」という難問をキリスト教会に突き付け、あらゆる領域に「裏の文化」として影響を及ぼした史上最大の異端思想のエッセンス。ナグ・ハマディ文書、マンダ教、マニ教の主要な断章を解説。

2241

道元「永平広録　真賛・自賛・偈頌《げじゅ》」

大谷哲夫全訳注

禅者は詩作者でもあった。道元の主著として『正法眼蔵』と並ぶ『永平広録』の掉尾を飾る最終巻。道元が漢詩に詠んださとりの深奥を簡明に解説し、禅の思想と世界を追体験する。『永平広録』訳注シリーズ完結。

2278・2279

チベット旅行記（上）（下）

河口慧海著／高山龍三校訂

仏典を求めて、厳重な鎖国下のチベットに、困難を乗り越えて、単身入国・帰国を果たした河口慧海。最高の旅行記にして、生活・風俗・習慣の記録として、チベット研究の第一級の資料。五巻本を二巻本に再編成。

2285

日本仏教　思想のあゆみ

竹村牧男著

聖徳太子、南都六宗、最澄・空海、そして鎌倉新仏教。インド以来の仏教史の到達点である日本仏教の高度な思想はいかに生まれたか。各宗派祖師の思想の概略を平易に解説し、日本人のものの見方の特質を描き出す。

2289

スッタニパータ［釈尊のことば］全現代語訳

荒牧典俊・本庄良文・榎本文雄訳

かくしてひとり離れて修行し歩くがよい、あたかも一角の犀そっくりになって――。現代語で読む最古層の原始仏典。師の教えに導かれた弟子たちが簡素な生活の中で修行に励み、解脱への道を歩む姿がよみがえる。

1317
モンゴルと大明帝国
愛宕《おたぎ》松男・寺田隆信著

征服王朝の元の出現と漢民族国家・明の盛衰。チンギス＝カーンによるモンゴル帝国建設とそれに続く元の中国支配から明の建国と滅亡までを論述。耶律楚材の改革、帝位簒奪者の永楽帝による遠征も興味深く説く。

1340
朝鮮紀行　英国婦人の見た李朝末期
イザベラ・バード著／時岡敬子訳

百年まえの朝鮮の実情を忠実に伝える名紀行。英人女性イザベラ・バードによる四度にわたる朝鮮旅行の記録。国際情勢に翻弄される十九世紀末の朝鮮とその風土、伝統的文化、習俗等を活写。絵や写真も多数収録。電

1393
アウシュヴィッツ収容所
ルドルフ・ヘス著／片岡啓治訳（解説・芝　健介）

大量虐殺の責任者R・ヘスの驚くべき手記。強制収容所の建設、大量虐殺の執行の任に当ったヘスは職務に忠実な教養人で良き父・夫でもあった。彼はなぜ凄惨な殺戮に手を染めたのか。本人が淡々と語る真実。

1419
古代中国　原始・殷周・春秋戦国
貝塚茂樹・伊藤道治著

北京原人から中国古代思想の黄金期への歩み。原始時代に始まり諸子百家が輩出した春秋戦国期に到る悠遠な時間の中で形成された、後の中国を基礎づける独自の文明。最新の考古学の成果が書き換える古代中国像。

1432
中国通史　問題史としてみる
堀　敏一著

歴史の中の問題点が分かる独自の中国通史。中国の歴史をみる上で、何が大事で、どういう点が問題になるのか。書く人の問題意識が伝わることに意を注ぎ古代から現代までの中国史の全体像を描き出した意欲作。電 P

1451
コーヒー・ハウス　18世紀ロンドン、都市の生活史
小林章夫著

珈琲の香りに包まれた近代英国の喧噪と活気。十七世紀半ばから一世紀余にわたりイギリスの政治や社会、文化に多大な影響を与えた情報基地。その歴史を通し、爛熟する都市・ロンドンの姿と市民生活を活写する。電 P